U0001865

DIGITAL

數位貨幣
烏托邦

CASH

芬恩‧布倫頓 Finn Brunton 著

許恬寧 譯

「不好意思，夫人，」她問，「但她講的是真的嗎？」
「當然不是，」麗爾回她，
「她是在談未來，這不能相提並論，你懂的。」
　　　　　　──法國作家鮑希斯·維昂（Boris Vian），
　　　　　　　　　　　　　《紅草》（*Red Grass*）

我試圖獲取未來的 root 權限，盜走未來的思想系統。
　　　　　　　　──駭客茱德·米倫（Jude Milhon）

CONTENTS

在不知來歷的前提下辨識

導論

通貨不為人知的故事

本書講述大體上不為人知的故事，談數位現金，也談試圖打造數位現金的人士——這群人各懷鬼胎，有的想顛覆國家制度、創造出密碼烏托邦；有人把崩解全球秩序當作獎勵；另外也有人希望能催生帶來永生的機器。各種時空背景、技術與次文化、概念、幻想、小說，以及比特幣首度公開時背後帶有的未來模型，五花八門的元素解釋了加密貨幣（cryptocurrency）今日的面貌。

關於本書，我先說明一下，我在此主要特別談的是**數位現金**（digital cash），而不是更廣義的電子貨幣（electronic money）。「讓現金數位化」的意思是創造出某種小東西，讓人方便在互連的電腦上交易，易於驗證（證實那樣東西名符其實），卻又無法偽造或複製。此外，還得有辦法傳遞資訊，提供介紹，說明價值，但不透露那樣東西本身是如何被利用的，或使用者是誰。

以上一連串的要求似乎相互矛盾又強人所難：既要可得，又得稀缺；要求匿名且獨一無二，又得可靠、可辨識；此外還要能輕鬆傳輸，卻無從複製。打造、設計複製它們的技術時，也必須讓滿足下列所有的特質：以不耗成本、立即又完美的方式運行。

在此我要主張，理解數位現金故事最好的方法，就是把它當作貨幣大歷史底下的知識性問題。你怎麼知道某樣代表貨幣的東西具備價值——能夠流通、將有其他人從你手上接過，可以清算和贖回？金錢是複雜的文化微技術，這種社會媒介的整體價值通

常源於十分抽象的強大信念：認定事情現況是如何，未來又將怎麼樣。本書的第 1 章將詳細討論相關的概念，包括預期心理與賭注，希望甲貨幣可用於繳稅，乙貨幣不會因為市場湧入某種罕見金屬或原料就貶值；丙貨幣能用於由禮物、人情與互惠構成的社會網絡。

說完高深的抽象境界，我們再回頭講講**實務**，談貨幣，談現金，談錢幣。你如何知道眼前這個代表錢的東西具有多少價值？你如何確保這個東西是真的，這個錢以什麼樣的方式向你驗明正身？我們可以透過金屬的延展性、導熱性與聲音來加以確認，例如咬一咬錢幣、看看冰在上頭融化的速度；或者可以敲敲看，聽一聽這塊錢發出的聲音。我們依據氣味與重量來評估茶磚；用商標與條紋辨識香菸；透過流水號、簽名、紙材與紋理帶來的手感、防偽用的安全線以及浮水印來確認鈔票、信用狀或旅行支票的真偽。我們靠著訓練、習慣與過往的經驗知道，用這樣的方法辨識是可行的。這樣說來，你會如何打造數位貨幣呢？

我希望能在此說服各位，我們應該把數位現金視為**「讓數位數據具備價值」**的挑戰。當我們從驗證真偽（authentication）、所有權（ownership）、確定性（certainty）與數位物件驗證（proof for digital object）等角度去理解數位現金時，許多令人較為困惑的面向就會迎刃而解。從建立資訊市場（information marketplace）到驗

證匿名發言，再到驗證工作與時間，一直到打擊仿冒與複製，本書在講述歷史時，「數位所有權」與「數位現金」是一對孿生兄弟，總是形影不離。換句話說，本書談的歷史，便是就實質上以及象徵意義上來看，數據是怎麼「被打造成貨幣」的。

其次，我想談談數位現金的歷史。這些歷史可以讓我們看到使用貨幣與技術的生動例子，告訴我們未來的故事走向。這些故事被人拿來提出主張、贏得認同、下注、結交盟友，以及在今日取得政權。我將在本書的各個章節介紹大大小小的烏托邦與預想貨幣（speculative monetary）計劃，每個計劃自有其時代背景，有自己的一套故事，以及對於歷史與未來的幻想，也有相關的技術，例如人體冷凍技術（注：cryonics，以極低溫保存人體，期望未來有更先進的醫療技術後能使其復活）、五花八門的密碼學、遠洋城市等等，並從中獲得預想的價值。除此之外，相關計劃全都面臨著必須翻譯自身理念的挑戰；一旦出了同質性極高的誕生地小圈子，他們就得大費脣舌向他人解釋——畢竟這個圈子的成員幾乎全是年輕至剛步入中年的美國白人男性，工程或軟體開發出身；他們大多住在加州沿岸，有著共同的政治理論與信念，透過郵件討論群與活動彼此結識相交。

本書提到的所有預想貨幣的鑄幣者與造幣者，都活在自身特有的歷史情境之中：提倡技術專家政治（注：Technocracy，技術

專家政治又稱專家政治，即以技術為首位的技術人員來治理社會，也就是以技術專家取代職業政治家的政治制度。）的人士拿著自動鉛筆與座標紙描繪出繁榮的前景；密碼龐克（注：cypherpunk，此派人士倡導利用加密與加強隱私的技術引領社會與政治改革）的目標是防堵預期中將由極權主義者掌控的極端國家；長生不老運動支持者（注：Extropian，又譯「負熵主義者」）則是將冷凍的人體放入法老王概念的永生容器，追求破壞性的混亂，並把它當作強大馬達的燃料；自由主義者（libertarian）、「阿哥拉主義者」（注：agorist，又譯「黑市主義者」，反對由國家控制市場）、「無政府資本主義者」（anarcho-capitalist）、「微國家者」（注：micronationalist，又譯「私人國家者」，自行宣布獨立但未獲各國承認的實體）、「客觀主義者」（注：Objectivist，提倡人生的道德意義是追求個人幸福或理性私利）與「主權個體」（注：sovereign individual，此派人士認為與政府相對，個人應要握有更多掌控權以確保自由），熱切地擁抱即將來臨的崩潰，並把這種崩解視為驗證他們的決定、信念與投入的機會。從募集原型社群，一直到設計「預測券」（idea coupon），再到為了替預料中的毀滅囤積武器，他們的努力是預期式的，但需要現在式的行動——這全都需要打造或採行預想式的貨幣與數位現金。他們與十七世紀提倡信用制度與固定金屬貨幣的人士共享著時間框架，

他們的「目標是解釋、吸引、說服並促成共襄盛舉；若能成功說服有能力行動的受眾，便能掌握未來。」[1]

本書要談的事情可以用一個英文詞彙概括：**「通貨」**（passing current）。在金錢貨幣的世界，通貨指的是被廣為接受用於交換的貨幣，可從一人之手傳至另一人之手。然而，你皮夾裡的現金之所以是「流通的錢」這個概念，不過是因為它屬於預期性的金錢，也就是下一個到手的人會願意收下，最後可以拿去支付稅金，或以其他的方式清償債務。「貨幣」之所以在當下能流通、之所以是通貨，源自於它的未來性。此外，**「流通」**（passing current）一詞也出現在物理學與電機工程領域，包括電晶體開發與用於創造數位現金的運算硬體：本書要講的故事，部分也與在線路裡移動的電子有關。最後，「流通」的隱喻令人聯想到當下時間的流逝，也就是介於「文獻記錄的過往」與「人類預測、渴望與恐懼的未來」之間的「當下這一刻」消失不見。數位現金的故事位於三種流通的交會點：（一）涉及金錢的社會難題；（二）運算的技術史；以及（三）我們對於自身歷史與未來情境的看法。

因此，本書有兩個目標。各位將讀到自一九八○年代的實驗起，一直到比特幣問世，關於數位現金的元素、概念與理念的描述。你將看到所謂的數據是如何被「轉換為金錢」，以及過程中的取捨與抗衡（尤其是支付與交易的監控）。此外，你也會讀到

幾種不遠的未來史，由實驗性質的貨幣娓娓道來，並指出預期與預料中的事件如何以不同的方式，被應用於當今的世界。本書不只講述烏托邦貨幣的歷史，也會提到原型、形象、敘事與功能系統，以及作為**未來性技術**的推測設計（注：speculative design，以想像力為基礎顛覆現在，設計出世界可能的樣貌）。我希望本書能豐富各位對於貨幣（數位貨幣及其他貨幣）與運算的認識，讓大家看到在過去與**現在**，人類對未來的想像有多麼強大——那些由金錢、機器與故事共同述說的幻想。

一切的一切，我希望本書能帶給各位一場**體驗**，旋風式地一遊許多由烏托邦渴望、未來幻想曲與實驗性的生活交織而成的各色體系。我將簡短敘述眾多相關人士與做法——那群人有的被視為頑固、危險的人士，有人甚至認為他們是在蓄意造反。我們將一一造訪原型國家與數學挑戰，探究試圖讓自身的創造者起死回生的金融體系，還要看看不導電液體、仙那度超文本（Xanadu hypertext）、樹葉錢、客觀價值、貨幣恐慌、私人太空船、公共隨機（public randomness）、披著斗篷的美國技術專家政治支持者、身穿罩袍的密碼學家、公海上的自治區、打籃球的女工程師前輩葛麗絲・霍普（Grace Hopper）、自由主義者的銀幣、測地線騙局、二流時光機、預測券、偽造的簽名、熔岩燈牆，以及存放著人頭的冷凍槽。

第 1 章

藉由金錢預想

本章我們將從一項烏托邦計劃講起，背景是深陷經濟大蕭條的美國。這個奇特的計劃打算讓整個北美大陸化身為一間名為「技術專家政治公司」（Technocracy Inc.）的工業型企業。這間企業的興衰史讓我們得知，金錢其實是一種管理時間的技術，融合了未來、信念與預測，當中也隱含著社會模型。貨幣內建的其他時間模式中，「預想貨幣」特別值得我們留意，它的用途是充當烏托邦做法的體系——那是一種「宇宙圖」（cosmogram）。接下來我將解釋宇宙圖的概念，這個概念在本書的其餘章節也會反覆提及。

技術專家政治的國度

霍華德‧史考特（Howard Scott）有兩種外出服。[1] 一九二〇年代，他扮成工程師，出現在紐約市的格林威治村（Greenwich Village），腳上踩著厚重的靴子，身著馬褲與皮外套，綁上紅頭巾，再戴頂寬簷帽；他隨身攜帶著計算尺，有時還會帶上藍圖。在摩天大樓的建築工地、飛機跑道的鋪設地點，或是前往水壩時，他這一身裝扮足以抵擋刺眼的陽光。未來將成為哲學小說家的艾茵‧蘭德（Ayn Rand），此時還是一名住在俄國的少女，她的名著《源泉》（注：The Fountainhead，故事述說一名曾到採石

廠當工人的建築師如何對抗教條與體制）要到一九四三年才會出版，但史考特已經以她書中的建築師主角霍華德·洛克（Howard Roark）的形象，出現在世人面前。他準備好脫下夾克，在花崗岩礦場拿著手提鑽開採石頭。不過，從意識形態或實際作為來看，史考特和洛克其實是南轅北轍的兩個人——唯一的共通點在於他們都是虛構的人物。史考特確實是歷史上真實存在過的人，但他是在角色扮演：而他本人既不是工程師，也不是建築師，他的計算尺根本沒什麼東西好量。史考特是一個古怪的街坊人物，為了宣揚計劃經濟，他在格林威治村的咖啡廳滔滔不絕，談論理性生活與增加產業效率的重要性。

一九三〇年代來臨，大蕭條席捲全美，工廠關閉，農田與城鎮一片空蕩蕩，道路與火車擠滿了逃難的人群。史考特改變了造型，這回，他在公共場合穿上灰色的法蘭絨訂製西服，打著一條藍色領帶，不再扮演日晒雨淋、剛從油井開車回來的工程師。他搖身一變，全身上下散發著理性的經理人氣息，代表著企業的門面。史考特穿上新技術文化的制服，成為工業幻想的化身。他將以這樣的面貌，透過技術專家政治公司推廣政治運動。[1]

當時的美國遭逢現金短缺的問題，一連串的銀行破產與擠兌事件造成民眾囤積現金與硬幣，人人四處把錢藏進襪子、保險箱、金庫、「地洞、廁所、外套內裡、馬匹項圈、煤堆與樹洞」

裡。[2] 英國社會學家奈杰・達德（Nigel Dodd）在他二〇一四年之作《金錢的社會生活》（*The Social Life of Money*）的一開場，就描述了類似的當代景象。達德寫道，在二〇〇七年至二〇〇八年的金融危機失控期間，「希臘人把錢冷凍起來」，成捆的歐元被存在「冰箱、吸塵器、麵粉袋、寵物食品箱、床墊與地板下方」。美國小羅斯福總統（Franklin Delano Roosevelt）一九三三年就職時宣布了緊急銀行假日，以爭取時間通過聯邦存款保險。現金流通的凍結問題更是雪上加霜。

有數百個城鎮自行發行了臨時憑證（scrip）；陶氏化學公司（Dow Chemical）自行鑄造鎂幣。底特律的商店以物易物，民眾交換著一盒盒雞蛋與成磅的蜂蜜；零售商、醫生、藥師允許顧客與客戶賒帳。學生報《普林斯頓日報》（*Daily Princetonian*）與普林斯頓的商家合作，發行了五百元的貨幣，面額為二十五分錢。音樂劇搭擋羅傑斯和哈特（Rodgers and Hart）的名曲中，唱出了紐約羅斯蘭舞廳（Roseland Ballroom）的舞孃「跳一次十分錢」一事——只要你拿得出銀行存摺證明自己有存款，舞孃將願意收借條，不必投幣。業餘拳擊賽收下雪茄、刷子與成袋的馬鈴薯。此外，由於大眾運輸工具收鎳幣，曼哈頓使用自動販賣機的速食餐廳被大批的通勤族與出遊民眾包圍，穿著整身好衣裳的百姓試圖向餐廳乞討零錢。[3]

對於那些技術專家政治的擁戴者而言，簡直是碰上了千載難逢的良機：史考特帶著幾名助手，在貨幣一團亂的時刻登場，宣揚科學經濟學的烏托邦。他承諾只要授權給他們，他們就有辦法解決經濟大恐慌。有幾年的時間，技術專家政治的提倡者成了美國媒體的寵兒，有的是正經八百的嚴肅報導，有的則把他們當作笑話嘲弄；但不論是捧是嘲，技術專家政治都傳開了。技術專家政治的先鋒在巔峰時期，簡直堪比一九二〇年代蘇聯迷戀機器的死忠泰勒化支持者與建構主義者。他們是美國版的布爾什維克科學管理理論家加斯切夫（Alexei Gastev）帶領的「時間聯盟」（Time League），試圖利用生物物理學與計時攝影術（注：chronophotography，拍下每一個連續動態的攝影手法），以工廠線的模式澈底重新設計社會，改造社會上的每一個人：那是一種科幻小說式的「一體化極簡主義」（massified minimalism）文明，把人類當成持續規律運轉的引擎中的完美零件。[4] 不過，提倡技術專家政治的人依舊與布爾什維克者不同，他們自稱「超越政治」，並擁有務實的工程架構。最重要的是，他們以「科學」為依歸，喊著「科學治理──藉助技術的力量控制社會」的口號。

若要拯救陷入經濟大蕭條的美國，就得大破大立，方法就是「全面徵用全國的人力、機器、原料與金錢！」[5] 技術專家政治提

倡者所期望的規模，就連布爾什維克主義的「戰時共產主義」（注：war communism，蘇俄的經濟措施，包括徵收糧食、執行配給制、企業國有化以及處決罷工者）都望塵莫及，展現出美國人什麼都做得到的熱血精神。一場可稱為「工程戲院」的好戲就此登場。狂熱的技術專家政治提倡者戴上袖章與胸章，上頭的圖案是「單子」（注：monad，單一、不能化約的單位）──也就是象徵「一」的符號，代表著消費與生產為一體的概念。此外，他們還以類似軍禮的方式打招呼，各自駕駛著汽車、摩托車，以車隊方式出遊，把年輕人培養成以電容單位命名的「法拉團」（Farads），還有熱切的新兵站在街上推廣理念。

他們的願景是建立名為「技術專家政治圈」（Technate）的後稀缺計劃經濟（注：postscarcity command economy，指人人得以無償占有商品、服務、資訊的社會），範圍包括美國與加拿大，某些版本還納入了墨西哥，由獨裁的工程長負責管理。技術專家政治主義者眼中的一切非必要活動，將得縮減或完全廢止，其中包括政治活動、藝術活動、倫理活動、社會活動、智力活動與娛樂活動。這個改造將藉由新貨幣推行。新貨幣直接與能量掛鉤，面額是計算熱量與做功的單位「爾格」（erg），以憑證的形式流通。「一美元在今天的價值（購買力），在明日將會有所增減，但一單位的功或熱在一九〇〇年、一九二九年、一九三三年或二

〇〇〇年，並不會有所不同。」史考特在一九三三年的《哈潑》（*Harper's*）雜誌文章〈科技打敗價格機制〉（Technology Smashes the Price System）指出：具備「客觀價值」的金錢是典型的矛盾修辭，混合了實證數量以及由社會負責維持的原則。

要是觀察「能量憑證」這個手段高超的騙局，就會發現此刻他們執行得比後來還要露骨。能量憑證比美元**還真**，與「功或熱」有著源自於宇宙的本體連結。除了這個憑證並不存在以外，它在其他方面都顯得真實。不過，雖然不存在，能量憑證的設計方案承諾這個憑證**將會**問世，方案中除了有繪製出憑證的圖樣，還輔以大量的細節描述：「由浮水印紙製造……以條狀形式發行，放進長方形小冊子，體積小到便於放入口袋隨身攜帶。」能量憑證比美元還要真，屬於更可靠的價值儲存與記帳單位，不但更優秀，還恆久不變；理由是能量憑證只在未來存在，社會上的一切將依據能量憑證來重新調整。技術專家治國主義者的能量憑證——以及本書將提到的所有預想貨幣計劃——不太算是提案，也不完全是原型，而是科學史學家約翰·特雷施（John Tresch）所說的**宇宙圖**，「同時蘊涵著科學、藝術、科技與政治」，是個與宇宙相當的模型，也是一個藍圖，告訴我們如何依據此一典範來組織生活與社會。[7]

如何在宇宙中安身立命

特雷施的著作《浪漫機器：拿破崙之後的烏托邦科學與技術》（*The Romantic Machine: Utopian Science and Technology after Napoleon*）所記錄與重現的法國時期，含括從拿破崙垮台後的一八一四年，直到拿破崙三世（Napoleon III）取得政權的一八五二年。機器、實證科學研究、量化與工業在當時成為浪漫派主義的生活與思考工具。特雷施指出，在那段時期，科學技術的概念與物品不只是宇宙實證知識的起點，也開啟了道德倫理、社會轉型、美學與我們對自身歷史的地位評估，以及體驗所帶來的狂喜。

特雷施提出前述主張，以細緻的手法談了許多同時具備多重用途的事物，包括新式建築、日曆、組織圖、科學儀器，以及環景圖（注：panoramas，當時廣受歡迎的繪畫方式，以環形畫面展示全景）與幻燈秀（注：phantasmagoria，在戲院投影惡魔與鬼魂等恐怖影像來營造氣氛）等提供給大眾觀看的事物。這些物件全都描述出宇宙的特定秩序自有一套排序與關係組合，指著過去與未來，點出我們該如何以個人與社會的身分行事。那些事物既是文件也是物體：它們是你能立足其中的建築物、你可以享受的歌劇技術奇觀、你能運用的地圖與儀器。特雷施探討形形色色的事

物，他寫道：「此處的重點，以及為什麼這與宇宙論（cosmology）有所不同，在於我們所談論的文本帶來了具體的做法與物品組合，交織成世界的完整目錄或地圖。」[8] 這樣的文件與物品構成了文化科技。

宇宙圖是東西，是事物，它帶來秩序，組織著宇宙與我們在宇宙中的位置，暗藏著由關係、角色、運轉時的行動所組成的系統，例子包括《聖經》中的會幕（注：Tabernacle，敬神的場所）、西非古老民族多貢人（Dogon）的儀式、藏傳佛教的曼荼羅、百科全書、某些類型的科學計劃，以及圖書館的樓層平面圖。宇宙圖的特殊之處，並不在於它們在世界史上的重要性，而在於提供某套特定的功能。從使用者的角度來看，宇宙圖讓我們得以定位自身的時空（我們身處何方？存在於什麼時間？）、建立本體層次（ontological level，哪些事重要？），還提供我們慣例與模式（我們該做什麼？我們該如何理解？）。宇宙圖替團體中的成員立下參照點，建立出不同類別之間的關係與連結（重要與不重要、優與劣、乾淨與不潔）。此外，宇宙圖提供可能的世界景象，經由一套做法與儀式讓那個景象具體起來，引導世人參與——你得以實際採取行動。宇宙圖是一種帶有目標的世界模型，當中隱藏著烏托邦的計劃，並藉由物體與符號的排列傳達。

最後一點則是宇宙圖和空間一起替使用者產生、組織著時間

和歷史，尤其是未來的歷史。宇宙圖提供的做法支撐著那個歷史，創造出那個未來，告訴你已經發生過的事（哪部分的歷史真正重要）與未來的面貌，方法包括探索宗教的宇宙論、十九世紀的馬克思主義齒輪辯證，或是二十世紀用於推測的外插圖表。宇宙圖告訴你，與從前發生過的事、將來會發生或可以發生的事相對，**現在**是什麼時候。此外，你知道自己處於哪一個時間後，宇宙圖還告知你應有的行為。宇宙圖是讓未來成為知識客體的計劃。

用金錢來預想

　　技術專家政治公司的能源憑證是個完整的宇宙圖，以具體而微的方式囊括著整個（極度奇異的）社會與宇宙，將價值與價格放進同一個世界。在這個世界裡，大自然的萬事萬物與先前所有的人類活動全是次要的，只不過是達成整體工業效率目標的素材罷了。技術專家政治公司的憑證內含著複雜的會計系統（「某種修正版的杜威十進分類法」），將持票人與所有可能的購買，置於技術專家政治圈所提供的每一個角色、服務與產品的本體論之中，功能除了鼓勵與禁止技術專家政治社會中的行為，還扮演著某種類似日曆的角色：所有的能源憑證都必須在為期兩年的「完

整平衡負載期間」內用罄。

這種兩年期的循環替技術專家政治公司的紙幣設下了指定的時間：紙幣會在固定的時間表內過期並失去價值，藉此刺激投資與交換，抑制囤積與投機。在經濟大恐慌期間，其他的實驗性質貨幣也帶有這種刻意設計的時間表。印花憑證（stamp scrip）與社會信用計劃（social credit project）曾短暫在奧地利、加拿大與美國百花齊放過一段時間，在刻意的設計下，若不使用就會迅速貶值（「就和報紙會過期、馬鈴薯放久會爛掉、鐵會生鏽是一樣的」）。[9] 不過，技術專家政治的錢帶有第二層的時間模式，也具備較為常見的金錢特徵：錢的代幣（money token）是用於未來時間的人工產物，將在未來被交換。

許多研究金錢的學者推廣或駁斥典型的金錢起源故事。那些故事設定在古代狂風呼嘯的全景畫面：金錢始於商品和以物易物，稅金與朝貢；也始於語言、禮物、量化與浪費。達德的《金錢的社會生活》一書就從傳說中的六種不同起點講起，也暗示著可能還有其他更多源頭。從理論與實務面來看，我們的金錢起源傳說形塑著金錢在我們的生活中所扮演的角色——但我們講述的未來故事，同樣也會帶來影響。我們拿到的金錢是「通貨」（current money），我們之所以願意接受，是因為我們知道其他人（商人、稅吏、銀行）在未來的日子裡會願意接手。[10] 我們持有

現金，就像小說家威爾斯（H. G. Wells）筆下的時間旅人回歸時，口袋裡的那朵「奇異白花」，是個從未來留下的紀念品（注：在小說《時間機器》〔*The Time Machine*〕的結尾，主角回到了自己的時間線，口袋裡裝著他在未來遇到的女性所放進的花朵）。

在金錢與金融的脈絡下，這件事似乎不足為奇。人之所以會持有資產與借貸，**當然**是因為有考量到「被記住的過往、預期的未來與估算的時間」的穩定與不穩定性。[11] 金錢永遠在特定的時間安排與歷史之中發揮功能，這可以一路回溯至最遙遠的從前：我們可以談埃及用陶片充當存糧的貼現收據，或是美索不達米亞極度複雜的債務與利息制度，那些事物在改朝換代與世襲的權力階層之間不斷流轉。[12] 投資人參考各式各樣的模型、演算法與直覺，在短期間套利：金融的貨幣時間性短至眨眼間的波動，長至定期償還債務；有的短如到期天數為四星期的國庫券，有的長如耶魯大學持有、歷史達三百六十七年的荷蘭水利債券（至今仍在支付利息）。一切奠基於未知的未來，靠避險制度減輕無從預測的變化所帶來的傷害，包括反向保證其他承諾**未來不會**實現、事情將會告吹。[13] 同樣地，從下一份薪水到婚姻的長度，個人與家庭在孩子、健康狀況、房貸、教育與退休等各方面也會下複雜的賭注，其中有些部分就是在猜測其他人如何看待未來——也因此

有必要預期與考量的一點，將是其他人所做的不理性猜測有可能會扭曲你個人的猜想。[14]

　　財金專業人士在處理債務時，他們的依據是借貸貨幣的通貨膨脹率——也就是該貨幣的金錢價值將如何在未來的負債期間變動。我們如果在近期內不信任銀行，就有可能把放在銀行的資產改成持有現金、黃金、一包包香菸或一瓶瓶清潔劑：以各式的「儲存技術」將價值儲存在手邊，萬一其他體系崩潰將有辦法應對。這樣的道理就如同房子明明裝了電燈，但我們依舊會在抽屜裡擺放備用蠟燭一樣。[15] 投資人做長期研究依據的是「金錢的時間價值」，也就是反映出「日後的金錢」vs.「現在的金錢」的貼現，以判斷某筆投資的淨現值——貼現模型有可能重塑我們心中的未來經濟景象。[16]

　　金錢通常同時混合了信用、錢幣與憑證，除了各有功能，套句文化歷史學家瑞貝卡‧斯潘（Rebecca Spang）法國大革命期間的貨幣研究來說，也是在傳達「**平時**」（ordinary times）的概念——以及正常的未來（ordinary futures）將會是什麼樣貌：「眾人所……**預期**的未來面貌。」[17]「這種幾乎是無意識的信任，來自重複出現的行為與規律的預期，累積成對於世界如何自然運轉的理解——以及很關鍵的是，這也累積成對於世上其他人的認識。從這個角度來看，金錢也算一種習俗或微科技，屬於共通規範與

社會凝聚力的生產與再生產。」[18]

　　金錢在我們日常的關係、角色與交換中流動時，還傳達出另一種未來的時間性：我們與摯友、親人、社群、朋友共享的時間性（temporality，此處的「時間性」一詞難以解釋，不是拿來描述時間本身，而是描述涉及時間的關係與概念）。套句貨幣社會學家薇薇娜・澤利澤（Viviana Zelizer）的話，在這樣的未來時間裡，金錢「讓當下的互動同時蒙上過去與未來的陰影；關係所累積的意義，以及各方在未來的利害關係，同時影響著今日發生的事。」[19] 各位可以思考的例子包括個人借貸、一起處理財務與共用帳戶（或是決定不共用）、承諾日後會留贈遺產或無論貧富都會相愛、領零用錢或藏私房錢等等。[20] 我們會依據在人際關係與個人處境中感受到的期待、希望與恐懼，指定金錢的用途或對金錢毫不在乎。金錢之所以會被持有與儲存，原因是期望未來的救贖／贖回（redemption）。這裡的 redemption 兩種意思都說得通，一種是透過宗教上的捐獻，亡者的靈魂能獲得救贖；一種則是撥出一些特別股，放進替未成年人準備的信託基金。

　　這樣的親疏關係再推進一步，將是社群、聯姻與結盟等更為大型的網絡。學者戴桑（Christine Desan）的《造錢》（*Making Money*）就詳細分析了英格蘭近代的造幣與資本主義發展，主張不論金錢究竟具備其他哪些意涵，它永遠是一種群體制度，在特

定的群體中「被用於組織物質世界的活動」。[21] 金錢替特定的群體「計算、蒐集與再分配資源」，通常也傳達出既有的領土權架構。造錢的煉金術超越國家的界線。戴桑寫道：「社群可以是一個國家，但也可能是源自於忠誠、信仰或志同道合的集體組織，內部成員反覆貢獻勞力或商品。」社群存在於各種時間架構、歷史與預期中的未來。[22]

貨幣的最後一種時間性是危機與災禍。錢的事出問題時，「所有親密關係的真相以幾乎無法忍受、露骨的方式顯露出來，鮮少能持續下去……金錢是每一個重大利害關係的核心。」[23] 哲學評論家班雅明（Walter Benjamin）生活的年代，正好碰上了一戰過後的德國通貨膨脹。他在筆記中寫道：當儲蓄、退休金、信託、預備金的未來崩解，眼下的生存受到威脅，所有不好處理的人事物便一下子暴露出來，在面對朋友與至交時，要在承諾、恐懼與現實中取得平衡。這樣的事也是金錢經驗的一部分：在「真錢」（actual money）所蓋成的結實莊園裡，那些雜音是牆壁裡的耗子聲──套用經濟學家凱因斯（John Maynard Keynes）的名言來講，真錢「紓解了我們內心的不安」，安撫我們「對於未來的不信任」。[24]（本書最後四分之一的背景主要就設在「被想像與預期的時間」）。

與這樣的金錢樣貌與金錢的未來性相比，技術專家政治提倡

者的能源憑證有何不同？不光是從「金融推想」（financial speculation，未來可能的支付方式）的角度來看，能源憑證是一種**預想貨幣**，從「推想虛構」（speculative fiction，對未來的想像與敘述）的角度來看也一樣。能源憑證的功能不是投資工具，也不是交易工具；不是存放南非克魯格金幣（注：Krugerrand，南非最著名的金幣，其市場價格依黃金價格的起跌而動，有國家標準且含金量準確，雖是有價金幣，卻不能當貨幣在市場上購物。）的保險箱，也不是親戚提出的承諾。能源憑證是宇宙圖，是一種宇宙的排列方式，不僅產生了特雷施所說的「世界可能的圖像」，還有隨之而來的慣例、儀式與社群。以金錢的形式、靠著金錢的特殊文化力量，在今日帶來那樣的世界。[25] 能源憑證是一條從現在通往日後的道路，是烏托邦前景與烏托邦做法的宣言。古希臘哲學家米利都的泰利斯（注：Thales of Miletus，泰利斯曾經憑藉科學知識，預測橄欖將大豐收，趁機壟斷油坊，大賺一筆）曾對橄欖的收成情形下注；支持大荷蘭主義的銀行家對西班牙君主的廉潔程度下注（注：荷蘭商人在大航海時代靠著保障投資人，而不是由國王主宰個人生殺大權，取代了西班牙海上霸主的地位）；而這一次，金錢是一種用來推測的文化計劃，這個計劃不只是在賭未來，也對未來的人為產物下注。

科學家起義

　　然而，預想貨幣不是**這個**未來的人為產物，而是呈現某種特定的未來，一個有其專屬時間的未來。儘管技術專家政治公司不斷利用未來感來包裝自己，但不論從哪一個角度來看，他們的組織所傳達的東西，其實就是美國經濟大蕭條時期的科幻小說情懷。從能源憑證告訴我們的事來看，如同紐約的摩天大樓帝國大廈（Empire State Building）或美國工業設計師諾曼・貝爾・格迪斯（Norman Bel Geddes）在《地平線》（*Horizons*）一書中設計的「不遠的未來」一樣，他們所預想的未來，其實也是當時的產物。威金斯（W. A. Dwiggins）是位美國的字體設計師與書籍設計師。他在一九三二年提議重新設計美國貨幣，依據「二十世紀上半葉的氛圍來設計……展現速度與電力的龐大潛能，天空是新的公路，宇宙突然膨脹至驚人的大小。」[26] 那樣的氛圍完全吻合技術專家政治公司與他們的貨幣所處的情境：威金斯主張，「我們的一九三二年美國貨幣」理應能展現「以暴增的機械能致力維護民主形式」。[27]

　　史考特所提議的技術專家政治式的未來，有著流線型的裝飾藝術風格（注：Deco，一戰前出現的視覺藝術，與現代主義並行發展，影響了當時的建築、汽車、家具、時裝與日用品的等設

計，特點是光滑的流線）、全翼機（注：flying-wing aircraft，主要機身隱藏於機翼內的航空器，影響著二戰戰機的設計）與一排排加總的工整數字，將企業向大眾募股的公開說明書美學應用在生活中的每一個層面，由科學家、技術人員與工程師負責控管整齊劃一、走軍事風的極權主義架構。烏托邦自助餐廳的供餐人員將是美國戰間期在新營養運動（New Nutrition movement）中對未來懷抱夢想的化學家，他們企圖讓大自然變成「一條工廠鏈、一種生產線」：食用脂與食用油等著被合成，原料是「我們的國家盛產的油頁岩」。[28] 整個北美大陸將被塑造成垂直整合的科技公司形象，屬於最高等級的獨占事業。

在那個年代，在世界那個特定的角落，這可說是無法避免的結果。史考特是經濟學家與社會學家范伯倫（Thorstein Veblen）的追隨者。范伯倫除了寫下《有閒階級論》（*The Theory of the Leisure Class*）一書、提出「炫耀性消費」（conspicuous consumption），他一九二一年出版的《工程師與價格體系》（*The Engineers and the Price System*）稱得上是技術專家政治的預演，書中他提出「技術人員的蘇維埃」（Soviet of technician）願景，以及奠基於技術專業人士放下工具、發起罷工的社會變遷範本。那是一種社會主義者的鏡像世界版罷工，與蘭德的小說《阿特拉斯聳聳肩》（*Atlas Shrugged*）形成對照。到了一九三三年，小說

家威爾斯的《未來世界》（*Shape of Things to Come*）提出必然出現的「世界國」（World State），這個國度由技術人員、科學家與駕駛員主宰，廢除宗教，強制推行「基本英語」（Basic English），制定出「一種完全抽象的錢，與重量或度量等任何的物質聯想無關」。[29] 此一「完全抽象的」金錢是「空氣元」（air-dollar）：一種貨物運輸的統一單位。紙幣代表依據飛航來計算的重量、體積、速度與距離。對威爾斯而言，以及對本書提及的所有烏托邦預想貨幣的造幣者來說，「金錢理論實際上必然是社會組織的完整理論」——也就是一幅宇宙圖。以新的技術政權為依歸，重新安排世界與人類事務的秩序。這件事被符號化，執行方式是發行新紙鈔：威爾斯寫道，空氣元「極度明確地標誌著『資源有限的舊有人類生活』靜態概念，被生活持續拓展的動態概念所取代」。[30]

同一年，現代科幻小說之父雨果・根斯巴克（Hugo Gernsback）在孕育現代科幻小說的園地《奇妙故事》（*Wonder Stories*），刊載了「科學家起義」（The Revolt of the Scientists）的故事系列，敘述技術專家政治發起的金融政變。起義的技術專家利用化學技術與「射線」把黃金儲備變成錫，所有紙幣上的墨水全都消失了，債務一筆勾銷，他們就此徹底摧毀經濟，接掌政權。[31] 這其實並不是什麼獨特的情節設定。自十九、二十世紀之

交，靠合成或化學讓金銀貶值引發貨幣混亂的故事就廣受大眾歡迎——在科幻通俗小說中尤其常見。早在一九〇〇年，美國小說家蓋瑞特·瑟維斯（Garrett Serviss）的驚悚小說《月球金屬》（*The Moon Metal*）就講述過南極的黃金大罷工造成經濟混亂，直到神秘的「希克斯博士」（Dr. Syx）帶來一種叫「亞德米西安」（artemisium）的新金屬，靠著人為的稀缺來擔保價值；一九二二年，作家雷宏·艾科克（Reinhold Eichacker）的《黃金戰爭》（*Der Kampf ums Gold*）小說主角靠化學製作出黃金，償還德國的戰爭賠償金，一舉摧毀協約國經濟（艾科克筆下的德國預先得知了消息並調整貨幣，從金本位制改成白金本位）。不過，技術專家政治的敘事有一個不同點：在他們心中，破壞與政變永遠不是貨幣災難，而是一種拯救；破壞迫使全球採取行動，在金錢技術的危機中創造出應有的未來。

　　本書研究的人物根據自己對於未來的宏大幻想，組織志同道合的人士，籌備他們預想中的金錢。那樣的錢，不是學者戴桑用於對比銀條、針對未來生產力或未來稅賦的合理猜測，而是技術與科幻小說式的想像，社會有可能被澈底顛覆，永遠無法回頭。金錢是轉變的機制，也是從現在通往未來的逃生路線。套用歷史學者萊茵哈特·科塞雷克（Reinhart Koselleck）的術語來說，他們的錢不只是烏托邦式的錢，也是**烏有史**（注：uchronian，想像

平行未來的文類）的錢：等級更高的社會問世，但不是出現在地球上的某地，而是出現在「某時」。那個時間是未來的歷史時間，藉由未來將流通的貨幣呈現今日。

技術專家政治的擁護者在駕駛裝飾著單子符號的灰色車隊後、在提出啟示錄預言與執著於陰謀論（出於某種原因他們特別針對梵蒂岡的行為）後、在召集科學正義使者後，他們苟延殘喘——困在歷史學者科塞雷克所說的「從前的未來」（former future）裡，孤立於時間中。儘管如此，技術專家政治的提倡者在全盛時期，示範了預想貨幣、烏托邦貨幣與烏有史貨幣扮演的角色：那樣的貨幣是召喚他們心中的未來現身的標誌。

第 2 章

替一張紙擔保

本章我們將研究現金與貨幣實際運作的方式：深入製造、防偽與認證紙幣的歷史——紙幣是一種所有人都學過如何判讀的特殊印刷文件。我們將跟隨偽鈔製造者與犯罪剋星的腳步，思考文件如何贏得信任這個問題，一起閱讀在日常交易中涉及主權論述的一種紙。此外，我們還要一起認識一個所有人都見過、但幾乎無人能辨識的神秘星座。

以新方式製作的物品

各位在閱讀本書時，大概都隨身攜帶著許多簽名。要是身在美國，那些龍飛鳳舞的名字八成來自提摩西‧蓋特納（Timothy Geithner）、安娜‧卡布拉爾（Anna Cabral）、路傑克（Jacob Lew）（注：三人皆擔任過美國財政部長，美元紙幣上會放財政部長的簽名）；巴西則是恩里克‧梅爾雷斯（注：Henrique Meirelles，曾任央行總裁、財政部長）；馬來西亞是拿督穆罕默德‧賓‧易卜拉欣（注：Datuk Muhammad bin Ibrahim，央行總裁）；波蘭是亞當‧格蘭賓斯基（注：Adam Glapi ski，央行總裁）；歐洲是馬里奧‧德拉吉（Mario Draghi）或尚‧克勞德‧特瑞謝（Jean Claude Trichet）（注：兩人曾任歐盟央行總裁）。這幾位人士的簽名是現存複製程度最廣的手寫體樣本，他們每個人

各有具特色的小小簽名花押，在全球紙幣的隱密角落飛舞，一旁佇立著各國紀念碑、名人溫柔沉思的肖像、紀念數字，輔以花紋、盾形徽章、漩渦形裝飾、多立克式（Doric）柱頭等厚實的建築元素。「在貨幣單位面前，驍勇善戰的英雄把佩劍收回鞘中。」在德國惡性通貨膨脹期間，哲學家班雅明曾寫道：鈔票「裝飾著地獄的門面。」[1]

財政部官員與中央銀行總裁的簽名屬於刻意走仿古風的紙幣設計細節，有如智齒或闌尾般出現在紙幣上，保留著匯票的遺跡。匯票是複雜信用鏈的載體，數世紀以來支撐著歐洲貿易。我們在描述早期的技術與習慣時，「以今解古」的誤導性說法大行其道，不過匯票與社交網路平台之間確實有著異曲同工之妙，串起人際關係與日程。

某城的某商人將匯票交給代理人，並承諾將在未來某個時間點付錢給另一個人。未來將收到款項的人拿到匯票後，可以背書貼現轉讓給另一個人。這個拿到的人，接著又讓匯票流到另一個人的手中。套用學者斯潘的話，這些貼現交易的貼現率與價值，整體上取決於「某個城市中將支付的匯票量以及兩方的信譽，包括最初指定的付款人，以及在匯票的轉手過程中，所有在上頭背書的人。」[2]

安特衛普（注：比利時最重要的商業中心，歐洲第三大港）

與熱那亞之間、巴黎與法蘭克福之間、伊斯坦堡與里斯本之間，每一筆新協議都多添一圈簽名鏈，每一個簽名都讓某個特定的人負有義務。如同斯潘所言，書面簽名「讓人得以想像即便是今天之前不認識的人，必要時也找得到人，可以要求對方負起責任。」[3]匯票反映出一種人、事與貨物之間的特殊安排，例如：家具、白蘭地、法國的 X 先生、義大利的 Y 醫師、荷蘭的 Z 老爺、自現在起的六個月、地點是萊比錫的市集。此外，每張匯票獨一無二，要是遺失了，主人可以刊登廣告，「就像家中的狗走失、雨傘搞丟了一樣」。由於匯票鏈中的每一個人全都得替未履行的承諾負起責任，象徵著眾人一起提供財務上的擔保：匯票上的簽名愈多，就有愈多人擔保其他每一個人將誠實做人。

這種管理價值流的機制向來平衡著「標準化的再製」（standardized reproducibility）與「**這些人、這筆交易、明年等特定細節**」。法國在大革命期間曾發行過**指券**（注：assignat，國民議會在這段時期以沒收的教會財產為擔保大規模發行的紙幣，引發了通貨膨脹），這種脆弱的平衡在那段期間遭逢簽名危機。指券是新政權的貨幣，理論上一開始就連結至國有化的財產，但最終發行量與通行量遠超過匯票。然而，從最初的辦事員，一直到轉讓鏈中的各個背書人，指券依舊仰賴那樣的簽名所代表的威信。民眾開始有不祥的預感，想像心懷不軌的辦事員暗中動了什

麼手腳；發行新錢的瓶頸問題浮出水面——問題出在用筆寫下的簽名隨時可以竄改；雕刻與印刷版的簽名則改變了物品本身的意義。有國有財產做後盾時，指券才有身分、有名字。那幾位拿著筆的官僚，帽子別著法國革命的三色旗，他們的家中住址全都有辦法找到，有辦法要求他們負責。(「官僚」〔bureaucrat〕一詞正是在那個時期出現的，且在革命期間發揮到淋漓盡致：由一張代表著資訊儲存與處理系統的辦公家具來治理國家。)(注：bureaucrat 的字根「bureau」為「桌子」之意)[4]

斯潘研究這個時期的文件，證實了一個影響深遠但不容易注意到的轉變：採行印刷的新技術與科技所辦到的事，其實是證明紙幣本身的身分，而不是背書人的身分。紙幣成為「以新方式製造的物品」，設計目的是確認這張紙是錢的身分，而不是某個資產人士的身分。[5]

我們可以拿美國的例子來做對比。信用制度中的文書作業（替即將發貨的商品向代理商、代理人、批發商與仲介商開出付款委託書、倉單、提單、拍賣記錄）與銀行發行的貨幣之間，有著相互支撐的關係，連結著某棟建築物、某種農人或礦工社群、某些金塊保險庫。公有的信用網欣欣向榮：在十九世紀，佛羅里達的橙農與拓荒者接待北方來的旅客時，旅客通常會用支票付帳，而這些支票要在相當長的一段時間後才能兌現。因此支票本

身和貨幣一樣，有著水位的起伏，背書的名單愈變愈長，述說著佛州印地安河（Indian River）一地的社會體系。[6] 一八〇八年，愛爾蘭的訪客湯瑪斯・艾許（Thomas Ashe）寫道：「這些水域的生意，整體而言在不使用金錢的情況下進行。」[7]

自大西洋碼頭到美國南方的棉花奴隸帝國，到設置陷阱的獵人與仰賴加拿大河川的皮草運輸者，再到西部馬車隊與日後問世的鐵路——要是十五世紀的威尼斯商人家族眼見這套北美貿易生活最初的體系，一定會感到相當熟悉[8]：藉由親族網運作、透過複式簿記法下的「投機與商品帳目」進行脆弱的國外貿易、偶爾派上用場的錢幣與紙鈔、主要用簽名來管理人員、記錄與投資。

五花八門的錢幣與硬幣（波希米亞的塔勒錢幣〔thaler〕、西班牙銀圓〔pieces of eight〕、早期麻州的松樹先令〔pine-tree shilling〕、西班牙的里爾幣〔real〕）、發給自魁北克歸來的士兵的取款憑單、未來將載送煤礦或棉花的駁船提單、地方鈔票，以及毛皮、蜜蠟、亞麻、茶、火藥等「現金商品」（cash article），一起造就了這個影響來自四面八方的貨幣文化。國家貨幣的概念與施行則有如一種新詞彙，引發了學者斯潘所談的本體變化（ontological twist）。從提單到地方機構發行的鈔票，信用體系是一個網絡，由區域性的社會信任與過往經驗構成（美國小說家梅爾維爾〔Herman Melville〕在一八五七年的作品《騙子》（*The*

Confidence-Man）中，描述書中人物檢查一張來自維克斯堡信託保險銀行公司（Vicksburgh Trust and Insurance Banking Company）的鈔票，判斷「是不是真鈔，這張鐵定是，紙的質地在這裡和那個地方會比較厚，還有起伏的小紅點。」）從依據天平秤重，一直到某塊布料的質地細不細緻，再到味覺、**觸覺**、重量、柔軟度與金屬外觀，錢幣與現金商品是各式直接的身體性知識（somatic knowledge）。國幣必須證實**自己**的新型貨幣身分，除了要把新概念灌輸給持有者，還得訓練持有者以新的方式來評估物品，並了解其價值。

各位大概不曉得如何親自製作真鈔，但要辨識真鈔卻是輕而易舉：這是一種**替紙做擔保**的挑戰。鈔票的成本應該小到發行者有能力製造——畢竟跨越最初的工程難題後，邊際成本趨近於零——但又得極度困難，讓對手無法靠逆向工程再造。一方必須有辦法讓老舊的藍色牛仔褲（這個例子主要適用於美元）（注：美元紙鈔曾有製造丹寧布的材質）化身為一疊疊聲音清脆的鈔票，而且那個方法要讓其他方既無法自行製造，也無法複製已經存在的鈔票。歷史學者麗莎・吉特爾曼（Lisa Gitelman）用一張紐約市的死亡證明書替十九世紀與二十世紀書寫技術與科技暴增的媒體史開場——證書上有數個簽名、蓋印、邊框花紋、凹版印刷、條碼、浮水印、感熱墨水、微縮印刷，以及聲稱自己「等同

檔案記錄正本」。[9] 從公衛到資產支付，再到令人心情最為沉重的身分證明，經過層層防偽後，核心事實（身分、時間、死亡）將可用於特定情境。[10] 紙幣必須提供程度類似、令人安心的保證，在各種與市場同樣多變的情境中（任何有可能出現現金交易的地點、有可能參與交易的任何人）看上去是錢，也真的是錢。

此外，更困難的是，在數位技術的大環境下，「以新方法製造」、靠完美系統完整複製每個小細節的物品大增。今日的錢必須要在這種情況下，也能「驗明正身」。

學習判讀一美元鈔票

一元美鈔，US$1，是現存流通最廣的工業製造物，有數百億張一元美鈔在各處流通。至於究竟有多少很難精確估算：我們知道聯準會每年釋出的流通量（例如二〇一六年為一百一十七億張一元鈔），然而鈔票的預期壽命和沙鼠這種動物一樣，大約介於一年至五年之間。從法律與經濟層面來說，當成**錢**（money）來看的時候，那些鈔票完全一模一樣；也就是說，每張一美元鈔票的可替代、可交換的價值完全一樣，不會比別張一元鈔多，也不會比別張一元鈔少，可以當成計算工具，用於比較不同東西各自的價格。然而，從物品（object）與通貨（currency）的角度來

看，一元鈔票被刻意仔細製作的樣子則張張不同。

　　來說說我現在手中的這張一元美鈔。上頭印著的數字攜帶著大量資訊，包括製造地、屬於哪批鈔票的版本系列與流水號、由哪塊金屬版印製這張鈔票，甚至列出這張鈔票在裁切前位於三十二號紙的哪個位置。這張鈔票皺皺的，起了一點棉屑，邊緣有兩處裂開。我把這張一美元鈔票拿在手裡時——就像我們平日拿著鈔票時——我是在碰觸一個物品。除了大眾運輸工具的握把與吊環，這個東西是最多陌生人摸到的物品：這是一種集體的行為，交流著細菌。紙鈔攜帶著皮膚菌落，在世界上從一隻手傳到另一隻手，如同貨船在外國港口排出壓艙水一樣（注：船艦為了維持航行穩定度抽水至船艙，增加船隻重量，然而汲取甲地的水、在乙地排放，可能會破壞乙地的生態）。

　　無論從簡單還是複雜的層面來看，一元美鈔是個被設計成可以**閱讀**的物品。不論是對人類還是對販賣機的鈔票辨識器而言，一元美鈔是個符號，立刻就能辨識，就視覺上來說，美鈔也相當符合自身想傳遞的形象，綠色的背面（注：greenback，「綠色背面」即美元的別稱）版本統一、大小一致，背面的圖案是一片奇異荒原，聳立著一座尚未完工、頂端有隻眼睛在看著你的金字塔，風格有如比利時超寫實主義畫家馬格利特（René Magritte）的作品。此外，還有十二個數字指涉，指向代表著「一」（one-ness）的基

數，與紙幣版本數中的其他數字相連。我所謂一元鈔票是拿來讀的這個概念相當具體：一元鈔票隸屬於「有價憑證」這個更大的類別，是一種強大的象徵，我們知道該如何以特定方式去解讀它。

設計歷史學家法蘭西絲·羅伯森（Frances Robertson）曾記錄下「第一張現代鈔票的開發」與「鋼刻凹版工程製圖與印刷」之間的密切關係：這樣的科技刺激了新工業秩序的再生。大量生產的零件與複雜機器帶來了精密呈像，用於製造可立即輕鬆辨識、無法仿製的鈔票。[11] 當時的「自動工具」、複雜車床、工具機、數值控制工具機（CNC）與切割機的先驅有辦法準確製造幾何圖形，水準足以取代熟練的手工。那些工具另外還用於生產其他機器的零件，例如火車、船艦、橋梁——以及玫瑰紋車床帶來環狀螺旋圖案的鈔票。那些精緻的璣鏤圖案也應用在郵票、俄羅斯法貝熱彩蛋、手錶機芯、股權證書等可驗證的文件上，一美元鈔票同樣也用上了。那是印刷式紙幣生產挑戰的直接遺產。

高科技工業化的機械複製產物同樣也得**是真的**（authentic）。複製品的真實性源自複製時的複雜度。如同步槍或火車的可互換零件，它們彼此之間一模一樣，可靠程度相同。從哲學意涵來看，它們是「真實的」（truth，真東西），從機械意涵來看也一樣：它們和輪子一樣準確可靠，經過仔細打造與檢驗。你可以安心轉手一張紙鈔，如同你能放心駛過鐵橋的桁架。

文化歷史學家瑪麗‧布薇（Mary Poovey）主張，這種概念下的紙鈔也是更大的**閱讀**領域的成員，只是我們變得幾乎視而不見。「不值得浪費紙來印」（It's not worth the paper it's printed on）這句英文慣用語可用來形容錢，也可以形容文筆不佳。布薇認為，工業化紙幣的普及生產以及「文學價值」（literary merit）的模範可以歸在相同的時間與地點（十八世紀與十九世紀的英國與歐洲）絕非偶然；如同一頁散文或一頁詩承載著價值，紙幣也是，它們皆為相關文類集的一分子，以印刷的紙張定義著價值。布薇寫道：「錢變成一個我們過分熟悉的東西，以致於它的書寫似乎消失了，也似乎失去了它身為〔各種形式的〕書寫歷史。」[12] 她的整套論證過於複雜，我們無法在這裡詳述，不過這個論點帶來另一種「一元美鈔是什麼」的觀點：一元美鈔是一份**文件**，承載著一套無形與有形的概念。

美元是「所有公家與私人債務的法定貨幣」，每次我們交易美元，象徵著我們效忠著廣義的國家，尤其是美國。前文第 1 章出現過的威金斯（那位提議重新設計鈔票的字體設計師兼書法家）曾寫道：「紙幣是聯邦政府的產品品質關鍵樣本，以紙張的形式呈現。」「貨幣與聯邦郵票是最廣為流傳、任何人都能使用的國家**徽章**。」[13] 我從錢包拿出這個徽章，參與人類學家與支付系統學者拉娜‧史瓦茲（Lana Swartz）所謂的「交易社群」

（transactional community）。[14] 以美元來講，這個社群延伸至國境之外很遠的地方，例子無遠弗屆，包括厄瓜多等美元化（注：dollarized，因經濟危機以美元代替本國貨幣）的經濟體；此外，一捆捆包膜封裝的百元鈔也被當成現金準備與清算機制，在全球各地公開與暗地的交易著。

我把手中的一美元鈔票拉平，試著讓自助洗衣店的零錢兌換機接受它，並吐出二十五美分的硬幣。我是在攤開一份鮮活的歷史文件，上頭有小羅斯福總統批准的設計，流通範圍由林肯總統恢復，價值則起起伏伏，涉及尼克森震撼（注：Nixon Shock，尼克森宣佈美元與黃金脫鉤）與聯準會對市場活動所下的判斷。美元「日日確認著這個民族國家」（借用地理學家艾蜜莉・吉爾伯〔Emily Gilbert〕之語），這個大小為十六平方英吋的東西，幾乎全國人人都會隨身攜帶。[15] 我手裡的東西其實是個涉及主權概念的哲學論述，而這個論述在今日受到挑戰。

全世界最醜的 T 恤

現在我們知道能從一美元的紙鈔中讀出多少東西，我們要進一步爬上價值的階梯，來看看必須解決不同技術挑戰的二十元美鈔。這年頭已經沒人試圖製造一美元的假鈔了；「老八八○先生」

（Old Mr. 880）[16] 那樣的偽幣史上被追緝最長時間的小型罪犯與那種小規模製造偽幣的年代早已逝去。眾多技術精良的專業偽幣團體把目光投向二十元鈔票。二十元鈔票除了和一元鈔票有著各樣的共通點，還採行了其他技術，不但要可辨識，還得無法以數位的方式複製；它得靠自己在類比與數位世界的邊界嚴格把關。

二十元美鈔相當獨一無二，每一張必須幾乎（但不是完全）一模一樣；如果有兩張**完全一樣**，其中一張必然為偽鈔。世上沒有任何一張鈔票會和我眼前這張一樣（流水號 JB9557548B、二〇〇九年系列、財政部長蓋特納的簽名、白宮門廊的圖案稍微被藍色原子筆畫到），不過就我所知，世上還有其他六十四億張長得十分相像的鈔票，被放進錢包、信封裡，或是提款機的置鈔處、銀行、運鈔車中，或被包成一疊一疊，放在倉庫棧板上，也有可能被放進一截 PVC 塑膠管中，埋在人跡罕至的地點，逃過金屬探測器的偵查。二十元鈔票要發揮應有的功能，前提是必須同時既獨一無二，又毫無二致，可辨識但不可複製；要做到那樣的境界必須耗費很大的功夫。

我眼前的這張二十元鈔票，以大家都很熟悉的方式，既有價值也沒價值：如果把鈔票剪成四小張，我們依舊擁有這個東西的物質部分，但它的意義已經改變了，價值更是消失無蹤（此外，毀損國幣還觸犯了法律——這張鈔票是我的，但又不是真的屬於

我）。這張鈔票存在於現在（某個人持有時）與將來（另一人持有時）之間。這張鈔票對我來說有價值，只因為它可以從我手中流通出去。這張鈔票是抽象的數量，可以在各種行為之中成為任何事，可以做善事，也可以拿來滅火，但實際上它只以明確的特質存在——它總是會因為我個人的狀況被留作他用與折損，而且我會以各種方式花掉它、存下來或給別人。[17] 這張二十元鈔票有著以上各種同時存在的特質，此外，我們也能說這張鈔票同一時間既是類比的，也是數位的。

類比與數位之間的脆弱分野在一九九〇年代開始消失，眼看著現金即將出問題，高解析度的掃瞄機、精確的雷射印表機與彩色印表機陸續問世，影像編輯軟體開始普及，替緊急的偽鈔危機打下基礎。在威廉・弗萊德金（William Friedkin）執導的一九八五年警匪片《威猛奇兵》（*To Live and Die in L.A.*，此片運用電影史上最精彩的蒙太奇手法，與導演比利・懷德〔Billy Wilder〕的《壯志凌雲》（*Spirit of St. Louis*）中，設計大師查爾斯・伊姆斯〔Charles Eames〕指揮建造飛機的鏡頭，可謂並駕齊驅）裡，演員威廉・達佛（Willem Dafoe）飾演的罪犯出色但耗時的鈔票偽造手法，如今只需要趁著閉店時間，使用任何一間高階設計工作室的數位桌面出版（desktop publishing, DTP）軟體便能搞定。數位化破壞了現金原先能防偽的設計方式，相關單位只好採取新的

策略來處理這個問題，例如使用活性墨水、安全線、視覺手法、不同材質帶來的觸感、浮水印等等，甚至把面額藏在不同的繞射光柵裡，你還可以用雷射筆投影到牆上。林林總總的防偽手法中，最引人注目的，就是「圓圈星座防偽技術」（EURion Constellation）。

不論你在世上哪個角落讀這本書，你的錢包或口袋裡，現在大概除了有前文所提到的簽名，還有這個圓圈星座（注：新台幣不採用這兩種防偽設計）。如果你拿的是墨西哥的二十元披索鈔票，在總統貝尼托・胡亞雷斯（Benito Juárez）的頭像旁，條紋上的小黃圈就是了；阿拉伯聯合大公國的迪拉姆幣（dirham）鈔票，一般在地標圖案的附近會有圓圈，有如背景裡的星星；十歐元的鈔票上，圓圈星座位於拱門的視覺回聲上方；二十元美鈔則是把圓圈星座藏在小小的黃色數字「20」裡。彩色印表機的韌體、掃描器、印表機驅動程式，以及深藏在圖像編輯軟體（例如Photoshop）中的元件可以識別這樣的點狀圖案，觸發貨幣辨識系統，拒絕數位化與複製鈔票。

作家威廉・吉布森（William Gibson）在小說《零歷史》（*Zero History*）中，想像出所謂的「全世界最醜的T恤」：「上頭有著巨大的黑色半色調圖案，胸部高度有不對稱的眼睛，胯部是陰森的嘴巴……邊緣的對角線向側邊周圍延伸，穿過鬆垮的短袖

子。」[18] 這樣的衣服花色，聽起來像是介於美國當代街頭藝術家費爾雷（Shepard Fairey）的作品《服從》（*Obey*）的那張臉與 QR 碼之間，下指令給數位影像監控的「深層結構」。閉路電視監視器的攝影機會記下身穿這種圖案的人，但會把他們從檢索記錄中移除。「攝影機會忘掉穿這種醜 T 恤的人，忘掉上方的頭、下方的腿、腳、手臂、手。」

吉布森小說中的「君子協定」讓這個神秘符號能在各種閉路電視系統的軟體中起作用，有如一種魔法物品；書中人物稱之為**「符印」**（sigil），一種被賦予超自然力量的符號。每一個以主要貨幣的現金付帳的人，持有並折疊著適用範圍比符印更廣的符號：圓圈星座代表著國際協議，協議包含不以特殊的方式讓特定物件數位化。最醜的 T 恤只在閉路電視系統上起作用，圓圈星座的有效範圍則只有具備高解析度影像捕捉、編輯與印刷功能的系統。（用你的手機拍照沒問題。）

偽造檢測系統（Counterfeit Detection System）是個免費但閉源的軟體——也就是說，你無從檢視當中的機制，連嵌入這個系統的公司也沒有辦法。[19] 此外還有其他更為隱密的辨識機制存在。如果你把圓圈星座遮起來，有的數位視覺系統依舊知道不要去捕捉或修改代表貨幣的物體，但個中的道理研究人員還在試圖釐清。這一類的符號不只適用於人類，也適用於機器，它們的功

能是辨識充當貨幣的物體：不但要讓那樣東西具備價值，也要讓它在類比的邊界依舊是個物品，不讓現金變得數位。

那麼一開始就數位化的現金呢？要如何維持安全機制，驗明正身——以及被讀取與理解呢？

第 3 章

可識別又不知來歷

現在我們要踏入運算年代，持續探索什麼是現金、現金是如何被創造出來的、又該如何辨識真偽。本章將介紹公鑰加密的發展，尤其是「數位簽章」（digital signature）的驗證技術，了解它們如何融入既有的文件確認傳統——包括我們稱為「現金」的印刷文件。我將帶大家看它們如何在過程中創造出新奇的混合形式。

令人頭疼的密碼

一九四四年，南茜・韋克（Nancy Wake）在三天內騎了兩百五十英里（注：約四百零二公里）的單車，幾乎是日夜兼程。需要睡一下時，就躺在灌木叢後方或藏身渠道小憩。她隨身攜帶化妝品，隨時可以整理儀容，好讓自己永遠看起來只是出門散散心，或是在當地辦點事。韋克這般裝模作樣，是因為她在被占領的法國擔任同盟國的特務。蓋世太保懸賞五百萬法郎，誓言要抓到她這隻綽號「白鼠」（White Mouse）的內賊。韋克毅力過人，膽識俱優，在法國奧弗涅（Auvergne）負責組織與支援數千名游擊隊員，還曾手刃納粹親衛隊的哨兵。這一趟她不出馬不行，否則她和隊員會淪為困獸。在這之前，無線電操作員丹尼斯・瑞克（Denis Rake）因為擔心自己撤退時會被俘虜，便把無線設備埋了

起來，還毀掉了代碼簿。[1]

密碼沒了，就無法與英國援軍通訊，沒辦法安排食物補給、志願軍、武器、彈藥及其他軍需品，也無法與其他戰士協調行動。韋克知道手中握有密碼簿、離她最近的無線電操作員身在何方，她只好風塵僕僕，希望自己能趕在糧食耗盡或同志被擊敗之前回到據點。韋克回營時，累到要有人攙扶才能下單車行走，但密碼簿取回來了。

韋克加入的組織叫「特別行動局」（Special Operations Executive，簡稱 SOE）。這是一個風風火火、創意百出、背離傳統的特別組織，負責訓練、協調與支援同盟國陣營的游擊戰士。特別行動局的特務急需安全的通訊工具與密碼系統，要可靠、好攜帶、易於隱藏，而且動作得快。局內的特務人員個個都像奧德‧史塔漢（Odd Starheim），這名挪威人先是逃至蘇格蘭的亞伯丁（Aberdeen），在當地接受破壞與祕密通訊訓練，忍受「令人頭疼的譯碼」，接著又跳傘回挪威，協助特別行動局團隊炸掉納粹的重水廠。[2] 史塔漢上場時（例如半夜在冰河上方被推下飛機）可不能帶著重達二十五磅（注：約十一公斤）的密碼機，萬一被發現就會立刻被扣留審訊。

特別行動局所採取的標準加密法是「詩碼」。負責發送與接收密碼的雙方會事先講好一首詩，將字母編號當成訊息的換位密

碼密鑰。這種方法的優點是不需要設備，詩可以記在腦中——但特務有一個壞習慣：他們會挑自己熟悉的詩，例如濟慈（John Keats）、莫里哀（Molière）、莎士比亞等英法文豪的常見作品。此外，他們心算該如何替換字母時有可能會不小心出錯，發出令接收者感到困惑或甚至看不懂的訊息；此外，重複使用同一首詩，就算是原創詩，也會降低安全性；特別行動局的負責人經常把一模一樣的訊息發送給多名特務，每位特務都有個人的密碼。這種相同的訊息萬一被識破，敵人就能拿來測試其他的訊息並一一破解。最後一項問題，在於這種密碼只要破解過一次，就會持續保持被破解的狀態，因為代碼本身不會改變。

負責帶領特別行動局密碼辦公室的密碼學家里奧‧馬克斯（Leo Marks）並不贊成使用詩碼（沒錯，特別行動局密碼長的姓氏即為英文的「符號」〔Marks〕之意；另一個可以玩文字遊戲的巧合是他們的辦公室位於貝克街〔Baker Street〕上，離福爾摩斯在「跳舞的男人」〔Dancing Men〕一案中破解密碼的房間不遠）。他的短期應急方式是說服為數眾多的特別行動局特務自己寫詩，或至少要用不常見的詩來編密碼，例如韋克就「用過一首色情詩，加上自己會拼錯字的習慣，讓那首詩比原本更黃。」[3] 馬克斯日後又想出更完整的方法，讓密碼難以破解。

馬克斯的靈感來自「一次性密碼本」（one-time pad, OTP），

他將其進一步改造成「字母一次性密碼本」（letter one-time pad，簡稱 LOP），把密密麻麻的小字印在絲綢上。LOP 是隨機產生的字母方格，搭配「替換方陣」來使用：替換方陣是個二十六乘二十六的方格，易於查閱，自有一套替換規則——A 加 A 是 P，I 加 D 是 U。絲綢的材質讓密碼本容易隱藏、方便銷毀，可以縫進外套內裡、揉成一小團、吞下肚裡、燒毀、沖下馬桶（蘇聯的 KGB 特務所使用的一次性密碼本就是印在可瞬間點燃的火焰紙上的，使用時就可以立即銷毀）。[4] 絲綢要價不菲，但馬克斯向上級報告時指出：「那就看是要買絲綢還是買氰化物」——特務難免會有失手被抓住的時候，看預算是要花在買絲綢，還是買自殺藥丸。

　　三更半夜，你開始加工訊息，你的隨機字母本開頭是「OPXCA PLZDR」。你著手查找字母替代表，例如：A 加 O 是 J，T 加 P 是 X 等等。[5] 你的訊息的頭兩個字將是 JXFZD YXQZK。轉換完密碼後就能送出訊息，毀掉這次使用的隨機字母本——這是「一次性的」，永遠不會再度使用。（再次使用替代表並不會減損安全性；如果沒有原始的隨機字母本，就無法從替代表中看出訊息文本——字母本只是方便你以更快的速度譯成密碼，也比較不容易出錯。）解碼方式則是把一樣的程序倒過來。只要傳送與接收密碼的人使用相同的密碼本與替代表，隨機字母串從相同的

地方開始，一次性密碼本便能快速加密與解密訊息，安全性萬無一失。[6]

這裡的「萬無一失」是指真正**完美**（perfect）的保密：一九四五年，資訊理論學家的先驅夏農（Claude Shannon）證明（蘇聯科學家科捷利尼科夫〔Vladimir Kotelnikov〕亦於一九四一年獨立證明），如果數字真是隨機的、也未重複使用密鑰，一次性密碼本絕對安全。[7]不論你取得多少加密文本，加密文本中沒有字母或字母串透露任何對應字母的線索。敵手頂多只能判斷訊息的長度；當然，還有許多一次性密碼本的使用者會在訊息中加入無意義的填充字來混淆視聽，讓訊息更難破解。

無線編碼簿、絲質手帕、背詩，各種效果不一的工具與技術全都有一個更深層的問題：對稱性。無論是純粹的一次性密碼本，還是從莎士比亞的十四行詩變身而來、容易破解的詩碼，相關方法全都得倚賴發送與接收密碼的人擁有**相同的密鑰**。加密與解密必須使用同一首詩、同一本書的同一頁、一次性密碼本相同頁面的相同行數。此外，還得仰賴密鑰來確認通訊者的真偽：訊息要是能被正確轉換為密碼，一般來說就是發送人身分正確的證明。

在儲存、分享、發送、更新密鑰的每一個步驟，對稱密鑰都潛藏著大量的資料外洩點，例如在海關攔下行李、完整偷拍密碼

檢索本的每一頁、研究特務休息時在你的國家的行蹤之際──以及拿下這些資訊，**假裝**成他們通訊的時候。密碼發送者、密碼接收者，以及中間每個環節的對稱性，都會讓密碼有可能被破解。德國的海軍密碼仰賴赫赫有名的「恩尼格碼密碼機」（Enigma machine），他們除了靠著附件的小冊子讓裝置能與組織裡的其他人同步（保持密鑰的對稱性），還利用短密碼減少被偵測的可能性；萬一被破解，那些文件是用紅墨水印在粉紅色吸墨紙上的，字一碰到水就會立刻難以辨認。韋克為了取得密碼簿，騎了上幾百英里的腳踏車，途中面臨被抓、用刑以及殺害的可能。

一九七五年，一個柏克萊（Berkeley）的春日下午，有個人邊幫電腦科學家約翰・麥卡錫（John McCarthy）看家，腦中邊冒出了靈感，自此，特務人員就不必再受那種苦了。

暗門

「我印象很深，第一次靈光乍現時，我人坐在客廳，接著下樓拿瓶可樂，就差點想不起來了。」

惠特菲爾德・迪菲（Whitfield Diffie）腦中想著因為電腦問世而加劇的對稱密鑰問題。如果你不希望兩台電腦間的每一個訊號都是「明文」，也不願讓竊聽電話線或無線電的任何人都能讀

取信息，電腦就需要加密與解密的匹配密鑰。然而，要如何傳輸那些密鑰呢？如果能在傳輸過程中攔截密鑰，任何可靠的電腦對電腦交換（任何私底下、不被竊聽、確認雙方身分皆屬實的數位通訊）將成為幾乎不可能的任務。

故事的主人翁曾好幾度現身說法，除了有口述歷史，還有多本精彩著作都記下了這段故事。[8] 迪菲開著一輛達特桑五一〇（Datsun 510）在鄉間閒晃，造訪圖書館，與研究人員見面，試著回答兩個彼此相關的問題：如何以可靠的方式驗證我們本人的身分與我們的機器（如果是軍事設備，這個議題就叫「敵我辨識系統」〔identification friend or foe, IFF〕），以及如何能以「可證的保密」（provable secrecy）通訊。後來迪菲替麥卡錫看家時，再次苦思當代的密碼學，就在那個五月的下午，他靠著**不對稱**密鑰加密（asymmetric key encryption）一次想通了幾個問題；在他拿飲料、差點失去靈感的瞬間，在麥卡錫的客廳裡，歷史在聚合點跟蹌了一下。

其實也不是說，要是迪菲真的忘掉那次的靈光一閃，世人將永遠不會發現「不對稱」密鑰加密（日後較廣為人知的名字是「公開」密鑰加密〔public key encryption〕）；當時就有很多人從不同角度想努力解開這個問題。迪菲的共同論文作者與合作者馬丁‧赫爾曼（Martin Hellman）已經著手研究，理查‧施羅佩爾

（Richard Schroeppel）亦然，他一生致力研究密碼學、橢圓曲線與魔術方塊的特性。柏克萊加州大學（UC Berkeley）的大學生羅夫・墨克（Ralph Merkle）也正在密切研究相關概念，並在一九七四年率先提出由一組謎題在事先未共享祕密的前提下，建立兩方之間的共享密鑰。[9]墨克是位卓越的密碼數學家、人體冷凍技術提倡者與長生不老運動的支持者，他將會在本書反覆登場；他研究被稱為「墨克樹」（Merkle tree）的雜湊配對數據（hashing paired data），為比特幣區塊鏈的「區塊」（block）奠定了基礎。

事實上，公開密鑰加密已經被獨立發現了，只不過名稱是「非祕密加密」（non-secret encryption）——一九六九年，英國的艾利斯（James Ellis）、柯克斯（Clifford Cocks）與威廉森（Malcolm Williamson）就有了最初的突破（「我們能否製造安全的加密訊息，好讓獲得授權的接收者可以讀取，亦無需事先暗中交換密鑰？」），一九七三年他們又從數論（number theory）中得出數學解。[10]然而，這幾個人替「政府通訊總部」（Government Communications Headquarters，簡稱 GCHQ）工作，也就是英國版的美國國家安全局（National Security Agency），因此他們的研究成果長期不為外界所知。

迪菲、艾利斯、柯克斯、威廉森、赫爾曼、墨克及其他人士全都為分割密鑰付出了心血。這裡「對稱」的意思是，相同的密

鑰可以同時用於加密與解密；如果可以把功能分拆給不一樣、但又以某種方式相關的密鑰，就能自由散布其中的一把，也不必擔心另一把被破解。如此一來，如同豪氣干雲的亞歷山大大帝砍斷無人能解的戈耳狄俄斯之結（注：Gordian knot，傳說中這個結在繩結外面沒有繩頭，無人能解，亞歷山大大帝見此結後拿出劍將其劈為兩半，解開了這個問題。後來用來形容作為使用非常規的方法解決不可解問題。），棘手的對稱密鑰交換問題將迎刃而解。

如果是不對稱的形式，你就能自由分享你的「公鑰」（public key），又不會破壞通訊的安全性。用那把公鑰鎖住的加密訊息，只能經由使用者持有的「私鑰」（private key）來讀取。鑰匙是對應的，但第一把無法靠第二把推論：你無法自公鑰提取私鑰。你不必煩惱對稱密鑰託管鏈中的每一個弱環節，也不必將配對密鑰交託給第三方庫（third-party repository）去建立電腦間的安全通訊。你可以自行產生一對密鑰，將公鑰交給你想分享的人，私鑰則自行保管，當成你一個人的密鑰。迪菲表示：「加密的好處，理應是你不必直接信任通訊中的任何人。」[11]

若要做到這點，加密者必須找到一組「單向函數」（one-way function）。這組函數必須相當容易計算解開，但很難（「運算不可行」〔computationally infeasible〕）從解往回推，反推出函數。這條單向道路有一道只能進不能出的門。我們可以拿著紙筆一起

坐下，動用僅僅國小程度的算術知識，就能快速相乘兩個非常大的質數。然而，如果要做出半質數（注：兩個質數的乘積）的因式分解，判斷這個數究竟是由哪些質數相乘的結果，則相當困難：我們只得在龐大的空間中進行曠日費時的「暴力破解」搜尋（brute force search）。密鑰要是夠強大，我們不但窮盡一生也得不出解，甚至連與書面語的歷史、人類演化史與地質年代史相比，求解的過程也顯得過短。

這樣的函數還有另一個關鍵元素：暗門（trapdoor）。如果你有數字的半質數因數，很快就能確認答案是否為正解。持有暗門的意思是指持有正確資訊的人能夠輕鬆倒推函數。迪菲與赫爾曼寫道：「暗門密碼系統可以用來生成公鑰配送系統（public key distribution system）。」[12] 實務上，從高階層面來說：有了正確的函數組，你不必知道解密需要的密鑰就能加密訊息。有密鑰的人或多或少能瞬間解密（在「便宜數位硬體發展」的協助下），敵人雖然可以攔截加密訊息與公鑰，但依舊無法找出私鑰並讀取訊息。迪菲與赫爾曼不確定這種單向操作所需要的正確函數，許多最初的嘗試都過於簡單，在快速運算的協助下就能輕鬆解開。質數因式分解這個領域還要再等上幾年，直到一九七八年羅・李維斯特（Ron Rivest）、阿迪・薩莫爾（Adi Shamir）與倫納德・阿德曼（Leonard Adleman）的研究問世（出現「RSA 加密演算法」

〔注：RSA algorithm，RSA 為三人姓氏的第一個字母放在一起〕，以及與這個里程碑同名的 RSA 公司），引發運算基礎建設與密碼學者尚－弗朗索瓦・布蘭歇特（Jean-François Blanchette）所說的「挖掘更多合適問題的掏金熱」才集大成。每個問題都涉及「不同的計算性假設（computational assumption），明確推測替組合計算反函數的困難度」。[13]

這個領域的隱喻會帶來誤導——質數和半質數、不同等效函數的特性確實會讓某些數字與運算遠遠更不適合這個目的。然而，有個簡單的問題依舊存在：要如何產生這個數字？

12462036678171878406583504460810659043482037465167880575481878888328966680118821085550360395702725087475099 8647684384586210548655379702539305718912176843182863628469484053016144164304680668756994152469931857041830305125495 94371372159029236099 [14]

迪菲與赫爾曼替分開的密鑰研究系統細節時，發現了系統的第二項特質。如果有這樣的密鑰存在，有私鑰、有公鑰，也有兩者間的暗門，就能利用**私鑰**來加密訊息，對應的公鑰可以解密。這種做法提供的不是保密功能：公鑰理應可以廣泛散布，任何持有公鑰的人都能讀取由私鑰加密的訊息。這種做法所提供的功能

在於**驗證**（verification）。用公鑰解碼訊息，就可以證實這份訊息是由私鑰加密的。假設私鑰受到保護——依舊沒有第二人知道，該私鑰的生成者是唯一的持有者——你可以驗證訊息是由私鑰的持有者所生成，且在傳輸的過程中未經竄改。訊息等於是擁有書面簽名與密封的信封。

這一切除了是真實存在的東西——系統帶來可驗證的結果——也有幾分屬於模糊的強大隱喻。迪菲與赫爾曼談「合約」（contract）與「收據」（receipt）；李維斯特、薩莫爾與倫阿德曼談「簽名」（signature）、「證據」（proof）與「判定」（judge）。套句布蘭歇特的話，他們之所以使用這些詞彙的原因，在於「密碼演算法並沒那麼像在紙上簽下一個人的名字，就算類似也沒那麼明顯。」[15] 首先，他們受限於複製問題。迪菲與赫爾曼寫道：「由於任何的數位簽名都能被精確複製，真正的數位簽名必須不知來歷卻可辨識。」[16]

「在不知來歷的前提下可辨識」（recognizable without being known）可真是強人所難。這個問題和紙鈔碰上的問題似乎很類似。你要如何設計出可複製的物品，像是某種貨幣、簽名的印刷版本，但又不能被不對的人複製？一定要可驗證，但無法複製；輕鬆就能製造，但不能重製；不知來歷，但可辨認；而且還要有辦法證明這是可靠的。（在數十年後的未來，比特幣將會成為一

種整體而言幾乎都是數位化密碼簽名的系統。）迪菲與赫爾曼寫道：「為了開發系統，為了有辦法以某種純電子形式的通訊來取代目前的書面合約，**我們必須找出與書面簽名具備相同屬性的數位現象。**」[17] 布蘭歇特在回應這個議題時提出了一個問題：「然而，究竟什麼是書面簽名？」[18]

和紙本簽名相同的特質

一八六五年，全美最富有的女性西薇亞・郝蘭德（Sylvia Howland）離世，留下了一份遺囑，上頭寫著，要把她龐大信託財富中的僅僅一部分留給姪女海蒂・羅賓森（Hetty Robinson）。但羅賓森提出了另一份祕密遺囑，主張她應該繼承全部的財產。遺囑執行人拒絕接受那份祕密遺囑，於是羅賓森一狀告上法院。第二份遺囑上有羅賓森的筆跡，由年邁體虛的阿姨口述，她負責記錄，僅簽名部分由阿姨親筆簽下──也有可能根本沒這回事。那究竟是不是郝蘭德的簽名，將決定驚人的財產花落誰家。[19]

「Sylvia Ann Howland」（西薇亞・安・郝蘭德）有可能是書寫史上最仔細被檢視的三個英文字。不論是從動用的時數還是專家技能來看，就連藝術品也很少獲得如此高度的關切：字跡專家、銀行人員、攝影先驅與雕刻師用照相術放大這個簽名，用顯

微鏡仔細研究。

　　疑點並不在於遺囑上不同頁面的簽名不太一樣，正好相反：那些簽名看起來太像了，一筆一畫全都一模一樣，就連它們在每一頁空白處的位置與間距也都完全一樣，看起來不像真的親筆簽名，比較像用描的。郝蘭德的數十個簽名樣本顯示，她每次的簽名有不一樣的地方，然而那些都是中間隔了一段時間所簽下的名字。你每一天、每小時、每份文件上的簽名，差異究竟有多大？銀行人員與會計等具備審核簽名專業背景的人員，會作證指出一致與不一致之處。[20] 地質學家路易士‧阿格西（Louis Agassiz）利用最新的顯微鏡技術尋找鉛筆的鉛痕。他的證詞聽起來有如搭乘熱氣球橫越異國大地的探險家：他發現三角形墨跡有如泥巴般散布在淤積河床上，沒發現橡皮擦會遺留的混雜地層地質擾動的痕跡。

　　天文學家班哲明‧皮爾斯（Benjamin Peirce）以及他身兼科學家、攝影師與邏輯學家的兒子查爾斯‧桑德斯‧皮爾斯（Charles Sanders Peirce）則嘗試相當不同的做法，他們不從簽名專家接受的感官訓練出發，改由數學與機率的角度著手。這對父子找出郝蘭德的簽名一共有三十種向下的筆畫，並探討了數十個樣本，把差異加以分類，得出爭議遺囑上的簽名有可能完全一致的機率統計模型。父親班哲明為了提交計算結果，在那個六月天

出庭作證並解釋了一個「遠遠超出人類經驗」[21]的數字——不同簽名會如此吻合的機率（注：這個機率為 2.66×10^{21} 分之一）。

兒子查爾斯·皮爾斯日後成為美國實用主義者（注：American pragmatist，皮爾斯本人更喜歡「務實主義者」〔pragmaticist〕一詞）、哲學與美國符號學派的共同宗師，熱衷研究符號邏輯，特別感興趣的主題是我們如何區分「指涉事物的符號」與「就是自己的符號」：零或錢的符號、尺度、氣壓計的指針代表的意義是什麼？它們如何起作用？以郝蘭德的遺囑為例，查爾斯和父親必須區分「簽名」與「簽名的**圖像**」（picture of a signature）——量化並解釋如何鑑定書寫物件中帶有的人類存在時刻，以及在有意識的狀態下表示同意；此外還得區分本體（what it is）與本體代表的意義（what it means）。[22]

在不知來歷的前提下辨識

簽名被視為一種特定單一情境下的產物：指向一場事件、是書寫動作的實體。查爾斯·皮爾斯以符號學者的身分，主張事物（thing）與符號（sign）以三種方式「傳達另一件事的知識，用以代表或呈現。」[23] 一種方式是「**指示**」（index）：這樣的符號透過與事物的物質連結，傳遞的資訊是那樣東西代表的意義。我們可

以把「指示」想成指著某樣東西的食指：有辦法在不開口的情況下，傳達出「在那裡」的意思。遠方的煙霧、極星、水準儀的氣泡、錘球、地圖、水手上岸時步伐不穩、玻璃上留下的指紋等等指著一切，屬於靠實體連結攜帶資訊的符號。簽名是一組書寫的符號，有著共同的慣例與習俗為依據——是七個任意符號（arbitrary symbol），例如：h、o、w、l、a、n、d（郝、蘭、德）——但也是**指示符號**，記錄下一隻手、一秒鐘，以及與一場與身體連結的物質事件。「他接過筆，」小說家梅爾維爾（Herman Melville）描寫《白鯨記》（*Moby-Dick*）裡皮廓號（Pequod）上的魚叉手魁魁格（Queequeg）簽下名字，「在紙上適當的位置依樣畫葫蘆，寫下一個奇特的圓形圖形，和他手臂上的刺青一模一樣。」

印章戒指、中國印章、日本印鑑、韓國的私人圖章與國璽、指紋、鄂圖曼蘇丹的特殊書法花押（tughra）簽名——人類用於確認身分的全球千年物品史，靠的是物品的矛盾性：獨一無二卻又可重複，一次代表著一個單一的瞬間。一定得和自己夠相似，有辦法確認，但又不完全一樣——不知來歷，但可辨識。從總統或首相的身體，一直到自動簽名機（Autopen）或橡皮圖章，簽名這個驗證動作相當個人，卻又能找到其他東西代勞。文化歷史學家史瓦茲（Hillel Schwartz）主張，在歐洲浪漫主義運動的全盛

期之後，簽名才出現目前的文化重要性，世人才將焦點擺在簽名是一種個人特質與風格的獨特表達。史瓦茲寫道，在可複製的印刷字體年代，個人的筆跡「有如簽名結尾處的螺旋形花筆」，「龍飛鳳舞，任何印刷機都複製不來。」[24]花筆除了能防堵偽造簽名，還讓簽名更添一點獨特個人風格，可辨識但無法重現。

數位簽名始於表面上近似個人身體到場的動作，以對應至公鑰的私鑰來驗證訊息。如同迪菲與赫爾曼設想的那樣，是「與書面簽名具備相同屬性的數位現象」，卻又不是完全具備「相同的屬性」。書面簽名彼此之間相像，但並非復刻：真實簽名的獨特之處，在於每一次簽的時候都有由個人帶來的無限小的差異，那是影印機辦不到的。[25]簽名所扮演的角色技術上簡單，從社會層面來看則很複雜，如同公證人與律師，以及支票、契約、表格等文件系統一樣，在「見證」的脈絡中占據著正式的位置。

加密簽名的「數位現象」是個正在成長的大家庭，成員包括有趣的數學物件、軟體流程與模型。套用布蘭歇特的說法，相關元素「以創意的方式集結」，帶來簽名隱喻的「突變」。用來證實、認證、核可或查證的新方法混合成著奇特的動物寓言：那是希臘神話中的噴火怪物喀邁拉（chimera），有著五花八門的名字，包括「一次性簽章」（one-time signature）、「多代理簽名」（multiproxy signature）、「環簽名」（ring signature）、「公平盲簽

章」（fair blind signature）、「不可否認簽章」（undeniable signature）、「前向安全簽章」（forward-secure signature）、「偽造即停簽章」（fail-stop signature）、「門檻式簽章」（threshold signature）、「多重簽章」（multisignature）以及「指定證實者簽章」（designated confirmer signature）。

文獻有時會出現一些一定得提及的段落。密碼學家替古老的勝利牌（Victrola）留聲機上緊發條，放下唱針，播放各種迂迴的類比隱喻與類推：隱形墨水、簽名的信封蓋口、無法否認的印鑑、鎖、鑰匙與保險箱、本票，不記名債券與紙鈔。密碼企業家大衛・喬姆（David Chaum）曾寫道：想像一下一個有碳式複寫紙內襯的密封信封，裡頭裝著未知的文件，蓋著公證人的壓紋章。喬姆從這個奇妙的念頭出發，以密碼學的方式開展，開發出第一個可用的數位現金系統——他希望能靠著這個系統，防堵極權主義的未來。

第 4 章

盲因子

我們來看看一九七五年電子貨幣所帶來的全面監控惡夢。了解關於電子交易與運算貿易的預測與恐懼後，接著來說說喬姆的事蹟。他的 DigiCash 計劃是一種貨幣協定，這種貨幣可以透過現有的銀行與現成的貨幣，以數位的方式發行與清償，同時具備現金的匿名性。此一計劃以失敗告終，後來，留下的設計架構由其他人接棒；這次不只要有交易功能，還希望能夠創造出新型的數位現金。

井然有序的能量

　　首先，來看幻想中的願景。學者馬汀・格林伯格（Martin Greenberger）在一九六四年的文章〈明日的電腦〉（Computers of Tomorrow）中，談到「運算社群」（computerized communities）的願景，文章的副標題特別強調「優於貨幣」（Better Than Money）這幾個字。這篇文章刊載在《大西洋》（Atlantic）雜誌，科學家萬尼瓦爾・布希（Vannevar Bush）一九四五年談及「原型超文本」（proto-hypertext）願景的里程碑文章〈誠如所思〉（As We May Think），也登載在同本刊物上。格林伯格和布希一樣，在文中推論了未來的「資訊公用事業」（information utility）與相關應用，包括「醫療資訊系統」、「自動圖書館」、「模擬服

務」、「設計控制台……編輯控制台……運算社群」[1]，其中的關鍵在於「優於貨幣」的平台：「有的人把這些卡片稱作『貨幣鑰匙』（money key）。卡片再加上簡單的終端和資訊交換，幾乎能讓貨幣、支票、收銀機、收據與找零的需求消失。」

格林伯格所談的東西，與當時正在開發的信用卡基礎架構類似，需要高度集中的公共電話線路系統，外加現有的銀行與支付公司，再撒上一點未來主義的魔法。格林伯格承諾：「順帶說一下，我們可以期待在〔採行電子貨幣〕的過程中，有種人力勞動會被取代：各種掠奪金錢的小偷將消失不見。失業者因此會更想動歪腦筋，在帳目上動手腳，但我們有辦法以各種方法讓電腦在背後代管、自行監督運作，不怕出現貪汙腐敗之事。」這樣啊。

六年後，在法國波爾多（Bordeaux）的一場大會上，電腦科學家麥卡錫談了與格林伯格先前提出的「控制台」（console）相似的東西，還進一步談了實踐。[2]（迪菲在柏克萊研發出公鑰密碼時，就是幫這位麥卡錫看家。）麥卡錫除了思考「居家資訊終端」（home information terminal）的未來，也明確論及「貨幣」（money）將扮演的角色。電子貨幣將帶來新型的數位貿易。麥卡錫在談替資訊與文章付費的廣告時，提到「讀者將讓系統拒絕接受他們認為價格過高的文字」，成為未實現的交易。麥卡錫預測「買賣將受到重大影響」。然而，你要如何驗證相關交易？今日

我們回頭看，這不是什麼大難題；然而，以數位方式驗證的交易實際上涉及到身分、授權、接收與證明機制等各種細節。

五年後，Visa 創辦人狄伊・哈克（Dee Hock）提出了答案。哈克的同伴包括以設計測地線穹頂（geodesic dome）著稱的建築師巴克敏斯特・富勒（Buckminster Fuller），以及留著大鬍子的模控學大師兼管理顧問史坦福・畢爾（Stafford Beer）；他們是宇宙的公關人員，時不時搭機前往世界各地，宣傳一九七〇年代的烏托邦基礎建設。哈克對自然界的湧現秩序（emergent order）與自我組織過程深深著迷，對於僅僅只是打造「電子轉帳」（Electronic Funds Transfer, EFT）的事業不太感興趣；他把目標放在「電子價值交換」（Electronic Value Exchange, EVE）帶來的社會轉型上。哈克寫道，EVE 是貨幣可能出現的面貌：「由字母與數字構成的字元集帶來有保障的數據」，「以井然有序的能量形式」，在全球的電腦網路中暢行無阻。[3]

哈克心中設想的 EVE 和剛問世的網際網路是姐妹系統。這個全球的網路機器有著配套的烏托邦幻想。哈克設計的總部是一個圓形辦公處，象徵著地球的四面八方，不同分區代表著各地的文化，隔間裡進行著不同語言之間的即時翻譯。[4]（哈克表示，自己之所以會毅然離開 Visa，為的是追尋「匿名和與世隔絕的生活……有書本、有大自然，可以好好思考，不受干擾」，有如隱

居深山的得道高僧。）EVE 將是模控學社會的下一個階段。

然而，問題來了。哈克說，未來的貨幣是字母與數字構成的數據，但有什麼東西能「保障」這種數據？那些構成信用的能量流又是由什麼來引導與釋出的？

答案是監控（Surveillance）。

我們能想出的最佳監測系統

好，再來是惡夢的部分。「假設你打算買書。」史丹佛電腦科學家保羅·亞莫（Paul Armer）在一九七五年《電腦與人》（*Computers and People*）期刊中一篇文章舉了一個例子。這篇文章的基礎是亞莫在美國國會上的證詞，亞莫向議員推薦的閱讀清單包括歐威爾（George Orwell）的《一九八四》（*1984*）、尼克森政府的國內情資搜集備忘錄、達維多維奇（Lucy Schildkret Dawidowicz）的《一九三三至一九四五年的猶太戰爭》（*The War Against the Jews, 1933–1945*）。亞莫以驚人的先見之明，預測到驗證電子貨幣將帶來的監控問題。他說道：「你出示你的卡（有時稱為「簽帳金融卡〔debit card〕」），店員把卡片放進讀取卡片的終端，與你的銀行連線。」[5] 接著銀行將放行或拒絕這筆交易——問題就此浮現。

亞莫用簽帳金融卡買書，清算系統因此得知亞莫當下的所在地，加進他的行蹤記錄。同一時間，「與你有關的大量金融交易資料」和「與你的生活有關的眾多數據」也被放進記錄裡。萬一你先前有被警方加進特別警示名單呢？「無庸置疑，我認為這樣的系統絕對會被濫用。」一九七一年，亞莫為了打造萬無一失的系統、達成暗中監視俄國特務機關 KGB 的任務，他與一群運算監控專家提出了某個版本的電子資金轉帳系統：「這套系統不只將處理所有的金融帳務、提供中央計劃經濟所需的關鍵統計數據，也是在進行非侵入式監測的限制下，我們能想得出的最佳監測系統。」[6]

　　亞莫刻意以書為例，提出假想的購物情形：萬一你原本不在警示名單上，僅僅是因為你買了某本特定的書，你是否就會「記錄有案」、被當成可疑人口或可疑模式？如果官方決定某本書不適合你讀，系統是否將自動拒絕你，不讓你買？你的錢是否將只能買某些東西、其他的不行？

　　亞莫在國會作證的十年後，瑪格麗特・愛特伍（Margaret Atwood）的小說《使女的故事》（*The Handmaid's Tale*）付梓，此書某種層面上可說是電子貨幣的反烏托邦故事，書裡由女性所持有的電腦帳戶與信用皆被凍結。如同愛特伍日後所表示的：「今日我們用信用卡就能輕易切斷人取得信用的途徑。」愛特伍想像

出各式各樣的統治系統，其中一項是「貨幣高壓政治」（monetary coercion）的流程，也就是獨立的選擇與決定會被用於特定物品的憑證給阻止：「我看著那堆柳丁，好想吃。」愛特伍筆下的主角奧芙弗雷德（Offred）想著，「但我還沒購買任何柳丁的配給券。」[7] 這種事的真實世界版早已經存在或即將問世：從企業鎮發行的票券或憑證，一直到美國各州發放的五彩食物券，以及政府透過「電子福利轉帳」（electronic benefit transfer, EBT）發放的福利金──食物社會福利發放的這些「錢」無法購買某些商品，而且還會蒐集、分析用戶的數據。[8]

電子貨幣有可能變身為操控工具，市場化身為警察能快速回應的系統，一種地點記錄或用來制約的史基納箱（Skinner box，注：用於研究動物操作制約和經典條件反射行為的實驗裝置），都有辦法獎勵或避免國民做企業與政府不樂見之事。哲學家德勒茲（Gilles Deleuze）在一九九〇年寫下的短文〈控制社會附記〉（Postscript on the Societies of Control）開頭就提到理論歷史學家傅柯（Michel Foucault）所提出的轉變──從主權社會（sovereign society）走向規訓社會（disciplinary society）時，權力如何在生活中的每一個層面展現。德勒茲接著話鋒一轉，問起身處互有牽連、後工業與資本主義社會的民眾，今日他們是否正處於類似的過渡，走向**控制社會**（control society）？這裡德勒茲用權力的範

例技術來解釋：「或許貨幣最能點出這兩種社會的差別。」[9]

先前的規訓社會是一連串的「內部」圈限（enclosure），用於維持穩定與標準化的機制，組織著生產力，產出餅乾、公民、報紙、士兵、福特 T 型車（Model T）、思想健全的健康身體，以及可互換的標準零件。德勒茲寫道，那種「鑄造鎖定黃金的貨幣當成數值的標準」架構，被當作一種基準、一種校正機制。德勒茲指出，那種貨幣與不久後將出現的控制社會，將以「浮動的匯率」展示價值，「調節標準是一堆標準貨幣的匯率」：那是一種後尼克森震撼的系統，有如立即的電子通訊，持續蒐集、回饋、分析並調整數據。[10]

控制系統藉由得知「公開環境下任何東西當下的所在地」，在社會中施展力量。那樣的社會大體而言被監視著，整個社會有如數位資料一般，以「編碼的數字」來管理，隨時可以拿來顯示、分析與利用。德勒茲有如反烏托邦科幻電影的旁白娓娓道來：「人類不再活在禁閉的空間裡」，「但成為負債者」。[11]卡裡的錢、數據型式的錢都有辦法控管：在甲處可以用於支付，在乙處不行；可以付這個東西的錢、不能付那樣東西的錢；而且還會產生可以進一步調整的用戶即時資訊。德勒茲推想的模式結合了軟禁用的腳鐐、假釋用的手銬、即時生產（just-in-time production）與物流鏈、手機、地理位置定位，以及日後將出現

的量化生活（注：quantified self，藉由各種電子設備記錄個人的健身情形、生理狀況、睡眠模式等各式身體數據，並加以分析）、拒絕進入與存取的技術，以及數位支付與電子貨幣平台：此一無遠弗屆的領域，描繪出新型統治與權力施展模式的輪廓。[12]

老大哥消失

密碼企業家喬姆同樣也憂心，未來的線上信用與簽帳系統分類帳將成為一格格浩瀚的檔案。他提出警訊：「支付記錄透露的資訊範圍將會暴增。」[13] 一九八三年，也就是亞莫提出證詞的八年後，喬姆也以買書與其他許多交易為例，指出購買記錄將「大量透露一個人的所在地、人際關係與生活方式。」[14] 管理數位支付信用的系統將產生有時間標記與地理位置編碼的記錄，而這樣的記錄將透露大量的事——更別提有心人士能夠從中操控數位分類帳貨幣（digital ledger money）、即時拒絕金融交易、統一價格與哄抬物價，以及操作其他歧視性的金融排斥（financial exclusion）機制。喬姆談到環形監獄（Panopticons）、警察國家與老大哥，一九九五年他在國會演講時，便預測到信用卡與聯網的銷售時點情報系統（point-of-sale, POS）終端，將使人類變成「飼育場裡被電子標記的動物」。[15] 不過，他有解決的辦法。

喬姆表示除了飼育場，另一種可能是「城鎮市集廣場的買賣雙方」將得以「保護自身利益」。為求「保障人與人、機構與機構之間的平等」，他開發出公鑰密碼與簽章的技術，確保貨幣本身能被辨識，又會不洩露使用者資訊。喬姆在荷蘭成立的公司DigiCash 把這樣的貨幣稱作「e-cash」（電子貨幣，文獻資料中的其他拼法包括 Ecash、eCash 與 e-Cash）。e-cash 是監控型的信用簽帳系統之外首度真正能通行的數位現金；喬姆的做法、專利與理論，替十多年後的數位現金研究奠定了方向。

　　喬姆感興趣的主題包括「情報傳遞（dead drop）、檔案安全性、防盜器、保險櫃與金庫、鎖、封口與封條。」（喬姆取得的其他專利包括能夠辨識不同金屬鑰匙的電子鎖、各式投票系統。）[16] 他研發的概念中，有一項大致上與傳統類比式文件的安全性相似。想像一下，你想要公證一份文件，卻又不願意透露文件的內容（像是以書面方式留下證據，證明你的某項發現）；你在今日存放那個證明，搶占優先權，但先不向這個世界分享這項發現。科學史學家馬利歐・比亞裘利（Mario Biagioli）談到，文藝復興時期的科學就有過這種煩惱。荷蘭的科學家惠更斯（Christiaan Huygens）因此使用字謎來發表他的彈簧錶發現（「4135373123 43242 abcefilmnorstux」）。伽利略（Galileo）觀測到土星的不規則形狀時，他對外宣布自己找到了「smaismrmilmepoetaleumibunen ugttauiras」。[17] 日後這件事演變成以紙本的方式解決：將密封好的信函存放於「法國科學院」（Académie des Sciences）等具有公信力的機構，而這種封起信封的做法還能夠更進一步。

把你的文件放進附有複寫紙的信封，黏好封口，加上公證人的印章或簽名，在信封的**外側**寫上日期。負責蓋章或簽名的這個人並不知道自己證實了哪種內容的真實性：這是一個「盲簽章」（blind signature），一種時間的索引記錄、不透露祕密的證明。複寫紙信封與盲簽章將證明這個東西連結至**文件**，而不是連結至裝文件的物品，無從控訴信封被調包——無法靠煮水壺的蒸汽、熱燈、扁平象牙刀，或是任何前數位年代的巧妙特務手法弄開封口、再悄悄黏回去：不知來歷，但可以辨識。

喬姆替數位貨幣研發了數位程序。你以數位的形式從自己的銀行帳戶取款，就和從提款機領出一疊歐元、美元或人民幣沒有兩樣——只不過必須使用特定的交易卡，或是透過你的電腦上跑的連網程式。你利用手中的卡片或電腦上開啟的程式，像花掉現金一樣使用數位貨幣：這與分類帳上登載的交易不同，不由系統在遠端記錄甲戶頭有入帳、乙戶頭有出帳，而是如同代幣一樣轉手。

貨幣存放於卡片或數位錢包裡；萬一卡丟了，錢就不見了，就跟你下工後不小心把小費袋忘在火車上一樣。當你把卡交給商家，或是在自己的電腦上授權線上交易，對方的系統不需要確認

你的身分，也不必向你的銀行核對，就能扣除卡裡的價值；「代表著價值的安全數據」（喬姆的用語）可以自己證明自己，道理如同手中的現金。[18] 最後，對喬姆而言最重要的是，e-cash 無法連結至提領與消費的當事人：喬姆希望透過無法辨識身分的證明技術「讓老大哥消失」。[19]

盲因子

此處討論的不是自動化的價值數位儲存；喬姆不是在用他的 e-cash 提出新型貨幣，而是一種讓現有的貨幣轉換成數位現金、接著再轉換回來的銀行機制。軟體開發者哈爾・芬尼（Hal Finney）是密碼龐克、長生不老運動支持者，日後還是比特幣的關鍵人物。一九九三年，他就以精彩的對照解釋了這個計劃：在過去一百多年間的國家與領土貨幣（territorial currency）問世之前，地方銀行可以用資產做擔保發行貨幣。把這些紙鈔當作支付工具是商人可以接受的，他們假定「將可在發行銀行依據面額」換回錢幣、金塊或其他物品。[20] 銀行持有「有價物品」，而紙鈔是流通的工具。喬姆系統中的商家同樣也接受了 e-cash，他們心裡明白，這可以在發行的銀行依據面額換回國幣。

喬姆的機制共分為四個部分，每一個解決方案都引發了下一

個需要解決的問題：

如何知道這個現金為真？

你想在線上買東西，你向銀行申請二十元的 e-cash 券，你的帳戶因此少了二十元，就像你用提款機領錢一樣。銀行依據你的請求產生了新的 e-cash 券，用電子郵件寄給你，或是儲值在智慧卡裡。這些券是價值聲明，等於是在說：「此券價值富國銀行（Wells Fargo）的二十元，見票即付。」銀行在寄給你之前，會先用自家的**私鑰**加密這張券。還記得吧，凡是擁有公鑰的人，就能解鎖對應的私鑰所加密的訊息，也因此用私鑰加密的訊息稱得上是某種簽名。富國銀行把公鑰副本散布給各地商家：你光顧的酒吧、便利商店、計程車司機、雜貨店與每間線上商家都擁有副本，那些店的交易軟體因此能立即判斷那張 e-cash 券是否有銀行的「簽名」，知道值多少錢。

為什麼無法偽造？

此時所採用的公鑰密碼不留存機密資訊。銀行的私鑰簽章負責證實這張 e-cash 券是真的、的確是這間銀行的產品，也讓這張

券的價值無法偽造——罪犯無從製作貌似出自該銀行的新券。然而，簽章無法預防**偽造**（複製銀行實際產出的 e-cash 券），畢竟那張「券」只不過是一串數據，有可能被攔截、複製與貼上，就像有人跑到街上的每間店裡，開給店家相同的兩百元支票一樣。因此，銀行會給每張券一個獨有的序號。計程車司機輪完班後，把她的智慧卡裡累積的 e-cash 券存進她的銀行分行。銀行將確認是否確實為自家的簽名，以及那些 e-cash 券的價值。此外，銀行也會檢查獨有的序號，確認那張券先前不曾有人存入戶頭——同一張券不能兌換好幾次錢。檢查完畢後，銀行才會把那些錢加入計程車司機的戶頭。不過，獨有序號將使付費者無法享有交易隱私。商家把券存入銀行時，序號將對應至銀行一開始核發券的那個人——也因此得知你的帳戶。

不能拿序號來追蹤你嗎？

喬姆提出的解決方案是**盲因子**（blinding factor）。使用者——也就是你——現在替自己會用到的每一張券產生序號；你把這些號碼提交給銀行，說你要用 e-cash；銀行用「這是我們的十元見票即付私鑰簽章」替這些 e-cash 簽名，把你申請的金額登記在你的帳戶裡。接下來，你和平常一樣，把 e-cash 花在你想要

的地方。然而，經過優雅的密碼數學處理後，你寄出的序號被乘上你知道的亂數——也就是盲因子——銀行一提供你要的 e-cash 券，你就能在花掉前把那組序號除開。銀行負責產出那筆錢，建立你可以花掉的銀行券，且那些券將可以換成國幣；但銀行再也不知道、也不需要知道那些券出自你的帳戶，收下那些券的商家也不知道。銀行會確認商家到銀行換錢的 e-cash 券序號，確認沒有使用過，但數字不再對應到其他數據，也不會將你的交易連結至你的身分。他們擁有蓋印的密封複寫紙信封，得以證實信封內的東西能換十元，但他們手中沒有裡頭的文件記錄。

▌那離線的支出詐欺呢？

離線交易會利用「冷處理」錢包（cold processor wallet）——以剛才的計程車司機為例，在銀行比對序號之前，相同的券依舊可能被多次使用，也就是數位版的跳票。在幸運搶了頭香的第一間商家存入 e-cash 券後，再有人拿相同的券去換，銀行將會拒絕兌現。此外，由於盲因子的緣故，也無法將詐騙連至你身上。這點顯然會讓商家不願意接納新系統，此外還會造成許多支付領域出問題，例如從離線情境（例如快餐車與跳蚤市場），一直到需要以飛快的速度清算的系統（例如你開車通過電子收費站的掃描標

籤）（DigiCash 公司曾替早期的荷蘭電子收費站研發過支付系統的基礎架構。）喬姆、吉勒・布拉薩（Gilles Brassard）、克勞德・克里普（Claude Crépeau）最後開發出大師級的數學機制，每一筆 e-cash 交易都附帶一個問題——支付者的軟體必須替每張券解決一個數字挑戰。[21] 只出現一個答案時，由於答案無意義，不會損及每一張 e-cash 券的匿名性，但萬一有**兩個**答案（試圖兩度使用同一張券時才會出現兩個答案），將會知道券是由誰的帳戶核發，也就是支付者的身分會曝光。

請留意在眼前的這整個系統中，商家並不是匿名的——也就是把手中的 e-cash 拿去兌換的所有人。e-cash 和強勢貨幣一樣，讓賄賂與黑市活動有難度。與紙幣與錢幣相比，e-cash 的洗錢難度更是令人束手無策。喬姆找出生成數位現金的辦法，打破了電子貨幣與監控的全有全無模式——這種技術既保護了個別顧客與客戶的隱私，但又不利於毒品交易與要求贖金等等。除非是使用者試圖欺騙系統，不然花掉 e-cash 是個無法追蹤的行為，但 e-cash 一遭到濫用，使用者就會曝光。

從技術層面來說，e-cash 依舊有尚待解決的複雜問題，例如找零、退錢、對方付費等等。這些問題日後會由其他人接手改善，但整體架構已經可以順暢運行了：喬姆告訴美國國會，這種匿名數位現金不必擔心遭到監控與偽造，使用的機制難如「用於

保護核物質、軍事機密與鉅額匯款等最複雜的密碼」，能夠處理他的隱私權未來危機模型中的許多挑戰，不會替潛在的犯罪者鋪路。

喬姆談到的前景依舊有暗藏的威脅。他提出警訊：「如果我們的電子國幣沒做對，市場將會繞過電子國幣製造其他貨幣。」[22] 喬姆一語成讖，我們今日正生活在那樣的世界裡。

某種設計空間

到了一九九〇年代中葉，荷蘭的 DigiCash 公司與美國聖路易的一間銀行執行了先導計劃。雙方為了宣傳，發行無擔保的趣味性網路幣「CyberBucks」，可以用來購買 T 恤、大英百科全書的文章、巨蟒劇團（Monty Python）上演過的劇目逐字稿，以及喬姆過去的再版研究。[23] 喬姆還與德意志銀行（Deutsche Bank）洽談，從新加坡到英國，各地都在研究類似的技術。所有的共通作業系統一律使用 DigiCash 的軟體整合進 Mosaic 網頁瀏覽器。荷蘭國際集團（ING）、Visa、微軟與多間銀行都找上 DigiCash 在荷蘭恩荷芬（Eindhoven）的辦公室。

然而，一九九〇年代尚未結束，DigiCash 公司就破產了。

破產的原因很複雜，今日依舊眾說紛紜，但 DigiCash 顯然留

下了遺澤，帶給後人打造數位貨幣與預想貨幣的技術：DigiCash帶來了鼓舞，也帶來警訊。正如密碼學者布蘭歇特所言：喬姆的研究「不僅開創了持久的研究領域，更重要的是，他還帶來某種設計空間，證明電腦不一定需要令人想起監控與社會控制的景象。連貫的創意科學研究計劃可以由明確的社會目標帶動——以DigiCash為例，這樣的目標包括保護隱私權與匿名性，以及當中蘊含的民主參與。」[24] 此種設計空間及其社會目標所開創的領域，將帶來進一步的實驗：世人尋求全面性的匿名，以新型財產追求財富，或是追求完全不需要銀行或甚至國家的永久性數位電子現金。[25]

　　喬姆與其同仁的努力，以及DigiCash的興衰替其他眾多計劃提供了參照點。在e-cash之後出現「智慧型合約」（smart contract）、「數位不記名憑證」（digital bearer certificate），以及各種貨幣機制，不僅適合保護隱私權，也讓人與企業之間保持平等，甚至還替更極端的計劃打下基礎，包括在公海與網路本身的加密縫隙中運作的黑市交易系統，以及對抗中央銀行和領土貨幣正統性的活躍陰謀。[26] 喬姆與e-cash提供了範例與啟發，帶來預測與避開糟糕未來的具體研究與研發計劃。一九九二年，軟體開發者芬尼談了密碼學與e-cash在他心中的意義，指出喬姆開創的大道「平衡了個人與機構之間的權力……如果一切順利，日後回

顧時，我們將會發現這是我們所做過最重要的工作。」[27]

　　e-cash 同時也是一則警世故事。喬姆日後回想：「我是在請這個世界改變做事的方法，帶來完美的隱私。」[28] 然而，若要讓相關工具有可能被採納，必須克服的慣性為數實在不少。喬姆提出了遠大的目標，而電腦科學家亞文・納拉亞南（Arvind Narayanan）用「社會接納」（societal buy-in）一詞解釋了相關概念必須克服的挑戰：前提是「不滿現況的潛在使用者人數抵達臨界點」，不得不立即全面採行新系統。[29] 電子郵件加密等工具可以等待個人與小團體慢慢逐漸採用，但喬姆的系統需要大規模的轉變。換句話說，光有技術還不夠。即便有了高超的數學與科學發現、概念自由流通，也有可靠的硬體與可行的程式，依舊還需要渴望、願景、不滿、幻想、故事、地平線上烏托邦閃耀的光芒，以及抵達遠方的宇宙圖。

　　如果說要克服那個挑戰，你會想先建立社會，再推出平台嗎？如果你能打造出不得不採用這種技術的世界，會怎麼樣呢？

第 5 章

飛向宇宙，浩翰無垠

接下來，我們要進入一九八〇年代與一九九〇年代，看看密碼龐克的激進貨幣模型，以及加密無政府主義者（crypto anarchist）、「美國資訊交換平台」（American Information Exchange, AMIX）與仙那度計劃如何一起試圖讓數位資料本身就具備價值，替日後的市場打下基礎。若要創造出真正能獨立運轉的數位現金，就得解決「協作」、「複製」與「採用」等三大基本問題。本章將解釋前兩個問題，並介紹「數位現金未來」的面貌。

黑洞俱樂部

一九九二年九月二十五日星期五，聖女茱德（St Jude）在舊金山的黑洞俱樂部（Black Hole）與未來的使者相見歡。[1]

那些人神出鬼沒，隱姓埋名，聖女茱德知道，他們來自即將到來的世界，隸屬於「已經是……嘿……進行式的革命」。那些人身穿罩袍，戴著「三眼」護目鏡，用變聲器講話，不停過濾、合成自己的嗓音。他們頭上的揚聲器發出難以辨識的話語，融合薩克斯風、大提琴與電音先驅「發電廠樂團」（Kraftwerk）鋸齒般的低啞嘶吼。除了他們自己的發言，其他人也透過頭戴式的揚聲器發聲，聽上去有如電子樂器特雷門琴（theremin）與奔流的

水聲。護目鏡的第三眼是負責發送畫面給網路社群的鏡頭,「眾人你一言,我一語。」聖女茱德開了個玩笑,身處眾多時區的一件件罩袍便發出了「管弦樂團般的笑聲」。聖女茱德心想:「我引發熱烈的國際反響了嗎?」

兩名使者的個子比聖女茱德來得高,他倆身高一模一樣,踩著塞有增高墊的厚重靴子,有如深海潛水員般橫衝直撞、四處打轉,那身裝扮使他們無法踏出任何明確步伐,也不能好好做手勢。在黑洞俱樂部裡,就連光子資訊也無從逃脫。兩名使者從煙霧中冒出來,聖女茱德按住他們:「我猜你們是加密無政府主義者——我稱你們為密碼龐克!……你們企圖接管世界。」一道帶荷蘭口音的大提琴聲不悅地反駁:「我們不相信什麼接管不接管。事實上,我們努力讓事情**無法被接管**。」

那兩名罩袍人以及透過兩人發出的「大量重疊聲音」(他們知道哪個聲音屬於層層黑布下的身體)說出了大家的計劃:透過「加密的**每─樣─東─西**」與分散式的信用評級制度創造化名經濟,把數位貨幣安全地存放於「給成千上萬人的瑞士銀行帳戶」。一道特雷門琴的聲音說:一切的一切將帶來「不再需要政府的全球貨幣系統」。

「不,我沒妄想得那麼厲害。」聖女茱德寫道。她**見過**密碼龐克;事實上,密碼龐克這個名字就是她取的。事情發生在上個星

期六，地點位於風光明媚的加州沿海城市柏克萊的一棟私人住所，而不是煙霧瀰漫、「近乎黑暗」的黑洞俱樂部。然而，聖女茱德串起現實場景與虛構的描述，虛實交錯，眾聲喧嘩，背後有網絡的剪影、虛無的墨跡、釘釘手套，電擊棒與加密計劃。「那絕對是錯誤的謠言。」聖女茱德下了個結論：「革命志士可以透過 cypherpunks@toad.com 聯絡」——那是個真實存在的通信論壇的真實地址，自那個星期開始生效。聖女茱德藉由那個論壇傳播她第一版的故事。

數十年前，化名為「聖女茱德」的茱德・米倫（Jude Milhon）和其他人一起成立了「社區記憶」（Community Memory）。「社區記憶」是個相當早期的數位社交網絡，他們的基地設在一間唱片行的後方與某間公共圖書館，用的是電傳打字機的鍵盤。[2] 五花八門的化名在「社區記憶」熱鬧登場，例如「班威博士」（Dr. Benway）帶來「區間」（Interzone）直播，提供美國諷刺作家柏洛茲（William Seward Burroughs II）筆下的精彩片段（注：班威博士是柏洛茲作品中的人物，《區間》是柏洛茲的作品集）。社區記憶使用的陽春系統沒有登入等功能，因此任何人都能像班威一樣寫作——或是像誰都行。最初的作者表示：「某些喪心病狂的盜用者說要複製班威的 LOGO，那就隨他們去吧……這是公共領域。」[3] 反正以班威的名義透過那些變聲器說

話，與實際上是誰在開口又有什麼區別呢？茱德在二○○三年過世後，她的朋友寫道：「茱德的哲學就是你無需告訴這個世界你是誰。」[4]

「所以你是在保護你的肉體身分，對吧？」聖女茱德問黑洞裡的罩袍人。同一時間她也是在問真正的聽眾，也就是那些她剛幫忙命名的「密碼龐克」。[5]「歡迎澄清、延伸與糾正。要濫用與威脅的也可以放馬過來。」聖女茱德替自己在網路文化雜誌《世界二○○○》（*Mondo 2000*）的「不負責報導」（Irresponsible Journalism）專欄中，撰寫了〈密碼龐克運動〉（The Cypherpunk Movement）的故事。（《世界二○○○》是《連線》（*Wired*）雜誌的無政府姊姊，除了虛擬實境、迷幻藥、加密、實驗性小說，還有惡作劇、樂團訪問與時尚攝影。）聖女茱德把稿子獻給帶來靈感的眾人：他們是「cypherpunks@toad.com」郵件討論群最早期的成員。在成立大會開幕的前一個星期，這群人以實體出席的方式，在數學家艾瑞克・休斯（Eric Hughes）的家裡聚會。茱德在現場寫下了富有點子的筆記，現在「唯一的重點是要正確而且清楚地說明」——此外，她還得捕捉到現場探索未來的**氛圍**，一種建立在密碼學、化名與「安全的數位貨幣」上的秩序。「政府垮台！」隱隱約約的朦朧黑影中，特雷門琴大聲歡呼。

和政府說再見

在那場星期六的聖女茱德柏克萊聚會上，一群工程師、程式設計師與密碼學愛好者鬆散地組成了密碼龐克；提莫西·C·梅（Timothy C. May）也在現場。

梅是位退休工程師——他精算了一下需要多少錢，才能餘生都不必再為錢工作後，在三十四歲那年退休。梅在英特爾（Intel）解決了著名的棘手問題：微晶片陶瓷封裝的阿爾法粒子放射所導致的錯誤。梅對於尼采所談論的宇宙「頑固事實性」（stubborn facticity）抱持著物理學家的態度——不論人類是否意識到輻射能存在於一堆沙或一塊石英中，輻射能就是輻射能。此外，梅對於人類與人造機器的不可靠也加以冷嘲熱諷。他在阿爾法粒子論文中列出了一頁又一頁精確的證據，提出關於晶片設計與放射性衰變的主張，最後以一句話總結：「從人類工程的觀點來看，二十一世紀以微電腦控制的機器人有可能因為某些人類也會有的問題倒下，機器人和肉體之軀一樣不可靠，有點令人欣慰。」[6]

如同那個年代大多數的網路用戶，梅設有簽名欄／簽名檔（signature block, sig file）：一塊自動顯示、附在電子郵件與論壇討論串發言上的文本。許多人會在簽名欄裡放上電話號碼、任職

單位、自己人才懂的笑話，以及少許的「美國資訊交換標準碼」（ASCII）藝術。（維基解密的發言人朱利安‧亞桑傑〔Julian Assange〕也在密碼龐克的郵寄名單上，他的簽名黨放的是尼克森的挖苦名言。[7]）梅的簽名檔內容則包括「臉部特寫樂團」（Talking Heads）的歌詞、當時已知的最大質數的數學雙關語、一段未來的時間線，以及一則微型科幻小說故事：「加密無政府：加密、數位貨幣、匿名網路、數位化名、零知識、口碑、資訊市場、黑市、政府瓦解。」

那串簽名檔上的盤點元素和興趣列表是「想像中的未來」的編年史，也就是依據先後順序，點名即將到來的事物。我們可以將它們重寫成未來的「加密無政府主義者年代」的開頭故事：加密出現幾項基本的突破，政府數十年來贊助的工程與研究如今讓政府制度崩塌。匿名網路與數位化名的實驗、零知識系統與口碑一起帶來數位現金的基礎架構。此外，還需要有能示範這些元素發揮作用時的概念驗證資訊市場，才能吸引與教育新的使用者。這將帶來全球性的網路黑市，以及無法追蹤、不必繳稅的貿易，此後政府制度必然垮台。

梅的任務是讓這個故事成真。他無法單打獨鬥，他需要夥伴與一場運動，需要由數學家的陰謀論打頭陣。在九月那場茱德也在的星期六聚會上，梅對著在場的人朗誦了〈加密無政府主義者

宣言〉（Crypto Anarchist Manifesto），開頭第一句是「幽靈正在現代世界出沒，那是加密無政府主義的幽靈」。

密碼龐克社群從第一場聚會開始，就在數種重疊的時間裡存在著。他們提出了幾個合理的猜測：「一旦貨幣在網路中流通，只與化名連結、而不連至實體世界的真人，那麼僅存在於虛擬世界的身分將會大增。」[8] 密碼龐克社群推測，「空間虛擬實境」（Spatial VR）等事物將會是某種在「永遠的最前線」的居住形式。他們採用自己的技術與科技來尋找未來的信號，總有一天，這些技術與科技將會拓展到成千上萬的網民身上。「在此我們所討論的是相關概念的長期意涵。」[9]

密碼龐克計劃最微妙、但也最為重要的歷史條件在於「不合時宜」（untimeliness）。此處指的不只是從典型的尼采哲學觀點來看、由於「做出早先於自身歷史情境的計劃」而不合時宜，同時也因為**太慢**而不合時宜。密碼學尚處於初期階段的證據（低階的可靠運算法），與實際成為可行的作業系統之間，有著明顯的時間落差。梅質問：「為什麼密碼龐克談的東西，大部分都**還沒發生？**」[10] 他在星期六那場密碼龐克首度聚會上朗讀的宣言已經四歲了，早在一九八八年、一九八九年、一九九〇年，宣言就在「志同道合的技術無政府主義者」之間流傳。「為了保留歷史感，我不加以更動。」[11] 我們「就快要讓個人與團體能以完全匿名的

方式彼此溝通互動了；到底為什麼拖了這麼久？」[12]

電子郵件等領域有辦法出現進展，有著一套廣為接受的公用協定，但「如果是數位貨幣那樣的東西，情況則相當混沌不明。那不是個獨立的物件，往往是一種多方的協定，涉及時間延遲與離線處理等問題。」[13]打造數位現金除了技術上很複雜，就連語意上也含糊不清。梅寫道：「『加密』或『郵件轉發』等詞彙的意思相當清楚，但什麼是『數位銀行』？」[14]舉例來說，討論電子郵件的脆弱性或不同加密系統的優缺點是一回事，但**貨幣**（money）一詞隱含著一套關於價值、時間、歷史與社會架構的主張。所謂的「數位銀行」是宇宙圖的一部分，一種理解、組織與解釋這個世界的方式。如果要定義「貨幣」，就得先達成共識，接著才去談真正開始整合程式所需的程式語言、數據庫、格式、協作工具與版本系統。

借用資訊法專家尤查・班克勒（Yochai Benkler）談製作「自由及開放原始碼軟體」（free and open source software）的詞彙來講，打造數位銀行屬於**協作**（coordination）的深層問題，一般透過價格制度或管理架構來解決。[15]市場會獎勵與刺激某種類型的活動，也可能是交給發薪水、召集團隊與下達命令的公司或組織：這兩套不同但相容的方式，可以讓一群人或多或少朝著相同的目標前進。打造數位銀行平台一般發生在 Visa 或聯邦準備系統

的指揮架構。那樣的大型機構有命令、有辦公空間，也有專案經理或高階主管構成的階層，由那個層級負責解決內部的爭議。相較之下，密碼龐克是通信論壇裡非正式的一群絕頂聰明之士，人數為二位數。「我們這群在郵寄清單上的人，沒人付錢請我們開發任何東西，我們也沒有獲得任何人的協助，背後亦無企業的財力支持。」[16]

自由及開放原始碼軟體的故事，講述著新型技術社群如何克服重重難關，從網際網路不可或缺的作業系統一直到伺服器平台，自行打造每一樣東西。雖然所有的相關計劃都帶有相同的特質：如同鋸木廠帶來漫天木屑，開放原始碼帶來了無止境的鬥嘴；但如果要創造出數位銀行這樣的東西，對話的複雜程度又是不同的層次了，這不是從有趣的技術問題起步，而是必須進行「權威」、「主權」與「價值」的本質等哲學性與社會性的探討。

事況太緊急，無法交給曠日廢時、永遠得不出共識的對話。也許可以召集人數抵達臨界點的貢獻者、用戶與參與者，一起推動計劃？如果能達到休斯所說的階段 ——「貨幣在網路中流通……只與化名連結，不連至實體世界的真人」，那麼系統將能自我維持，也會有一群人被新型價格系統吸引，願意支持並打造這個系統。[17] 他們必須達到成為**通貨**的狀態。一旦人數夠多，大家就會願意「買帳」，真實買進。這件事不僅牽涉到技術研發，

還得講故事。

　　梅想講的故事內容，就是數位現金的勝利與政府的垮台。其中一章講的是「資訊市場」（information market）的興起，打造珍貴數據的平台，替數位現金架設好經濟背景。要怎麼做才能讓線上資訊市場起飛？梅身邊兩間關係密切的公司嘗試回答這個問題。這兩間公司的系統、承諾與合作夥伴將形塑日後的數位現金。第一間公司是經濟學家與未來學家菲利浦・薩林（Phillip Salin）創辦的「美國資訊交換平台」（AMIX）。一九八八年，梅與一群志同道合的人首度討論了加密無政府計劃，地點就在薩林家的客廳。[18]

美國火箭公司

　　薩林住在一條百里道路的盡頭：從他站的任何地方開始，那條路會直直穿越地球的大氣層外側。薩林畫出自帕羅奧圖（Palo Alto）網路安全公司到近地軌道（注：Low Earth orbit，指太空載具距離地面較近的軌道）的軌跡，他在弧形科技公司（Arc Technologies，日後更名為 Starstruck，意思是「抵達星際的卡車」〔a truck to the stars〕。後來換了新的管理階層，又更名為「美國火箭公司」〔American Rocket Company〕）的團隊，實驗了以糖為

原料的「火箭糖」（rocket candy）燃料，可用來發射較為平價的載具，資金來自蘋果電腦（Apple Computer）第一任執行長麥克·史考特（Michael Scott）。然而，薩林不是航太工程師，而是有 MBA 學位的經濟專家。他推崇以市場為本的奧地利經濟學學派大師海耶克（Friedrich Hayek），相信光靠市場的運作力量就能帶來改變。薩林認為，未來太空領域會面臨的挑戰中，最大的是一股比重力或金屬應變耐受度還要強的力量：配置不當的金錢。

薩林在國會委員會主張，太空梭太便宜了：成本獲得補助，以人為的方式壓低，導致火箭產業缺乏創業精神[19]；而光是金錢的移動，就足以讓我們衝破重力井。他的證詞指出：「下一個重大的太空突破將會是經濟方面的突破」。[20] 薩林深受資訊市場吸引，對於金錢與知識的流通深深著迷——金錢就是資訊，資訊就是金錢。

一九八四年時，薩林的太空事業遇上了麻煩，於是他展開了自一九七〇年代就在思考的計劃。當時他一邊讀著經濟學家海耶克與哲學家卡爾·巴柏（Karl Popper）的著作，一邊著手研發「分時電腦系統」（time-sharing computer system）：一種智慧財產權的數位市場。薩林把這個系統命名為「美國資訊交換平台」（American Information Exchange，縮寫為 AMIX）。他設想 AMIX 將會是一個園地，可以留存所有類型的腦力工作。AMIX 提供的

東西不僅僅只是資訊，而是答案：調查、市場分析、專利、樓層平面圖、電腦輔助設計（注：Computer Aided Design，簡稱CAD）透視圖、問題的解決方案、公式。薩林表示：「我們只是在試圖減少麻煩與交易成本，拿掉人不願意用知識交換獲利的障礙。」[21]

為了達成目標，他們將必須替「資訊仲介」（information broker）這項新型職業打造拍賣與銷售系統，有個人檔案、評分、心得與市場管理者。他們需要平台來處理會計、發票、交易與支付，也需要全美各地都有跑著 AMIX 自用軟體的個人電腦（就連充滿溢美之詞的報導，也提到那是個「笨重」的軟體），每台電腦都能撥接至 Unix 伺服器。伺服器存放著各種主題、次主題與項目，範圍包含整個潛在的資訊產品服務的專門化世界。[22] 科技記者達克・塞爾斯（Doc Searls）回憶，AMIX 團隊「嘗試從零開始建立線上服務」，打造出一整套客製版的網際網路日後將提供的基礎建設。「薩林必須創造自己的網際網路。」[23] 然而，在解決那些問題之前，AMIX 得先解釋為什麼數位資訊**有價值**。

一九九〇年，艾絲特・戴森（Esther Dyson）簡單說明了反對的意見：「供需法則無法套用在幾乎能以零成本方式複製的產品上，例如資訊。」[24] 戴森當時的主業是產業記者，負責報導運算榮景，並提倡發展數位資訊市場。這些潛在的完美「網路自由

主義市場」（cyberlibertarian market）有一個問題，直接衝擊到薩林的核心商業計劃。戴森在文章中反覆提到 AMIX，試著回答眾人對於數位媒體的價值反覆出現的質疑：「一旦建立，幾乎能以無成本的方式複製。」[25]

一九七二年，替「全球型錄」（Whole Earth Access Catalog）等計劃撰稿的自由作家兼藝術行動者史都華・布萊德（Stewart Brand）正在鑽研「電腦遊民」（computer bum）這個次文化。這群人沉迷寫程式，平日玩著早期的電子遊戲《太空戰爭！》（*Spacewar!*）。[26]布萊德明確地提出將類比媒體數位化的意涵：「既然大量的資訊能靠電腦數位化與傳輸，舉例來說，音樂研究人員可以在網路上以『基本上不失真』的方式交換（swap）錄音。唱片行要跟這個世界說再見了（現在式）。」[27]布萊德的用語有個重要的不當之處，也是我們今日依舊普遍誤用的語義：布萊德提到的音樂學者其實不是在「交換」錄音，不是在轉手來、轉手去；他們實際上是在**製造**（making）錄音。因為除非有刻意篩選、壓縮或改動，否則每一個副本（在你我的電腦上、存放於伺服器、在本機快取儲存、音樂播放裝置上）都是完美的位元對位元的複製。[28]

運算與電信技術的二十世紀史可說是一部**傳真度**（fidelity）的挑戰史，也是一部準確度與校正錯誤的奮鬥史：從電話線到無

線電波，再到單一電腦靠線路傳輸執行儲存、處理與顯示功能，透過不完美的媒體與有雜訊的頻道，想辦法儲存與傳輸完美的副本。[29] 在開創複印機的全球年代，運算的複製能力（尤其是網路運算〔networked computing〕）可謂遠勝印刷與攝影。[30] 戴森在《富比世》（Forbes）的 AMIX 專欄對頁，刊著全錄公司（Xerox）的全頁廣告，慶祝全錄這間「文件公司」（The Document Company）榮獲「國家品質獎」（National Quality Award）：如同計算機先驅楚澤（Konrad Zuse）最早的電腦程式，將數位指令戳記於傳統的三五毫米電影膠片上，那則廣告完美並陳了兩種不同的媒體系統。[31]

數個世紀以來，「智慧財產權」的概念不斷遭逢危機，而在這段時間，同樣的挑戰再度襲來；資訊為什麼寶貴？途徑、理由與方法是什麼，數位轉向替這個舊的問題帶來了新的答案。[32] 在 AMIX 的架構下，薩林深入淺出的答案帶有市場導向：數位資訊很珍貴，因為世人會付費。誰知道哪個資訊？原因是什麼？「胡安的常識對於愛麗絲來說，是驚世的發現。」戴森在介紹 AMIX 概念的文章中寫道：「就讓市場來決定。」[33] 然而，這個問題帶有更深層的問題。AMIX 確實是一個市場：一個數位資訊的交易與付費平台。「數位資訊」正在納入貨幣，也就是那個被支付的東西。那麼，是什麼讓數位市場的數位貨幣具備價值？[34]

資訊以有辦法快速驗證的位元串形式傳輸與儲存，在不同帳戶間移動。這樣的機制使得貨幣是在最薄的本體論冰層上交易。梅指出，你可以利用隱寫技術（steganographic，隱藏數據中的部分數據），將數位貨幣的鉅款藏在一首歌或一張高解析度圖案的檔案裡，平凡的數位照片有可能承載著一輛裝甲車的現金。然而，這筆現金和照片是一樣的，也碰上了相同的基本複製問題。戴森依據兩點支持 AMIX：首先，整體而言，數位資訊可以任意複製，但找到資訊的成本特別高；其次，最有價值的資訊往往不是隨處可見。這樣的論點要如何套用在我們稱為「貨幣」（money）的數位媒體上呢？

薩林沒能親眼見到日後的相關計劃，一九九一年十二月，在 AMIX 被電腦輔助設計公司 Autodesk 收購後沒多久，他就因為肝癌與世長辭，享年四十一。薩林接受了「神經」手術，成為第五十九位接受「人體冷凍生命暫停控制技術」的人士——他的頭顱被取下，冷凍起來，等著在他期待的社會降臨後復活。他的大腦將會甦醒或是以數位的方式重建，身體則將被複製，或是用假體取代。薩林和梅討論過這件事將帶來的問題：你如何帶著你的資產一起進入永生。如果說要替太空梭訂出精確的價格不容易，在 AMIX 進行人與人之間的安全交易支付也很難，那麼，要想像把錢送至不認識的未知未來，更是難上加難。等你「失去活力」

（deanimated）後，你將被冰在亞利桑那州的冷凍槽裡，接著在未來以某種後人類的形式醒來。你要如何把錢交給日後的自己？

一九九三年，梅在談及「延時釋放密碼協定」（timed-release cryptographic protocol）的備忘錄上提到，理論上訊息是可以加密的，可以設定成唯有過了一段時間或發生特定事件後才能讀取。梅講到自己多年前和薩林討論時，兩人所談到的第一個使用案例：對於想安排自己在未來的某個時間點重生／復活的加密人士而言，「最重要的事是要把錢送進未來，同時要加以保護，不能被沒收或扣稅等等。」[35]（十年後，維基解密的亞桑傑將接手這個密碼龐克清單上的問題，但目的是為了保護解密。[36]）那將是某種在未來也依舊會存在的銀行帳戶，而且還要獎勵替復活做出貢獻的人士：一旦數據解密，第一個讓帳戶持有人起死回生的團體將能獲得一筆事先承諾的獎金。對於薩林想創造的未來的資訊仲介來說，那將會是最大的勝利：一個讓系統創造者起死回身的定價系統。

以超曲速進入科技萬能區

奈米技術倡導人蓋兒・佩加米（Gayle Pergamit）是薩林的合作夥伴、共同創辦人兼另一半。從分時電腦一直到書寫經濟分

析，到鼓吹分拆貝爾電話（Bell Telephone）的壟斷事業，再到私人的太空計劃與數位資訊市場，薩林的離心軌道帶著這對夫妻飛越一系列不遠的未來產業之預想邊緣。不過，薩林最奇特的職稱出現在仙那度營運公司（Xanadu Operating Company, XOR）的員工名冊上：他是「加速器」（Accelerator）（佩加米在員工名單上的職稱則是「隱變量」〔Hidden Variable〕。）[37] 仙那度是 AMIX 的姐妹計劃，提倡將所有的人類知識數位化，並將貨幣穿插在最基本的階層中。[38] 薩林與仙那度的團隊有志一同，認為貨幣是最理想的火箭燃料，是進入未來的推進器：仙那度的席爾多・「泰德」・尼爾森（Theodor "Ted" Nelson，在 XOR 的人員職稱為「總監」〔Director〕）談到他和在賓州召集的「最終執行小組」努力想完成的計劃：「資本家一起投入……我本人是因為痛恨委員會、平淡無奇的創意與貧乏的思考；他們則是因為想要有自己的太空梭。」[39] 要是能好好運用數位資訊與數位貨幣，人在賓州普魯士王國鎮（King of Prussia）的他們，將能離開型號為 PDP-11 的電腦前的椅子，進入星際世界。

電腦輔助設計軟體公司 Autodesk 因為投資了仙那度，也投資了 AMIX。這兩間公司一拍即合，除了共用薩林在內的好幾位成員，他們的目標都涉及尋找、引導，以及最重要的是：替數位資訊**定價**。Autodesk 創辦人約翰・沃克（John Walker）在高階主管

的備忘錄上寫道:「接受吧,在我們的年代,資訊是一種商品,就和小麥、活生生的豬、瑞士法郎或標準普爾500指數(S&P500 index)一樣實在。」[40] 資訊是某種**貨幣**,或總有一天可以是,而使用那種貨幣的網路能提供的功能「不證自明,有如後布列敦森林時代(post-Bretton Woods era,注:指一九四四年七月至一九七三年間,世界上大部分國家加入以美元作為國際貨幣中心的貨幣體系。)的貨幣期貨功用。」[41] 仙那度與AMIX讓沃克看到開發資訊市場的途徑。相關市場的運作與定價將能加快新型數位系統的研發成長速度──對整體的科技社會而言是某種加速器。

AMIX的機制包含替資訊打造直接的市場(相當有野心),仙那度系統則遠遠更為極端,它的模式將適用於過去與未來所有的人類文明,「數位資訊」與「貨幣」將密不可分,也無從區分。仙那度系統等於是以永恆的方式,把**每一件事**重新打造成數位貨幣。沃克從試圖讓公司能在現世這個當下存活的立場出發,描述與仙那度團隊的超現實對話。團隊打算「全面設計出一套系統,替數十億年間的千兆人,儲存現在與未來每一種形式的所有資訊。」[42] 沃克寫道,整個計劃「以超曲速(hyper-warped)進入技術戰勝一切的地帶。」

沃克「**超**」(hyper-)這個英文字首用得好。「超文本」(hypertext)一詞來自尼爾森一九六五年首度發表的論文〈複

雜、不斷改變、不確定的檔案架構〉（A File Structure for the Complex, the Changing and the Indeterminate）。尼爾森為了實現願景，數十年間持續推廣、支持著名為「仙那度」的系統。這套系統承諾它們將會成為全球的終端網路，提供授權與存取工具，讓民眾得以取得世上**所有**過去或未來被寫下的文本，外上各種相關的文本、音頻、影片、「N 維繪圖」（n-dimensional graphic）、人事物、地點與「DNA/RNA」。

仙那度將會是某種宇宙級的「&」，連結著萬事萬物；它不接受任何形式的結局與終止，也不接受任何事物的終點──**除了**仙那度自己，因為它的設計是有限的。尼爾森寫道：「之所以會花這麼長的時間，原因在於仙那度所有的最終功能全是設計的一部分。」「其他人在設計系統時一開始能做的事比較少，日後才會追加功能；我們則把這個東西設計成處理一切事物的統一架構。」[43]

這樣的系統帶有宇宙級的雄心壯志與規模，設計選擇不免有著形而上的意涵。尼爾森反覆重申，這個設計反映出「概念的真實架構」所帶來的啟發。[44] 此一真實架構包含財產、所有權與數位貨幣的流通。尼爾森那些關於導覽與展示數位文本的新穎概念，以及仙那度耗費了四十年光陰依舊迄未成功的悲慘事蹟，成了眾人津津樂道的話題。然而，仙那度最深層的技術是支付系統──那是市場的基礎架構，新型的文本做法將建立其上。尼爾

森形容這個系統是「一種技術架構與所有權的約定」。[45] 知識固著於著作人（authorship）、所有權（ownership）與支付。仙那度未來的使用者——那些數十億年間使用此一完整知識系統的幾千兆人。他們是「合法的版權擁有者，或是取得版權擁有者許可與為儲存付費的人士。」眾多的仙那度終端串連成仙那度網路，這個網路的基礎是「每一個被傳輸的位元的權利金。」[46]

仙那度計劃最重要的開發者馬克・米勒（Mark Miller，在 XOR 的職稱為「駭客」），帶頭開發了讓此事成真的「定址系統」（addressing system）——一種以超限數（注：transfinite number，大於所有有限數的基數或序數）的屬性為基礎的系統。這個被命名為「tumbler」的系統有辦法確認任何特定位元的地點與擁有者。尼爾森寫道：「在文字傳統（literary tradition）中，位元有擁有者，可以被引用，也能被其他文件連結——由努力做到公平的規則來規範。」（尼爾森此處所說的「文字傳統」指的不曉得是什麼，畢竟「著作權」與「著作人」都是相當近日的發展）。[47] 米勒把自己的中間名拼成「$amuel」，象徵著自己支持「貨幣是一股力量」的概念，並且在自家的首頁上放了一句格言：「如果某個事物不是由市場分配，就會連**錢也買不到**（more expensive than money）。」[48] 日後米勒會開發「agoric」，那是一種類似市場的運算系統，支援智慧型合約；本書後面的章節談到長生不老運動時

會再度提到他。[49]

　　某種特殊的財產權、著作人與支付架構，被建立在系統架構的最深處；在仙那度寫作，是在以涉及其他「所有人」（owner）的情況下**擁有**（own）——以及替留存於伺服器上的時間付錢。這個「聯合的架構」（unified structure）有著絕對條件（absolute condition），也有事先設定好「所有的最終功能」，依據命令讓所有數位的「複雜文本聚類（complex clusterings of text，也就是「思想」的意思）[50]」成為受控管的稀缺商品，無法加以複製。（在仙那度引用文本並不是在複製文本，而是從文本在記憶體中的位置與文本創建人的帳號「嵌入」〔transclude〕——那是一條姓名標示〔attribution〕與權利金鏈）。這既是透過帶來的報酬「變現」（monetize），也是在讓被引用的文本**本身變成錢**。所有的資訊交換也是資金的交易。讀寫變成支付與被支付。

　　與系統的其他許多面向相比，仙那度究竟要如何執行金錢的流動（集合所有遠小於一美分的微支付，加總起來並結算）這點相當模糊，但需求很明確：數位資訊本身必須成為市場，既被定價，也是價格指標。未來要求我們一定得做到這點。一九八八年，米勒休息了一陣子後，再次投入仙那度。他寫道：「由於恐懼奈米科技的危險性，加上令人無比興奮的展望……藉由替社會論述的進展與社會決策創造出更好的媒體，我們將更可能度過新

技術帶來的危機。」[51] 通往未來的道路取決於資訊市場與這個市場帶來的決策。自由主義經濟學家羅賓・韓森（Robin Hanson）曾擔任仙那度的顧問，他在仙那度的內部市場（員工可以下注未來事件）提出預測，包括「仙那度將在中國總理鄧小平過世之前交付產品。」[52] 韓森解釋：「他們希望自家產品將能協助中國度過後鄧小平轉型，走向民主。」（韓森也會在本書談到長生不老運動的段落再次現身，開發「預測期貨」的貨幣〔currency of "idea futures"〕。）

從一九七九年在賓州組成的「最終執行小組」，一直到一九八八年沃克承諾新團隊將「在十八個月之內，在市場上推出初步的仙那度系統」[53]，仙那度存在於永恆的未來式。仙那度永遠在倒退回未來，將於現在起的六個月後運轉數百萬年。AMIX 必須打造「自家的網際網路」，而將在科技救世區的深處運作的仙那度，必須推出能擴充規模的單一統一架構，在永恆之中納入所有形式的所有表達方式。Autodesk 在投資兩年後，脫手了八成的股份，遠離 AMIX、仙那度，以及目標是找出如何讓數位資訊具備可量化價值的事業。

AMIX 與仙那度皆為**公用**系統，以明確的作者身分為基礎，連結至每一個字詞、每份文件、每個連結，也與銀行帳戶與持久身分息息相關。梅清楚地知道，如果身分能被隱藏、加密或魚目

混珠，這樣的系統會被如何利用。好幾位關鍵的仙那度程式設計師都名列密碼龐克一九九二年首度聚會後的郵寄名單上。茱德讓那場聚會的訪客變身成來自未來的人。梅和薩林談論 AMIX 的時候，指出 AMIX 有可能一下子變成資訊黑市的模型，也有可能本身就會成為黑市。梅假設，有人會對 AMIX、對微晶片的設計與製造抱持非常特定的技術性疑問（實際上算是商業機密）:「多久以後，給那些在晶片公司工作的人幾十萬，他們就會交出公司價值數千萬美元的研究心血？」[54]

那種事的確是讓數位資訊有價值的一種方法，也讓加密無政府主義的創世紀向前推進一步。梅寫道，那是另一種版本的改造世界的市場，同樣也源自故事。「我的思考已經深受美國作家佛諾・文奇（Vernor Vinge）的作品《真名實姓》〔*True Names*〕所影響。」[55]

第 6 章

永遠的最前線

密碼龐克的數位銀行除了「協作」（同意要打造哪些東西）與「複製」（讓容易複製的數據稀缺），還面臨第三個問題：「採用」，也就是要讓夠多人開始使用。密碼龐克起初先打造了市場與交易系統——以及相關的社會原型——目標是摧毀每一個妨礙新型加密社會的政府。他們需要實驗性社群、市場故事，還得講述未來的神話，讓社會願意接受他們夢想中的系統，包括「他域」（Other Plane）、永遠的最前線、第十縱隊（Xth Column）以及黑網（BlackNet）。

狡猾先生

「他好像對密碼學的東西有點興趣。」Autodesk 把仙那度分拆出去一年後，梅在文章中談到尼爾森，「於是在近日探討相關意涵的駭客大會（Hackers Conference）上，他就和我們幾個人聊了一下。」[1]套用傳播學者弗萊德・透納（Fred Turner）談反文化運算史的詞彙來說，駭客大會是一個「網路論壇」（network forum），這樣的集會讓不同的技術社群能夠合作、達成共識、發現新型共享計劃。[2]梅在大會上演講，把加密無政府主義者的論文發給大家看；沃克在大會上認識了幾位仙那度的關鍵人物，日後還贊助仙那度與 AMIX；約翰・吉摩爾（John Gilmore）討論

密碼學；休斯談數位貨幣；數學家與作家魯迪・魯克（Rudy Rucker）則向大家介紹人工生命（Artificial life）。魯克曾替Autodesk 工作，與茱德・米倫合寫過《世界二〇〇〇》的文章。程式設計師與電機工程師在大會上結識了「法律駭客」（legal hacker）──法律駭客是一群律師，通常是「電子前哨基金會」（注：Electronic Frontier Foundation，美國民權組織，宗旨是維護網路上的公民自由）的熟面孔。此外，新朋友的陣容還包括幾位寫科幻小說的「文章駭客」（prose hacker）[3]，其中一位就是加州聖地牙哥的數學教授文奇。

文奇的作品談的是「界閾」（threshold），主題是無法回頭的時空線，越過了界閾，另一側就是不同的世界。他筆下的「泡泡」（bobble）是科幻小說中時間被暫停的停滯場（fields of stasis）；你進出一個停滯場，主觀上只過了一瞬間，卻是滄海桑田。一九九三年，文奇在「美國國家航空暨太空總署」（NASA）的工作坊上介紹了當代大眾版的「奇點」（注：the Singularity，指人類文明正在接近被顛覆的事件點，之後將進入想像不到的境界）：一連串加速發生的自我增強技術突破（尤其是人工智慧的進展）將立即取代先前所有的模式與系統。文奇解釋：「比人類智慧還強大的存在即將帶來的科技創造」將引發突如其來、一連串的進一步的突破，「有如脫韁之馬，不可能掌控……在這個

『點』上，我們一定得拋棄我們的模式，讓新的現實取而代之。」[4] 這是科技發展史上的一道障礙，後方的世界將一下子超出人類的理解：在那道界線之後，是無法想像的天地。

文奇在一九八一年寫下了短篇小說《真名實姓》，他想像電腦是另一個世界的界閾，跨過去就會進入被稱為「他域」的虛擬環境。在那裡活動的駭客為了躲避政府、罪犯與彼此帶來的危險，努力地隱藏真實身分——掩蓋自己的「真名實姓」。文奇筆下的主角化名為「狡猾先生」（Mr. Slippery），與謎一般的「信差」（Mailman）交手。「信差」高深莫測，有可能是非人類實體。文奇在語言風格拗口的對話中提到了「他域」，預言數十年間試圖把守線上與離線世界邊界的情形：「他在，嗯，在真正的世界尚未惡名昭彰。」[5]

民間故事與神話經常出現帶有神秘氣息的「界」、閾限空間（liminal space），以及其他有著不同規則的領域：跨過後將進入仙境，走進太陽之東、月亮之西；待上一晚後，出來時已過了數百年。文奇採取那樣的敘事風格，他筆下的電腦駭客所說的話都帶有各種巫術的隱喻（也有真實的駭客這麼做）。如同童話故事裡的情節與魔鬼信仰，文奇的駭客巫師知道，要是得知他人真正的名字，將會有力量去擊敗對方。這個設定是典型的民間故事元素（可參見「阿爾奈—湯普森—烏特民間故事分類法」〔Aarne-

Thompson-Uther〕中的第五百類：「援助者的名字」〔Name of the Helper〕），但也是今日實際上會出現的身分攻擊、人肉搜索、黑函，以及匿名者（Anonymous）等組織所支持或反對的身分識別策略與洩密。在這樣的世界裡，名字就是力量。

如同在一九九二年那個煙霧瀰漫的吵雜俱樂部裡，身分不明的罩袍人用特雷門琴的樂器聲告訴聖女茱德：「事實上，揭曉妳真實身份的，可能就是最重要的擔保品——妳的肉身，妳那副可以被殺害、**被折磨**的肉身。」一九九八年，創意十足的多產密碼學專家與軟體開發者戴維（Wei Dai）推出了數位現金計劃「**b貨幣**」（b-money），他的開場白是「梅的加密無政府主義令我著迷……在這樣的一個社群裡，暴力威脅起不了作用，因為不可能有暴力；之所以不可能有暴力，是因為當事人的真實姓名或所在位置根本無從連結。」[6]

文奇的《真名實姓》中所提到的未來，充滿著數位密碼學的可能性——但有件令人關切的事他並沒有提到。文奇筆下的駭客組織「巫師會」（Coven）能在網路上運作，不必擔心身分被識破與隨之而來的「真實死亡」（True Death，相對於象徵意義上的「被踢下線」的死亡）；他們可以自由地對國家、企業、黑手黨，以及特別脆弱的金融服務，施以惡作劇與開玩笑。在故事的尾聲，狡猾先生把自己的神經系統整合進全球通訊網路，成為全知

全能的監控者，感受著貨幣的流動：「他看著銀行通訊網，每張將要兌現的支票都逃不過他的法眼。」[7] 在文奇筆下的未來，脫離肉體的心智在托爾金式（Tolkien）的奇幻虛擬實境中漫步，透過感測器看見紫外線。但貨幣依舊是貨幣，支票依舊被存入，洗錢依舊是透過帳戶盈餘在洗，銀行也依舊是銀行。數位現金並不存在。

前網路空間年代的遺跡

　　一九九三年的一個夜晚，梅在加入一場奈米科技討論前，親自寫下了一篇推想小說——比《真名實姓》還要更進一步。美國小說家愛倫・坡（Edgar Allan Poe）曾把筆下一篇科幻小說家凡爾納（Jules Gabriel Verne）式的熱氣球冒險，偽裝成一篇真實的新聞報導，刊登在一八四四年的《紐約太陽報》（*New York Sun*）上：〈驚天動地的大消息！〉（ASTOUNDING NEWS!）：勇敢的蒙克・梅森（Monck Mason）以三天的時間飛越大西洋。梅模仿這樣的風格，一本正經地寫了一封邀請函給祕密組織「黑網」，開頭是：「你們的名字已經引起我們注意了。」

　　梅自從一九八七年與薩林討論 AMIX 後，一直在推敲這個點子與這個引人注目的名字。「我靠著唱反調的方法檢查漏洞，解

釋為什麼我認為美國企業（梅主要的顧客目標）會想迴避這樣的系統。」[8]資訊市場暗藏著資訊黑市，而到了一九九〇年代初，所有的技術萬事皆備，只欠東風。

那份邀請函裡的細節說出了梅對此類組織的幻想。黑網的運作者永遠不會知道用戶身分，用戶也永遠不會知道運作者是誰。黑網將提供公鑰，把訊息加密，只有當事人才能讀取——但無從直接寄送這樣的訊息。潛在客戶利用匿名轉發服務（anonymous remailer），將加密訊息放上新聞群組或寄給網路郵寄名單上的成員，避免被認出來自己就是張貼者（新聞群組是公開的留言板，前網際網路系統 Usenet 的重要園地）。黑網的工作人員將監督好幾個這樣的新聞群組。[9]想被邀請，就必須描述待出售的物件、潛在的價值、回覆用的特定公鑰，以及你的「支付條件」。

黑網群組一看到寫給自己的加密訊息就會解鎖，閱讀內文。由於訊息是公開分享的，無法將潛在客戶直接連結至黑網的市場管理員。黑網群組如果感興趣，就會依樣畫葫蘆回應，透過匿名轉發服務，將加密訊息張貼於公開的新聞群組或郵件討論群——米朗・庫伯曼（Miron Cuperman）稱之為「訊息庫」（message pool）（庫伯曼當時是加拿大西門菲莎大學〔Simon Fraser University〕電腦工程系的學生，他有 AMIX 帳號，對「不死賽博運算放任主義」〔immortalcybercomputinglaissezfaire〕感興趣；

日後他將替機構金融改造比特幣技術。）如果加密與匿名轉發系統可行，這個系統將能替黑網事業帶來無法追蹤的雙向管道。

在英國的維多利亞時代與愛德華時代，就有人靠著在報紙上刊登廣告來交換機密，而上述的系統就像這種秘密通訊的數位版。某期的倫敦《泰晤士報》（*Times*）曾同時刊出一組字母密碼（「Zanoni Yboko z jo wn m?」）與一組數字密碼（「30 282 5284 8 53」）。寫下密語的人以及他們意中的讀者皆無法被第三方認出。[10] 報紙刊登的密語通常是事先講好的簡單替換式密碼，例如：《每日電訊報》（*Daily Telegraph*）一刊出「ozye wpe ud dpp jzf wzzv le logpcefdpxpye」，讀到的人就能破解其中的意思；而黑網使用的公鑰加密系統已被證實，只要有妥善執行，將無從破解。[11]

所有的技術，所有的工具，全部都真實存在著，目標是讓黑網成真——只有一個例外。梅承諾：「黑網能以匿名的方式把錢存進你指定的銀行帳戶。在地方銀行法允許的前提下，可以直接寄送現金（由你承擔被竊或沒收的風險），或是用黑網的內部貨幣『CryptoCredits』登記在你的名下。」[12] 這個概念受到 AMIX 的啟發：CryptoCredits 可以存起來或花掉，用於交換黑網上其他使用者的祕密資訊。然而，CryptoCredits 也是一躍落入了全然的幻想，如同在另一則愛倫・坡的偽熱氣球報導中，相當逼真的熱

氣球載著故事主角漢斯‧普法爾（Hans Pfaall）登上了月球。

　　如同文奇，如同愛倫‧坡的惡作劇，如同深層的推想文學與烏托邦文學，梅邀請的不存在的組織是一則談及「界閾」的小說，跨過界閾就會進入另外一種**空間**。這個另空間被刻意設定在哪裡也不是的地方（nowhere）——如同學者湯瑪斯‧瑞德（Thomas Rid）所言，由「網路空間虛無之處的匿名聲音」負責告訴世人。[13] 這不是湯瑪斯‧摩爾（Thomas More）筆下的《烏托邦》（*Utopia*）裡，那座被人意外發現的烏有鄉（注：nowhere，烏托邦 Utopia 一詞由希臘文前綴 ou-〔*oὐ*，意思是不〕與字根 topos〔*τόπος*，地方之意〕組成，與英語的 nowhere 字面上的意思相同），位於世上某個特定的地點、存在於天涯海角的溫暖海流裡。（摩爾筆下的航海人希斯羅戴〔Hythloday〕有告訴我們能在哪個**確切地點**找到烏托邦，只不過不巧有人咳嗽，摩爾沒聽清楚完整的位置。[14]）在哲學小說家蘭德的《阿特拉斯聳聳肩》中，自由主義者所幻想的「高爾特峽谷」（Galt's Gulch）藏在落磯山脈裡頭，靠著科幻小說的裝置隱瞞自己的存在。高爾特峽谷的原型是科羅拉多州真實存在的烏雷鎮（Ouray）。相較之下，黑網則是個為了特定目而打造的「非地方」（注：nonplace，指過渡性的空間，人人匿名，不認識彼此），地址唯一的定點與公鑰有關：「nowhere@cyberspace.nil」。

製片設計師肯‧亞當（Ken Adam）打造了一九六四年電影《奇愛博士》（*Dr. Strangelove*）中的作戰室。多部龐德電影中的祕密基地也是出自他手，有鯊魚池、巨幅的地圖展示與控制台、發射台與火箭。後來，二〇〇八年，文化評論家克里斯多福‧福瑞林（Christopher Frayling）與亞當對談時，福瑞林向亞當請教當代的龐德壞人場景設計會是什麼樣子。亞當回答，那會長得完全不像某種總部；這次會有手機，或許還有公事包——但不會有固定的要塞，只有無所不在的隱形網路存取點。亞當先前的設計是二十世紀中葉的技術幻想，展現力量的方式是在現代主義的碉堡裡，工作人員穿著連身衣。梅的黑網邀請的則是一九九〇年代版的亞當新設計：這次登場的不是自大狂，而是偏執狂，一群潛在的特務不再透過指揮控制階層行事，而是透過電腦網路、加密數據、匿名的數位現金，持續維持著雙盲的關係。

黑網有如雨水滴進破屋牆壁，沒有特定的運轉地點，利用現成的網路，沒有基地或範圍，在既有的機構基礎架設裡流動。梅寫道，黑網「認為民族國家、出口法、專利法、國家安全考量等事務，將是前網路空間年代的遺跡。」[15] 黑網不只在未來運作：也在新型的無地方（nowhere）運轉。

社會原型

　　梅的文字雖然帶有幾分戲謔，像是在對著即將成為他的演講聽眾的奈米科技人員開玩笑，但黑網邀請一直存在，也被轉寄貼到其他群組，有一陣子還相當流行，且餘波盪漾。過了將近二十年，黑網邀請在「維基解密洩露美國外交電報事件」（Cablegate）引發騷動之際重現江湖。[16] 梅的邀請預見了維基解密創辦人亞桑傑在論文〈統治陰謀〉（Conspiracy as Governance）中點出的部分維基解密模式：替向大眾披露資訊的匿名洩密，建立密碼學架構，癱瘓組織的方式是將每一位員工變成潛在的洩密者。[17]

　　密碼龐克同時身兼開發者與使用者的角色，在自己所預想的未來之中，他們一邊生活一邊測試——將自己投射到前方。他們的郵件討論群本身就是一個原型：郵寄名單不光只是郵寄名單，也屬於密碼龐克的實踐（包括數位現金）。清單上的固定成員認為，他們必須先解決自家平台的不穩定性，數位現金才會可行——他們很早就在提醒旁人強大硬體的重要性了。他們的聚會、討論、玩的遊戲、提出的願景、寫下的小說也一樣。密碼龐克的聚會是未來時間探測器的發射台，他們一起引發、記錄與探索未來會出現的「有趣突現行為（emergent behavior）」，並自行改善技術：「加以實驗，看看會出現哪種突現行為、冒出哪種缺

點與障礙、它們會怎麼壞掉等等。」[18]

科技學者克里斯‧凱提（Chris Kelty）把開放原始碼社群採取的做法稱為「遞迴的公共」（recursive public）：不斷回到公用技術與調整，修正他們一起駭進的相同工具。學者史瓦茲在研究加密貨幣的開發者時，也提出了類似的概念，指出「遞迴的公共」的下一步是「基礎建設的互利共生」（infrastructural mutualism），相關團體「重視共同打造並支持協作平台的能力，好讓他們在平台上能處理事務，不受窺視、也不被企業中間人批判——這是社會原型的肥沃土壤」[19]

「社會原型」是傳播學者透納所提出的詞彙。他談到從新創公司的辦公空間，一直到「火人祭」（Burning Man）等矽谷設計做法，「這些聚會模式的核心是技術，但也自成社會理想形式的原型。」[20] 透納研究軟體工程的原型做法，主張那些做法除了是在誇耀技術上的可行性，也是在凝聚新團體的成員；不只製造出東西，也帶來某種使用那樣東西的社群。「相關人士可以協助他們把技術帶到市場上，但他們本身也代表著新型的社會可能性。」[21] 二十一世紀初的矽谷事業的確有一部分是在認定、培養和包裝新型社會：共同工作與共同生活、閱後即焚的訊息、全體共治（holacracy）、遊戲化的健身指標競賽，以及晚間四處走動尋找寶可夢（Pokémon）。原型奠基於過往，基礎是已經存在的東西，

卻是在形塑與實踐潛在未來的空間：那是某種自我反思的宇宙圖。人類在電腦上工作的空間是一種分散式的微中子探測氣泡室，尋找著無形事物的有形跡象，測量著無可量測的未來。

永遠的最前線

評論家約翰·佩里·巴洛（John Perry Barlow）表示：「網路空間是你講電話時所處的空間」——你在「這裡」，但全神貫注在透過裝置而來的彼方。

作家吉布森曾用「網路空間」（cyberspace）一詞來形容未來的技術環境（一九八五年他曾在訪談中這麼回答：「網路空間是銀行存放你的錢的地方。」[22]）一九九○年的夏天，巴洛在早期的美西社群網路「WELL」（創辦人是前文觀察他人玩《太空戰爭》的布萊德）上，將網路空間這個詞彙用於「現在」。巴洛宣布，他將推出致力於數位公民自由的法律組織「電子前哨基金會」。他寫道：「在這個萬籟俱寂的世界裡，所有的對話都是打出來的。若想進入這個世界，就得同時拋棄身體與空間，化身為純粹的文字……越過無邊無際的電子狀態、微波、磁場、光脈衝，以及科幻作家吉布森所說的網路空間。」[23]「那個廣大的區域」是電子前哨基金會的前線。

吉布森的網路空間是公民基礎建設的夢想時代，由超大型企業、公用事業，以及軍事系統中的遙遠銀河（最高級）支配。巴洛則是把它重新想像成一個巨大的、靠這個世界來呈現與進入的**外界**（outside）──那是地圖的空白背面，一個提供給自力更生的美西拓荒移民的開闊地區。不論你身處何方，只要插好數據機，或是接收封包無線電的訊號，就能和《頑童歷險記》（*Adventures of Huckleberry Finn*）裡的主人翁哈克（Huckleberry Finn）一樣，「搶先其他人一步跑到印地安保留區」。那是學者透納所謂「對於網際網路的基本誤解」的關鍵時刻：誤以為「網路是一個**地方**（確切來說是美國人的地方），而不是相互作用的全球基礎建設。」[24]

關於網路遼闊的外界這個「非地方的地方」，部分的幻想涉及加密的匿名性與隨之而來的價值。梅寫道，這將是一個「減壓閥：知道可以逃走或前往邊界，不必背負沉重的過去。」網路將培養（各種）社群，維持「拓荒前線與喀爾文主義獨立自主的精神」。[25]這個計劃不是在讓鄉村電氣化，而是**讓電子社會鄉村化**，成為一個無法無天、完全開放的空間，有江湖名聲，有綽號，有盜賊，有 DIY 式的技術自力更生與自衛手段，在這裡你看不到無從追蹤的錢袋，也見不到傳統銀行。

一九九二年，梅在柏克萊朗誦茱德聽見的那份宣言，他指出

這種智力上的高地等著被大牧場的主人占領。「正如帶刺鐵絲網這類表面上很小的發明，讓百姓有辦法圈出廣大的牧場與農田、永遠改變了美國西部拓荒前線的土地與財產權概念一樣，表面上很小的數學神祕分支發現，將會成為扭斷智慧財產權鐵絲網的鉗子。」梅在黑網提議中，以更激進的詞彙探討了這個任務，他提到兩種讓密碼科技傳播速度變慢的智慧財產權：「出口法與專利法經常被明確地用於展示國家與帝國主義者的力量，那是殖民主義者的國家法西斯主義。」[26]

一九九六年，巴洛發表了〈網路空間獨立宣言〉（Declaration of the Independence of Cyberspace），寫作地點是全球大國在瑞士達佛斯（Davos）的聚會（注：指的是世界經濟論壇〔World Economic Forum，簡稱 WEF〕，每年冬天，WEF 會在達佛斯舉行，聚集全球工商、政治、學術、媒體等領域的領袖，討論全世界所面臨的問題），風格相當適合在梅的開闊天地中騎著馬漫遊微風吹拂的高原，吟詠著：「工業世界的政府，你們這些令人生厭的鐵血巨人啊，我來自網路空間，心智的新家。我代表未來，要求你們這些舊日的產物離開我們。我們不歡迎你們。你們無權統治我們聚集的地方……你們在網路空間的邊界立起巡防哨崗，試圖抵擋自由的病毒。」[27]

這一連串的隱喻、類比以及指涉，與真實的美國西部史無

關，而是在講吉布森用現實的伺服器、電信方案或網頁瀏覽器所組成的網路空間：他們是歷史上的虛構作品，是補足近未來平台（像是黑網）的科幻小說。如同美國的西進運動中，開拓者的新前線是國家權力的產物，而不是在逃離國家權力；組成的元素是法律架構與軍事部署、海軍與貿易運輸、地圖與政治承諾、投資計劃與補助，其目的在於擴張主權，而不是重新分配。[28] 然而，重點不在於提出全然精確的譬喻。密碼龐克述說的故事不是真的，但也不能說他們錯——畢竟他們的任務不是提出歷史論述，而是表達一種氛圍。

美國的蠻荒西部與網路空間，這樣的對比並呈了兩種相當不同的幻想，尤其是在兩者都「不為**真**」的情況之下，更確切地說，這展現了一種未來有可能會出現的生存模式。想像中的歷史「新前線」遠遠更令人信服，因為提出這些概念的人是一九九〇年代一群擁有博士學位的工程師，他們星期天在柏克萊的泰國佛寺吃早午餐，討論密碼學，接著前往靶場。（巴洛是貨真價實的牧場主人，他擁有位於懷俄明州的十字牧場〔Bar Cross Ranch〕，牧場創辦人是他的舅公，也因此他的高原旅人風格其來有自。）「沒被開拓過的新領域，不曾被外來的高壓政府染指。」梅寫道：「文奇的《真名實姓》成真了。」[29]

因為數位前線是個幻想，要描繪他們所預測的去物質化體

驗，以及交織在日常生活中之無形網路的共享外界，就容易多了。「我們的世界無所不在也無法界定，但不在肉身存在的地方。」巴洛寫下了有如希臘靈知派（Gnostic）先知的話語：「我們的本體沒有肉身，也因此和你們不一樣，你們無法靠人身脅迫對我們下令。」[30]

誰將跟著這群沒有肉身的拓荒馬車隊，前往無處不在又無法界定的新天地，一起打造他們的數位現金經濟體呢？「這些領域的先驅經常是早期的採用者，他們受高風險高報酬所吸引，願意採取新技術。」[31] 重賞之下才有勇夫，那些在未來空間欣欣向榮的團體，將會在這些實驗性社群能提供保護的地點誕生：他們有理由建造出不可靠、偶爾會帶來災難、有時候很危險的祕密貨幣與價值交換網路。

資訊解放

梅把加密無政府主義者持有數位現金的突擊隊稱作「第十縱隊」（Xth Column）。這個名字是在玩「第五縱隊」（注：fifth column，指隱藏在內部的敵方特務）的數學文字遊戲，顛覆性的社群替敵人服務，從內部推翻國家：梅的破壞份子與特務是形形色色的人士，效忠著未知的主人。梅寫道，若要替第十縱隊招募

成員，你需要外部的壓力。出自對管制品（例如禁藥）的需求，某些人會想要鋌而走險：交易者、顧客、行政官員的基層，情報投放者，以及暗中佈局品質與信譽審查的人等等（數十年後，羅斯·烏布列夫〔Ross Ulbricht〕將號稱這個概念給了他靈感，去創辦暗網市場「絲路」〔注：Silk Road，該網站以比特幣為交易媒介，涉嫌洗錢與販毒，後文會再介紹〕。）然而，梅真正感興趣的是被封鎖的**資訊**——也就是珍貴的數位數據。

不論是否有加入完整的加密無政府主義計劃，密碼龐克社群早就已經在推動「資訊解放」（information liberation）了，因為他們的興趣與研究領域都是高度受到管制的機密。發起郵件討論群的吉摩爾致力於圖書館研究與提倡《資訊自由法》（*Freedom of Information Act*），他認為，密碼學者與密碼分析者的研究應該要公開、共享以及數位化，包括伊莉莎白與威廉·費利曼夫婦（Elizebeth and William Friedman）與墨克的研究——我們上回在本書中提到墨克時，他還是柏克萊的大學生，正在研究一九七〇年代的密碼學。他的雜湊系統有一天將會助比特幣一臂之力。相關的論文都發表在專業學術期刊上，必須借出後影印或掃描，或是在不得已的情況下一個字一個字打出來，才能在網路上分享。

數學家休斯表示：「密碼龐克寫下程式。」而他們寫程式的時候明白那段歷史：保密性有弱點的密碼學產品會在不經公開審查

的情況下釋出。此外，他們有著相同的背景，他們是Unix駭客，手上持有代代相傳的專有作業系統手冊影本；他們是飛克（注：phone phreak，一群不滿貝爾電話在一九六〇與一九七〇年代壟斷市場的狂熱份子，他們想盡辦法破解電話網路系統，以撥打免費電話），抄下發表在貝爾電話技術期刊上的控制頻清單。許多密碼龐克密切接觸自由／開放原始碼軟體運動（free/open source software movement），他們的基本目標是軟體絕對有必要**開放**（open），可供檢視、研究、分享、除錯與改善，此外，軟體還必須是自由的（free）：「『言論自由』的那種自由。」程式設計師理查‧史托曼（Richard Stallman）表示：「這件事與自由有關，而非價格〔注：free 亦有「免費」之意〕。」[32]（梅在一九九七年的數位隱私權大會上談到無法追蹤的交易之重要性。史托曼在同一時期發表了科幻故事〈第谷之路〉〔The Road to Tycho〕，故事背景設在某個反烏托邦社會，在那個社會裡，閱讀別人的書是竊盜的行為，很容易追蹤，因為所有的書籍都數位化了。）

還有其他人也對不公開的資訊感興趣，例如：人在海外無法進入大型圖書館或取得刊物的研究人員；企圖內線交易的股票仲介商；作弊的學生（梅寫道：「考古題與學期報告題庫這種東西本來就有了，但想像一下，要是有個類似 AMIX 前端的東西，那會怎麼樣？」）；希望調閱違規信用報告的貸方、想查閱健康記錄

的保險公司、希望清查犯罪記錄的雇主；想靠偷來的數據與違反保密協議（NDA）建立金色降落傘（注：公司被收購時，高層人員若被迫或自願離開公司，將可獲得高額賠償）的離職員工（自行離職或被迫離開）；想了解如何讓電腦超頻、怎麼栽種水耕大麻、製造冰毒、打免費長途電話、以會破壞保固的方式修理冰箱的民眾。每一位電影迷都可能有意願加入，還有每一個打電動的人，每一個動畫片字幕組志工，蒐集古老漫畫的人或絕版書讀者；每一個在二手唱片行箱子裡挖寶的民眾，每一位爵士樂迷，在死之華樂團（Grateful Dead）歌迷組長那裡交換現場錄音的歌迷，每一位歌劇狂熱者（許多早期的現場表演，我們唯一擁有的史料只有樂迷盜錄的留聲機錄音）——更別提 A 片商和他們的顧客了。

政治行動主義者、異議人士、洩密者、吹哨人同樣一拍即合，他們需要管道去取得被封鎖的資訊，也需要能暗中通訊的方法。早期的匿名線上轉發服務最重度的使用者是前山達基教徒，以及反對山達基教會的行動主義者，他們交換來自高階希坦（注：thetan，山達基教義中創造物的來源）成員的檔案。芬蘭的 Usenet 系統「anon.penet.fi」也發生過重大的匿名盜用事件，「國際刑警組織」（Interpol）在教會的指示下，尋找某個特定洩密者的身分。芬蘭的網路技術專家約翰・黑爾森尤斯（Johan

Helsingius）是那個匿名轉發服務的管理者，他在計劃的開頭便提醒：「萬一警方或當地的特勤局來敲我的門，拿著法庭命令要我交出數據庫，我可能會從命。」[33] 那別條路呢？

黑爾森尤斯警告：「如果不是每個人都跑 PGP 等公鑰密碼系統，那就無從保護用戶不受行政官僚打擾。」[34] PGP 是「優良保密協定」（pretty good privacy）的縮寫，指的是加密與簽章訊息軟體；PGP 之所以被開發出來，是因為「核武凍結運動」（Nuclear Weapons Freeze Campaign）的成員經常遭到國內監聽。黑爾森尤斯的建議聽起來像是在贊同「每個人」都採用這樣的系統——透過政治抗議替加密無政府主義者打下基礎。密碼龐克技術企業家薩米爾·帕雷克（Sameer Parekh）日後將投身數位現金與金融密碼學，他最早做的事，是一九九一年他還在伊利諾州當高中生時，把哲學家梭羅（Henry David Thoreau）的〈公民不服從〉（On the Duty of Civil Disobedience）用一台蘋果 IIGS 打成電子檔，把美國異議史的里程碑數位化，並分享到網路上。（一直到了今日，如果你在網路上看到梭羅的文章，有可能在最後看到一行字：「由薩米爾·帕雷克打字。」）帕雷克還會在本書後面的章節再度出現，在理論上擁有主權的北海砲台推出離岸數據避風港。

此外，所有相關團體還會因為常識性的理由，需要某種類似數位現金交易系統的東西。毒販、A 片商、盜版檔案分享者、祕

密或違法知識的傳播者，以及他們的顧客與支持者，全都需要暗中交易的工具。行動主義者與異議者需要有支援這些工具的方法，才能從事運動，並且在形勢不利時彼此照應。從信用卡公司封鎖捐款給維基解密，一直到 PayPal 與 Patreon 等支付處理商與捐款平台凍結客戶資產，到封鎖「成人內容」與性工作者的交易等等，近年來發生的事件讓世人看到，這樣的關切並非杞人憂天。

另外還有一個社群也有對於祕密知識與數位現金的需求，雖然較不明顯，但重要性更高──他們是追求長生不老的永生者（immortalist）。梅曾經詳細探討過這群人：非法偷渡醫學研究的學生，尋求個人能變成後人類（post-humanity）、努力保存／分享／實踐延年益壽與抗老技術的人。這樣的群體尋求匿名的名聲系統來發表被禁的科學成果與研究，也需要有替祕密診所評分的工具。他們需要實驗性藥理學的市場、海外醫療旅遊，以及違法或未經證實療法的支持社群。

這樣的社群需要專門的財務工具：當成員希望做到實驗性死亡或是活上數個世紀，他們將需要特殊的保險方案與投資聯合養老金。準備好進入暫時性「新陳代謝昏迷」（metabolic coma，將身體冷凍起來，未來再喚醒）的人士，需要各種遺囑、投資與預留資產的工具。這樣的人所需的貨幣形式要能贊助他們接受的實驗與身體保存，還必須具備相當、相當長期的儲蓄、交易與支付

功能。

　　梅對於這群人的描述帶有幾分虛構性質，但這個當代團體真的存在；他們籌備與設計的實驗性貨幣等於是向永生邁進了一步。不過，數位現金依舊面臨一套尚待解決的基本問題。

第 7 章

装著奈秒的手提箱

如果密碼龐克真的取得勝利，那會怎麼樣？怎麼樣才能讓匿名的數位基礎建設不被垃圾郵件、詐騙、偽造的數位現金打倒？密碼烏托邦面臨的部分問題，可以靠「工作量證明」（proof of work）這項運算工具克服。在探索這個技術要如何運作的過程中，五花八門的實驗性數位代幣（token）與貨幣就此問世（例如：雜湊現金〔hashcash〕、可重複使用的工作量證明〔RPOW〕、比特黃金〔bit gold〕、b 貨幣以及其他各種比特幣先驅），打造祕密銀行會面臨到的挑戰也紛紛出爐。

如果我們贏了會怎麼樣？

　　亞當‧貝克（Adam Back）替革命製作了 T 恤。黑色棉衣上的圖案是白色的文字方塊，包括警訊、相關法律與文件的內文、四行程式、可機讀條碼的大方塊。美國的法律把這些 T 恤歸類為軍火：你不能讓外國人**看見**這些上衣，更不能拍照或出口。在國際航線上穿著貝克的 T 恤是複雜的罪行。在法國穿著這件 T 恤將帶來高額罰款與牢獄之災。衣服上的程式是以極度簡潔的程式語言 Perl 所寫下的 RSA 加密演算法──一個可執行的公鑰密碼學。

　　貝克的 T 恤嘲笑規章架構的存在。在身上刺用 Perl 語言寫成的 RSA 之士也一樣：就如同一九八〇年代動作片的武術高手，

他們的身體被歸類為致命武器。穿上 T 恤被雜誌拍到，或更糟糕地，出現在電視上的話，就是在間接表態想要限制密碼龐克的工具箱被廣為利用根本不可能。這件衣服暗示著勝利。

接著，貝克面臨了隱含在梅「第十縱隊」計劃裡的問題：萬一密碼龐克真的贏了，那會怎麼樣？

成千上萬的祕密成員！公鑰加密軟體廣為流傳，可靠又方便，沒理由要以不安全的方式通訊。你最隨意的線上交流靠著公鑰簽名獲得驗證，由匿名轉發服務處理，對不相關的人完全加密。政府實質上放棄了網路空間，密碼龐克的美夢成真。

然而，**垃圾郵件**立刻毀了一切。新的加密無政府主義秩序在發射台上爆炸，淹沒在陰莖增大術、手錶贋品、房屋增貸、全新絕版品的廣告、A 片網站推銷、網路釣魚詐騙；以及「哈囉，親愛的主內朋友，本人擁有一千八百五十萬美元的財產……」

若要把垃圾信件的量壓在可控制的程度，最有效的工具就是利用 ID、地址（白名單）或信件的內容（靠關鍵字或持續的機器學習篩選信件）本身。加密被廣泛採用後，收信者以外的每一個人都讀取不了訊息，也因此就連最原始的篩選器（只尋找「A片」或「只要 $」等刪信關鍵字）也將一律失效。用匿名轉發服務等額外的工具傳遞訊息時，由於原始寄件者不會顯示出來，阻擋可疑或已知不想收到的信件地址功能也將失效。這一類的事對

於密碼龐克的夢想而言，可真是尷尬到家：他們成功對抗「美國國家安全局」（NSA）這個黑色玻璃帷幕巨人，擊敗體制裡的一流數學博士大軍，卻輸給垃圾郵件世界裡的三流網路賣家、賣藥廣告與詐騙集團。就好像 NASA 的任務控制中心不知怎麼的，竟落入佛羅里達分時度假詐騙集團（注：time-share scam，號稱只需要繳交小錢，即可共享全球各地的度假別墅）之手。「他域」該不會湧進永無止境的敲詐、釣魚訊息、造假、垃圾郵件與騙局，淪為被廢紙淹沒的訊息經濟吧？

　　一九九七年三月二十八日，貝克介紹了他的初版郵件系統草案，企圖解決這種難堪的情境。如果用來產生與寄發加密訊息的運算工作（數十年來效率已經穩定增加）本身就能對抗濫用加密網路的行為呢？若要了解貝克打造的東西——及其對於數位現金的重要性——我們得先了解「運算工作」（computational work）的意涵。

裝著奈秒的手提箱

　　葛麗絲・霍普走到哪，一個裝滿奈秒（nanosecond, ns）的手提箱就提到哪。

　　霍普不論是與學生或將軍見面，和美國國會議員與工程師談

話，還是上電視時，她的隨身行李都會裝滿聽眾可以帶回家的運算時間單位。[1] 霍普是電腦科學家與最早期的程式設計師，喜歡做實體類比：她在開發全球第一個編譯器時（用程式將程式語言寫成的指令轉換成機器語言，好讓電腦能執行），想到的是打籃球的「傳球規則」（passing rules）——在程式的步驟之間「跳躍」（jumping）的方式。[2] 霍普明白要理解運算與電信的**時間**有多困難，被浪費的時間更是特別難懂。人類很難用十分之一秒或百分之一秒的概念來思考，更別提百萬分之一秒（微秒）與十億分之一秒（奈秒）了。制服上黃銅軍徽閃閃發亮的男子漢會問：為什麼衛星傳輸要那麼久？我們要如何能打造速度更快的電腦？此時霍普就會把手伸進袋中。

霍普的奈秒是一段線，十一・八英吋，接近三十公分，也就是光在真空中走一奈秒的距離，那是宇宙中任何資訊的運動上限。[3] 霍普會告訴海軍上將，海上船艦與軌道上的人造衛星之間隔著許許多多的奈秒，也因此傳輸會延遲。電腦元件之間相隔著數英吋的線路，每道指令與每個結果、那些來來回回的電脈衝耗費的奈秒都會累加起來。（霍普使用的第一部電腦「哈佛馬克一號」〔Harvard Mark I〕的電線長度為五百三十英里〔注：約八百五十三公里〕。[4]）設計或程式不理想的電腦會浪費可怕的奈秒，此時霍普會舉起她的實物向大家解釋：一大捆長達九百八十四呎

的電線（注：約三百公尺）。「我有時候會認為，我們應該在每一位程式設計師的辦公桌上掛一綑這種電線，或是套在他們的脖子上——這樣一來，他們浪費奈秒的時候，就會知道自己到底扔掉了什麼。」[5]

這樣的度量衡觀點令人有聽沒有懂：高階現代電腦處理器的一次時鐘滴答（三吉赫），大約需要三分之一奈秒，電腦會在那段期間執行等量的工作。如果我們把時鐘滴答想成完整的一秒（在心中估算時間：一—秒—鐘—、兩—秒—鐘、三—秒—鐘……），那麼靠光纖線從紐約發送一個數據封包到舊金山，單趟需要二十一微秒，大約等同兩年。就連愛荷華州等待寒冬過去的西部拓荒馬車隊，或是十九世紀航行到合恩角（Cape Horn，注：南美洲的最南端）附近、打算沿著智利海岸北上的飛剪式帆船（clipper），都還比較快——而二十微秒依舊是人類無法察覺的一瞬間。運算的時間尺度就是那樣，那是霍普處理的尺度，貝克的提案也是設置在那樣的場景。

貝克指出，你寄電子郵件給我的時候，你的電子郵件程式會產生訊息的「雜湊」（hash）——對應到整封信數據的一個小數據。雜湊數據包括訊息寄出的日期與時間，以及收信人的地址；因此每一個雜湊都對應到一則訊息，也只對應到那一則。產生這樣的雜湊對你那邊來說，只需要非常少量的運算工作。基於「部

分雜湊碰撞演算法」（partial hash collision algorithm）這種特殊工具的屬性，我們可以計算你的電腦產出有效雜湊所需的工作量。

接下來，在收信的這一端，我的電子郵件程式確認那個雜湊正確。如果雜湊正確對應到寄發的訊息，我就會收到信；如果沒有，訊息就會被棄於門外。這個方法妙就妙在你我魚雁往返時——甚至是寫信給郵寄名單上的成員等等——我們不曾注意到這件事的發生。運算工作發生在一眨眼之間，根本無須理會。

然而，要是你開始寄信給非常多的人，幾萬人、幾萬人的寄，運算工作就會沉重起來。替每一封訊息生成正確的雜湊，一累積起來就變成問題，你的電腦會像老牛拉破車，風扇轉個不停，試圖冷卻過熱的晶片。對於多數的垃圾寄件人來說，寄件規模要到幾千萬封、幾億封信，才會有利可圖；他們做的生意自然有內建的煞車，使得他們不得不放慢速度，從批發轉為零售。長期而言，隨著新電腦效能的改善，解決雜湊問題難度的能力有所提升，這套系統也漸漸跟得上了。

伴隨訊息而來的雜湊也因此具備了某種已付戳記（注：metered postage，直接在信封上蓋郵資證明，不必費事購買與黏貼郵票，方便寄送大宗郵件）的功能——那是一種小額的努力代幣（token of effort）、一種可以抑制群發郵件的花費（個人的通訊則基本上不受影響），稱得上是一個小小的「工作量證明」。

在貝克發布他的草案之前，就已經有人提議利用數位現金系統做出某種微支付郵票（micropayment stamp）、某種小型的金融動作或運算工作量。[6] 這也是為什麼儘管這種代幣表面上與我們腦中的錢幾乎只有一點點關聯，貝克還是把自己的概念命名為**雜湊現金**。

接下來幾年，貝克持續推敲這個概念。這種有如小額的努力代幣、工作量證明，以及少量還可以、大量就會很麻煩的雜湊，還可以拿來做什麼？二○○二年，貝克在談論雜湊的論文中，替這個概念列出了潛在的應用，其中包括「雜湊現金可以是戴維 b 貨幣電子現金提議的造幣機制，一種沒有銀行介面的電子現金計劃。」雜湊工具實際上可以在造幣中派上用場，以不只一種方式建立銀行。

抹去架構的所有痕跡

「雜湊的概念因此有了更廣泛的運用，不光只是運算地址而已。」一九七五年，G・D・奈特（G. D. Knott）在的雜湊功能調查中這麼寫道：「雜湊是一個基本概念，在許多情境下都能使用。」[7] 他說得沒錯。一個**雜湊**是一組胡亂切割的隨機大鍋炒，起初是為了解決表面上簡單但意義深遠的問題而生：電腦最快的查

詢方式是什麼？

程式需要的數據散落在可用記憶體的各處——在硬碟轉盤的磁條上，或是捲起與鬆開的磁帶捲盤中。就連簡單的程式在工作記憶體中抖動（churn），也將帶來許多小變動。把一個部分複製到另一個位置時，要如何找到那些位置，重新導向，回到已經變動的東西？機器的移動速度再快，讀寫磁頭依舊需要旅行時間，找到磁片上的位置；而霍普會提醒我們，那些時間會加總起來。每當有變動，你必須更新整張表，在表上列出每個項目在記憶體中的位置，又或者你缺乏系統、隨手亂把變動加進這張表，那麼當你需要某樣東西時，只好從頭到尾再找一遍。

解決這個問題的辦法是「分散儲存」（scatter storage），替儲存的任一筆資料打造對應的鑰匙——對應到磁碟或磁帶捲盤上的數據所在地——轉換後將鑰匙平均散布在查詢表中。[8] 如果這個散布真的很平均，不論你落在哪裡都能找到你要的東西。這種做法的先驅是 IBM 波基普西辦公室（Poughkeepsie）的漢斯‧彼得‧盧恩（Hans Peter Luhn），此法不太適合人類，但用在電腦上恰到好處。如同馬修‧基森鮑姆（Matthew Kirschenbaum）在他的電腦記憶體與數位鑑識雜湊應用研究中，言簡意賅地指出「架構——以及架構的硬碟機械讀頭的可預測存取常式——源自數字索引的統計分配常態模式，而不是索引與鑰匙之間任何類型

的語意相關。」[9] 或是套用 IBM 早期電腦史的一段漂亮文字來說：「〔盧恩的〕基本洞見是看見刻意濫用鑰匙的優點，試圖抹去架構的所有痕跡。」[10]

若要做到這件事，你需要相當神奇的東西：有辦法轉換數據，永遠替相同的數據得出相同的結果，不同的數據有不同的結果，這樣相同的鑰匙就不會對應到不同的輸入。（萬一不同的數據有著相同的雜湊鑰匙，這種碰巧對應的情況叫做「**碰撞**」〔collision〕。）這種神奇轉換成為電腦科學領域中常見的做法：一個**雜湊**，用函數將任何大小的數據轉換成固定大小的數據（通常短很多），並對應到原始數據。原始數據的任何變動都會產生不同雜湊。你可以挑選特定的雜湊演算法，配合不同的參數生成雜亂的短單位，直接對應到那個數據**是什麼**。

如同雜湊本身的運用，雜湊機制與演算法的功能眾多。雜湊可以證實兩個數位物件（文本、程式碼檔、媒體）完全一樣，不曾遭到毀損（corruption）或蒙受對手的刻意行為所帶來的變動。此外，你不需要比較整個物件，甚至不需要正確揭曉物件是什麼，就能證實身分──只需比較物件的雜湊就行。你不需要知道原始文本，也能知道某個文本不同於原始文本。最後一點是，你無法從數據雜湊找出原始數據是什麼，也就是無法**回推**（reversible）──至少理論上如此，實務上則不一定。某樣東西

的雜湊不會讓你得知那樣東西的任何事，你只知道那個雜湊會對應到那樣東西，而且是一對一的對應。如果你經營要求密碼的線上服務，你的用戶登入時，他們的系統會把他們的密碼雜湊寄給你，而不是把密碼本身傳送給你。你可以透過驗證雜湊確認用戶擁有機密，但自己不必有——也就是在不知情的情況下辨識。

我們將進一步探索這種技術，以兩種非正統的雜湊工具應用解釋這種技術如何變成數位現金的核心。首先，雜湊可以替相連、有時間戳（time-stamped）的事件產生無法回推的鏈，而相連事件的區塊會被鏈結在一起（你可以稱之為區塊鏈）。第二，再回到貝克與雜湊現金，雜湊可以用來向電腦要求與確認完全相同的工作量。

熵庫

思考一下一個難解、但事關重大的問題：散布可驗證、可靠的隨機數字會面臨什麼樣的挑戰。我們需要運用可靠的隨機性，進行新車與新藥的品質保證；或是重新計算選票，確保投票的公正性；做醫學篩檢；甚至是產生加密需要的密鑰；做出財務上或軍事上無從預測的決定等等。你可以靠偽隨機數操控市場、操縱彩券，用你知道如何破解的密碼製造出安全的假象，隱藏所有類

型的不法行為。為了解決這個挑戰，有的組織自行產生隨機數字。網路安全公司 Cloudflare 在舊金山辦公室裡，用一百盞熔岩燈排成一面燈牆。燈中的液體流動帶來估算值達一萬六千三百八十四位元、高對比的熵來源，很適合透過數位相機捕捉（隨著周遭光線調整），而拍下的影像就是產生亂數的種子。（Cloudflare 的其他隨機來源還包括旋轉的雙擺、鈾塊衰變，以及其他較不具趣味性的工業標準。）然而，那是私人的，有可能被操控。

那麼公開、共享、可靠的隨機來源呢？你要如何確定這個資訊是可信任的？想像一下，對手為了私利偽造了一組隨機數字、企圖植入「隨機」因子，因此我們挑的那個要重驗選票的選區，早就事先被人做好手腳、選舉被操縱的真相早就被隱藏了。這樣的挑戰與解決辦法對數位現金而言特別重要。

美國的「國家標準暨技術研究院」（National Institute for Standards and Technology, NIST）是座隨機的燈塔，提供「公共隨機服務」：每分鐘產生一次新的隨機符號串，將五一二位元的熵公布在網路上。NIST 從二〇一三年九月五日接近中午時開始做這件事：第一則訊息的開頭為「17070B49D……」如果你將隨機性納入生死攸關的決策與流程，你如何能確保 NIST 提供的最新隨機字串不是敵人駭進網站後植入系統的東西？如同使用喬姆系統的銀行提領數位現金一樣，每一個新單位的熵都有 NIST 的

私鑰簽章──但有可能你的對手也偷走了鑰匙。

每一個 NIST 的起始亂數都能與某種相關資訊結合（例如：時間戳、狀態碼〔status code〕等等）──包括**先前**公布的亂數值。蒐集好的數據再度全部雜湊在一起後，宣布得出的字串為：「63C4B71D51……」這種雜湊過程帶來的結果很容易就能確認對應到輸入數據，但不可能事先預測。納入先前公布的亂數之重要性就在這裡。你的敵人可以偷走 NIST 的鑰匙，也能知道你將如何利用亂數，因此他們可以事先準備好將得出他們要的結果的因子。然而，NIST 的隨機公布將必須納入先前公布的內容，任何人都能加以確認，敵人無從控制自己的雜湊結果。先前公布的雜湊也納入了再先前的雜湊，再先前的納入了再再先前的雜湊，環環相扣，回到四年前，一次六十秒。雜湊利用先前的雜湊連結至公共檔案庫，讓最新的公布結果可靠。每一個事件都以密碼學的方式納入先前的事件，企圖改變過去的舉動將一下子就被識破──也打破了鏈結。

昂貴的比特

接下來是你可以用雜湊做的最後一件事。回想一下，相同的數據所產生的不同雜湊叫做**「碰撞」**。如果你想要用雜湊來查詢

資料或驗證密碼，你就得避免碰撞：雜湊演算法要是為了相同的輸入給了你五花八門的雜湊，那麼麻煩可就大了。

然而，有了這樣的系統，你就能從演算法替特定數據產生的眾多可能雜湊中，要求特定的雜湊。如果演算法能自行替輸入生成大量可能的雜湊，你就能指定雜湊必須帶有的特定屬性，例如：開頭的位元中，部分數字加起來要等於零。你可以在確知困難度有多高的情況下指定這樣的條件，找出正確的雜湊輸出。這個雜湊要符合你的要求並對應到數據，但事先不知道輸出會是什麼。如果利用特定的雜湊演算法，例如：貝克、芬尼與最早的比特幣設計使用的 SHA-1，生成正確的雜湊將沒有捷徑。芬尼寫道：「基於 SHA-1 的特性，找出大型碰撞串的唯一辦法將是窮舉搜尋（exhaustive search）：一個個嘗試變數，直到福星高照、好運來臨。」[11] 以下這個例子是芬尼某封電子郵件的雜湊現金代幣（hashcash token）：

「*1:28:040727:halmail1@finney.org:1c6a5020f5ef5c75:63cca52*」

這個字串的 SHA-1 雜湊長得像這樣：「0000000a86d41df172f177f4e7ec3907d4634b58」——當中有七個「0」。某個人的電腦，將得產生並去掉芬尼寫下的郵件帶來的眾多雜湊，才能找到那個開頭有七個「0」的字串：二十位元的碰撞大約需要嘗試一百萬

次，三十位元需要十億次。（這個芬尼範例是二十八位元的碰撞。）如同其他類型的雜湊，每一個雜湊都需要費點功夫才能產生，但有了之後，確認雜湊正確與否就很簡單。[12] 改變你替你的數據雜湊指定的屬性，就能讓替某個東西運算出正確雜湊變得**任意困難**（arbitrarily difficult）。

我們能從這種荒謬的機器中得到什麼？你可以建立一種機制，有如神話中拋出謎語的人面獅身像。正確謎底只有一個。這個機制是你創造的，你不知道答案，但你知道成功猜出答案**究竟**有多難、要耗費多少時間。如果他人太快猜到，你可以把難度提高幾個等級，要求更多的「工作量證明」。有了這樣的裝置，你就能設定貝克感興趣的工作量，替特定電子郵件生成雜湊的運算時間。你也可以要求碰撞，就算日常郵件的通訊者看不到，但要是有人嘗試大量寄信給數百萬人，那將會是個無法跨越的門檻。這種可證明的工作量被稱為「郵資」（postage），是個難以製造卻很好驗證的數位物件。

歷史學者安森・拉賓巴赫（Anson Rabinbach）的《人類運動》（*The Human Motor*）記錄了替人類的施力尋找可計量的尺度，找出可以計算與呈現人體運作與肌肉力量的「測力」儀器。這類儀器（特殊手套、啞鈴組合）是為了完成另一個更大的計劃而生——理解疲勞的本質，找出能克服疲憊與體力下降的「神經

鞭」（nerve whip）。不過，今日我們閱讀拉賓巴赫寫下的歷史，很容易就能想像這類的系統是造幣機制的原型：依據人力（human effort）單位而來的貨幣。拉賓巴赫記錄下的計劃不斷碰壁，因為測量施力與疲倦時不時會被各種因子干擾：究竟哪個才對？是肌肉？神經？還是要維持固定姿勢、單調性、飲食或溫度？

有了「部分雜湊碰撞演算法」後，這個幻想成真了——但適合機器，不適合人類。演算法以精確的方式要求並證明運算工作的量：一個中央處理器（CPU）的週期要消耗多少瓦特的力。此外，由於是特定數據的雜湊，這個工作連結至特定的數位物件。有了部分雜湊碰撞系統在手，就有裝置能在各種猜測數字中，要求確切的運算工作量。任何人都能驗證為已完成，驗證的依據是你指定的數據：雜湊現金。

比特黃金

郵票和手機的每分鐘費率一樣，很容易就能化身為貨幣。舉例來說，美國在南北戰爭時期，零錢不足的情況導致郵局局長接到了正式命令：不再接受「骯髒或破損」的郵票兌現，避免郵票被當成貨幣流通。[13]「只要社群選擇能接受，郵票的價值就和貨幣一樣，適用於完全相同的目的。」一八六二年的《紐約時報》

（*New York Times*）如此談論郵票，一百三十年過去，他們大概也會這樣闡述雜湊現金串的情形吧。然而，平台將必須流通這些「工作量證明塊」（chunk of proof of work），才能再度利用這些「POW 代幣」（POW token，注：上述 proof of work 的縮寫）——它們不像寄發電子郵件時的雜湊郵資那樣只能使用一次，而且功能也不像蓋印的戳章郵資，比較接近貨幣。

芬尼延伸了貝克的概念，設計出一套系統，把雜湊現金代幣寄至特別的伺服器，伺服器將回傳「**可重複使用**的工作量證明」（reusable proof of work, RPOW）代幣。你可以把它用掉、拿去兌換或是以其他方式與他人交易。對方會把你的代幣回傳至伺服器，交換另一個這種代幣。芬尼寫道：「就這樣，一個單一的POW 代幣成為 RPOW 代幣鏈的基礎。其效果與這個 POW 代幣相同，可以從一人傳至另一人之手，在每個步驟中依舊保住價值。」就像現金一樣。理論上這個代幣可以保住價值。此外，一次性交易的意思是，你無法複製貼上同一塊困難雜湊現金，重複支出。這將得仰賴芬尼正在開發的「透明伺服器」（transparent server）系統，才可能辦得到：每個人都能以這個方式確認「工作量證明更新系統」正常運轉——沒複製、沒刪除，又不會對伺服器本身造成傷害。

芬尼替這種奇特的工作與價值工具設想了其他應用。他描述

了某種使用 RPOW 代幣的撲克，功能和籌碼一樣，並想像出「比特流」（BitTorrent）這種對等網路檔案分享的通訊協定（peer-to-peer file-sharing protocol），獎勵 RPOW 代幣的擁有者與他人分享下載的檔案。代幣接著可以在下一次，用於支付速度更快的下載佇列點——有點像是梅提議使用的黑網內部貨幣 CryptoCredits。換句話說，有了這樣的裝置後，你就能建立類似蓋印郵資、信用卡獎勵點數，以及賭場兌換籌碼的系統。

密碼學家尼克‧薩博（Nick Szabo）曾論述如何能把工作量證明當成某種類似黃金的稀缺商品。薩博曾經與喬姆合作打造荷蘭恩荷芬的數位現金系統，也在密碼龐克的郵件討論群交流過。（薩博將在下一章談及長生不老運動時再度登場。此外，大家都在猜比特幣創造人中本聰〔Satoshi Nakamoto〕的真實身分到底是誰，薩博也是眾多候選人之一。）一九九〇年代晚期，薩博在與芬尼等人的對話中動了一些念頭，想利用雜湊現金形式的技術，創造出儲存價值的方法，他稱之為**「比特黃金」**。薩博在二〇〇一年的論文裡，稱芬尼的 RPOW 是在實現「某種版本的比特黃金」（他還感謝仙那度的程式設計師米勒提供了建議與鼓勵）。[14] 薩博主張：「無法鍛造的昂貴比特可以在線上創造出來，幾乎無需仰賴受到信任的第三方，還能以安全的方式儲存、移轉與測試，同樣也幾乎不需要仰賴信任感。」[15]「昂貴的比特」是一

組輸入的工作量證明運算結果，是一串「挑戰串」（challenge string），源自最新獲得驗證的「比特黃金工作量證明」，將其串連在一起。

這種新型的「比特黃金工作量證明」將帶有時間戳，被簽署進薩博的另一個系統，一種「分布式財產權利登記庫」（distributed property title registry）——那是「無法鍛造的……數位簽名鏈」，將控制權授與比特黃金的主人。比特黃金被出售與交換時（比特黃金的所有權被簽名與再簽名），獨一無二、價值不一的證明將放在一起，成為有用的塊，與「今日眾多商品交易商做的事」雷同。這種機制預示了比特幣區塊鏈的樣貌，屬於一種分散式帳本（distributed ledger）。「幣」（coin）唯一的成分，只有透過工作量證明與數位簽名鏈而來的所有權。

那種東西像賭場，又像郵政系統，也像商品交易商的黃金平台。如果你能讓這個技術更進一步，打造出有如銀行的東西——而那種銀行使用的貨幣，不僅存在於網路硬體上，而是它**就是**網路貨幣時，會怎麼樣？奠基於雜湊現金的銀行會長什麼樣子？

不可能的暴力

密碼龐克的標準祕密銀行心智模式——傳承自實體銀行的模

式——長得像這樣：有一個中央伺服器，用一台電腦儲存帳戶名單以及每個帳戶底下有多少數量的某種「數位幣」（digital coin）。我有五枚，你有十枚。為了交換被提供的服務，你登入銀行，把自己的三枚幣寄到我的帳戶。這些「幣」是某種字母與數字串，永遠不會離開銀行伺服器，將被再次讓渡給其他帳戶。這些「幣」發行時，有可能提交了儲存於保險櫃的實體金粒——那是有如檸檬水攤販的紐約聯邦準備銀行（New York Federal Reserve）儲備黃金，所有權的轉讓是把有記號的金條在隔間或隔間架上移來移去，黃金不曾離開銀行。從這個角度來看，銀行可說是「加密的」，因為我們的交易與帳戶被匿名化，一切活動都在同樣也加了密的電腦上發生。

這帶來兩個問題。

首先，萬一伺服器暫時或永久當掉怎麼辦？銀行倚賴的伺服器必須以實體的方式位於某處：有可能放在自由主義者的櫃子裡。掛著加茲登旗（注：Gadsden，象徵自我防衛與支持公民自由）的自由主義者因為舉辦支持大麻合法化的運動，已經被加進警方的名單；伺服器也可能放在租約已經到期的辦公園區，或是某個容易遭受颶風侵襲的加勒比海地區。

其次，更糟的是，既然伺服器就是銀行，那麼你有多信任那位負責管理伺服器的人呢？你如何能確認，放在你的祕密銀行帳

戶裡的數位「幣」，背後真有什麼東西在支撐？管理員會不會恣意造幣售出，愛產出多少就產出多少？照片裡，擺在今日報紙旁的數位秤上的金塊是真的嗎？安全性真的萬無一失嗎，還是駭客可以把帳戶掠奪一空？有人可以複製出相同的「幣」，愛怎麼花就怎麼花嗎？

你要如何保障虛擬銀行？若想維持無形、觸碰不到的網路空間幻想，將需要隱喻式的「銅牆鐵壁」。梅寫道：「需要密碼學提供的牆壁、大門、永久架構」。然而，就實務上來說，那個「另一個空間」的界線是不斷在滲水的可滲透膜。[16] 訊號會穿透牆壁；民眾會把密碼和地址寫在方便查看的便利貼上；電腦、伺服器與數位媒體的實體有可能被查扣裝袋，放進國際刑警組織或 FBI 的廂型車裡。拿著強力電磁鐵的人 —— 有可能只是為了打開電箱 —— 就有能力因為任何理由，毀損或破壞隱密的留言板或祕密銀行，讓累積的債務一筆勾消；或是不為什麼，就是想搞破壞（網際網路的世界中永遠不缺這種衝動行為）。梅主張：「保障實體安全有其必要。」；你無法真的讓網路的運轉完全脫離網路所在的星球，那一日尚未來臨。[17]

相關的部分機器需要「受到控管的存取」與保護 —— 最長期的策略是將加密無政府主義者的網路放在人造衛星上，因為要讓人造衛星掉下來相較之下沒那麼容易。有的密碼龐克預測勒索者

或犯罪集團有可能報復或帶來危險。說到底，網路安全不只牽涉到數學，還得有硬體、設備與特務情報技術。「就跟『數位幣』不存在的許多理由是一樣的。」梅的結論是：你無法靠保護機器來保障交易記錄與造幣。如果不控制人造環境，交換與積累的系統永遠會被質疑不夠安全。去實體化的網路空間「他域」依舊需要實體空間，必須有一區、有主權領土、有例外空間（space of exception）。順著這個思路走下去，部分的人士便把腦筋動到北海被棄置的砲台上。

梅與萊恩・萊基（Ryan Lackey，日後會登上那座北海砲台的技術專家。他的願望是打造匿名銀行）曾經討論過，（對抗政府的搜捕時）德拉古諾夫狙擊步槍（Dragunov）瞄準鏡的優點，以及 AR-15 突擊步槍相對好用之處。兩人坦承，國家主權以這種實體的方式展現力量時，靠武力抵抗不是什麼絕妙的點子。有一篇文章還詳細分析了若在拒捕時使用「蘇聯式武器」，梅在回應中寫道：「我知道，萬一我得一次解決好幾個目標，那我很有可能會掛掉。」[18]

「我不懂為什麼最近有這麼多討論槍枝的文章。」一九九八年一月，戴維在郵件討論群這麼寫道：「除非有人想出某種具備相當不尋常的經濟特質的武器，不然在致命武器這一塊，個人別想和政府鬥。」[19]（經濟武器令人想起技術專家政治的科幻小說中，

科學正義使者開發出來的射線。在科學使者發起的理性政變中，射線讓紙鈔變成白紙、金子變成錫，弱化了人文環境。）「想想看，」戴維繼續說：「如果我們有辦法靠槍來保護自己，幹麼還需要搞加密？」

一九九八年十一月二十七日，戴維在密碼龐克的郵件討論群張貼了一則提議，提出「給假名的貨幣化交易與合約效力的新協定」，並將之命名為「b 貨幣」。[20] 日後回溯看來，這個點子相當關鍵，但在當時不過是順便一提，連結被放在一封談論 PipeNet 計劃的信件尾聲。該計劃透過網路上的加密通訊讓訊息洗牌，對手難以知道是誰在跟誰講話。（類似日後變身為匿名通訊軟體「Tor」的洋蔥路由系統〔Onion Routing system〕。）戴維的 b 貨幣文字檔開頭寫道：「梅的加密無政府主義令我著迷……在這樣的一個社群裡，暴力威脅起不了作用，因為不可能有暴力；之所以不可能有暴力，是因為當事人的真實姓名或所在位置根本無從連結。」

然而，梅想像的「數位幣」和銀行一樣，需要以實體的方式保護機器，戴維的提議則不一樣。那種現金的形式建立在機制上，也被用來交易。那樣的貨幣本身就在自身的機制中完全**加密**，不只是在交易中加密。它是第一個永恆前線的原生造幣。「那種貨幣幾乎簡單到無法形容。」芬尼在談論 b 貨幣時寫道：

「原則上，只不過是每個人在追蹤其他的人各有多少錢。」[21] 那是第一部分，而那部分將帶我們回到密碼龐克夢想銀行的第二個問題：你如何知道你是否能信任銀行家？

貨幣不是原子

戴維的解決之道是把銀行拆成分散的元素，包括負責保管錢的帳戶、帳戶之間交易錢的機制，以及最初發行那些錢的方法。接下來，銀行不是某種中央位置（字面上的意思與譬喻的說法都不是），不是所有客戶查詢的對象，而是每一名客戶同心協力、一起構成的銀行。戴維往外擴大「銀行」的範圍，成為去中心化的網路，由所有的參與者一起構成。

在戴維的網路中，所有的帳戶都是假名，採取我們現在熟悉的公私鑰安排，每一個假名都是整個銀行的帳戶副本：「每一個人追蹤其他人各有多少錢。」芬尼繼續描述：「每當有人轉帳，這件事就會被廣播，每個人都會更新自己的數據庫。」[22] 當你動用錢，你做的這件事會對著整個網路宣告（由你的私鑰簽署）；每個人確認自己的帳本，如果你花掉的錢確實屬於你，大家就會如實更新：你減去三塊，我多了三塊。

最後，最聰明的一點是，網路上的任何人都能依據一套集體

同意的規則產生新幣。以戴維提出的第一個版本來說，新幣可以靠著廣播「先前尚未解決的運算問題之解答」加進系統。一定要能輕鬆判斷是正解，也要輕鬆就能計算那個問題有多難解決，難度就能依據「標準的一籃子商品」來校準。造幣因此具備挑戰性，造幣難度也夠貴，但並非不可能，而且盯著以某種比率混合的石油（桶）、穀物（蒲式耳〔bushel，注：英制容量單位〕）與木材（英尺）的價格：隨著貨幣變得稀缺、價值升高，增加製造更多幣的運算工作變得值得花費心力去做；產出更多幣後，供應膨脹、價值下跌，付出運算能量（工作、貨幣）造幣的人變少，貨幣的價值就會再度攀升。[23]

這個計劃的核心是以運算的方式，尤其是以密碼學重新打造貨幣：確認身分與認證的公私鑰、無法追蹤的交易網路，以及以某種健全的方式設定待解決的運算問題。（戴維也闡述了對帳工具可以如何拿來設定與驗證合約。）如同貝克所言，在設定問題這個方面，「部分雜湊碰撞系統」是個理想的工具；他在戴維提出最初提議後的幾天內就公開發表了回應。b 貨幣脫離了機構或既有的一群人，自己存在於網路內（of the network），而不是網路上；由密碼工具打造，而不是簡單靠密碼隱藏——b 貨幣是屬於「他域」的原生產物。

十年後，化名為中本聰的比特幣創造者寫信給戴維：「我讀

了你的 b 貨幣論文，對此非常非常感興趣。我正準備釋出論文，將你的概念拓展成完整的作業系統。」這個「完整的作業系統」將是日後的比特幣。[24]「貝克（hashcash.org）留意到相似的地方，提到你的網站。」隔年一月，中本聰有了後續的動作：「我剛釋出幾個月前我寄給你的論文的完整執行：比特幣 v0.1……我認為它幾乎達成了你在 b 貨幣論文中設定要解決的所有目標。」[25]

二〇〇二年，芬尼曾替 b 貨幣下了總結，放在更大的脈絡下去看：「這些貨幣概念的重點在於那基本上是一種資訊。b 貨幣是個最清楚的例子。貨幣不是原子，而是位元。長生不老運動的支持者理應避免舊式的傳統貨幣觀點，避免把有形商品當成貨幣的依據。」[26]

第 8 章

處於生物停滯的海耶克

我們跟隨先前提到的一切技術，以及前文的同一批人士，一起進入長生不老運動的硬核烏托邦主義。長生不老運動的支持者，把奧地利經濟學派的理論加進新技術與舊金山灣區的科技樂觀主義裡，提出讓人類轉型的模型。從預測券到匿名數位現金，他們實踐的途徑是以密碼學方式認證的預想貨幣，貨幣的價值支撐著他們許諾將帶來的未來。這群人企圖透過金融計劃加快人類文明的發展，好讓心中的烏托邦早日來臨。

未來的先鋒

「大部分自稱未來主義者的人往往懷有社會與經濟願景，與自發性秩序（spontaneous order）的原則相互矛盾。」未來學家麥克斯・摩爾（Max More，原姓歐康納〔O'Connor〕）在一九九五年夏天號的雜誌／小誌《負熵》（*Extropy*）上寫道：「我們持續探索不一樣的未來。」[1]

長生不老運動的支持者**從貨幣的角度**發明出一套方式，來確切思考自身年代的歷史條件與時間條件。他們的貨幣是提案，是原型，也是讓他們夢想中的未來成真的機制。談及長生不老運動，摩爾寫道：「與其檢視多數未來主義者理想中的世界政府、技術專家政治與貨幣超國家主義（注：supranationalism，國家將

主權讓給國家之上的主體），還不如檢視多中心（polycentric）／私人制定的法律，以及彼此競爭的數位私營貨幣」——後者包括「電子貨幣」、「自由銀行（free banking）或競爭貨幣」以及「匿名數位貨幣。」[2] 摩爾繼續寫道：「我們如果要維持未來的先鋒地位，就得探討可以做什麼來加快這些關鍵發展的速度。」

他們將自身的願景建立在一群奧地利經濟學家的理論上，尤其是海耶克的研究。摩爾寫道：「海耶克的離世太令我感到遺憾，他沒有進入生物停滯（biostasis），永遠無法回來看見電子貨幣與競爭性私營貨幣的年代，見證他的思想協助帶來的世界。」[3]「生物停滯」指的是將人體冷凍在亞利桑那州的儲存槽中，等到進入前景遠大的璀璨後人類未來時，再喚醒身體或大腦。從某種層面來說，第一版的比特幣是回溯性的人工產物，源自長生不老運動支持者的新型宇宙圖——他們提出了世界可以是什麼樣子的未來模式。

如同水氣持續蒸發的湖泊每年愈來愈鹹，岸邊漸漸出現結晶鹽塊，有的烏托邦在沒落後變得更加純粹，不容異己，走向死硬派：想一想革命理論家居伊‧德波（Guy Debord）排擠情境主義國際運動（Situationist International movement）的異己，直到你符合圍坐巴黎酒吧後桌的藝術委員共產主義（artsy council communism）的未來。有的烏托邦逐漸逝去，融入提供它們崛起

背景的週遭社會——光線明亮、空曠、乾淨、由玻璃與鋼鐵構成的包浩斯派（Bauhaus）建築空間，如今是昂貴公寓與銀行大廳的預設裝潢方式。原先帶有神秘氛圍的前瞻理念，淡化成可有可無的雞肋。有的烏托邦在創始人去世後就跟著消逝，或是進入第二幕，做起生意：奧奈達完美主義者（注：Oneida Perfectionists，主張社區財產集體共有，廢除傳統婚姻制度，並推行可有多重不固定伴侶的「複合婚姻」。後來有經營動物捕捉器、水果罐頭、銀勺等業務）的銀器，史基納行為主義者的雙橡社區（Twin Oaks）吊床，或一度是蟻窩建築生態學的起點、讓行星地景呈蜂巢樣貌的亞高山地實驗城（注：Arcosanti，位於美國亞利桑那州，由建築生態學的概念所建的實驗城，目的是示範人類可以在盡量減低環境損壞的大前提下，改善自己的居住環境）風鈴。

到了最後，少數幾個烏托邦計劃（或許是最成功的）在現實中人間蒸發，卻替某群人或某種次文化留下了象徵著未來的永久圖騰。那是一種共通的願景，一個磁場，其他人會不自覺地被心中的指南針帶往那個方向，長生不老運動就是如此。

長生不老運動人士是一個電子郵件討論群，舉辦過一系列的大會和活動，他們有雜誌和基金會，還有幾位具知名度的組織幹部。在外界眼中，這群人似乎非常小眾，尤其與他們宇宙級別的宏大目標相較之下，更是如此。就算以最寬鬆的標準來估算，長

生不老運動的成員、同情人士與感興趣的旁觀者全部加起來一共不曾超過數千人；而且他們出現的時間也不過是十五年再多一點，之後便融入後人類、超人類與奇點計劃等千禧狂熱。不過，他們的成員中曾聚集了一群響叮噹的人物，比特幣最終問世時的每一位關鍵人物幾乎都名列其中。密碼學家薩博在《負熵》上預測，數位現金將被採納。芬尼、墨克與「馬克‧$amuel‧米勒」（Mark $amuel Miller，仙那度的開發者，提倡以市場為基礎的「agoric 運算系統」〔注：agoric 為希臘文 "agorá"（αγορά，市場）的形容詞〕），他們幾個人撰寫了雜誌文章，在長生不老運動的郵件討論區與戴維、梅以及其他密碼龐克討論想法；佩瑞‧梅茲格（Perry Metzger）負責建立、管理這份郵件清單，日後也將主持密碼學的郵件討論區，也就是中本聰在二〇〇八年萬聖夜貼出比特幣論文的園地，接著在隔年的一月，第一枚比特幣問世。（梅的黑網思想實驗提議追蹤的幾個加密訊息新聞群組就包含「alt. extropian」。）

今日我們若回頭再讀第一期《負熵》雜誌所提出的創刊宗旨，就會感到似曾相識：被一一唱名的興趣主題包羅萬象，與今日某部分的線上文化一脈相承。清單的開頭包括：「人工智慧、認知科學與神經科學、智力促進技術」。執筆者包括尚未更名為「T‧O‧馬洛」（注：T. O. Morrow，「明日」之意）的湯姆‧貝

爾（Tom Bell），以及把姓名改成「麥克斯·摩爾」（注：Max More，有「更多」之意，後文會再提及）的麥克斯·歐康納（Max O'Connor）。那份興趣主題名單上，還有「生命延長、人體冷凍技術與生物停滯、奈米科技、自發性秩序、太空移民、經濟學與政治學（尤其是自由主義）、科幻小說」、研究與製造迷因（meme）、「道德與不道德」、迷幻藥與「腦交」（mind-fucking，他們指的是惡搞怪咖和高級酸民）。那份清單來自一九八八年[4]，但只要換成現在的講法和引用的例子，大部分的素材就算放在今日的「駭客新聞」（Hacker News）、Less Wrong 論壇、Reddit 子討論區，以及其他各種當代英語世界的理性主義烏托邦極客園地討論串中，和 Soylent 代餐飲料、火星殖民計劃、「益智藥」（nootropic）等聰明藥飲食補充品，以及轟動的比特幣新聞放在一起，絲毫不顯突兀。

當然，長生不老運動的支持者（注：Extropian，字面上的意思是「負熵主義者」）並非他們自稱的「未來的先鋒」（the vanguard of the future，請留意這裡的英文是單數名詞——一個未來，一個前鋒），但他們是未摻雜質、非常純粹的指標，可用來評價一個相當特定的時間、地點與次文化的精神：這群人象徵著一九九〇年代美國西岸數位樂觀主義的典範。他們是運算版的早期航空學所說的「天空意識」（注：air-mindedness，指對於推廣

航空感興趣），承諾新技術問世將帶來全面性的社會改革。[5] 若是打開蒐藏著這群人活躍一時的期刊與其他出版品的檔案庫，耀眼的金色光芒將迎面而來。摩爾最初列出的信條包括：（一）、無限延伸（Boundless Expansion）；（二）、動態樂觀主義（Dynamic Optimism）；（三）、自我轉化（Self-Transformation）；（四）、智慧科技（Intelligent Technology）；以及日後追加的（五）、自發性秩序（Spontaneous Order）。[6] 他們計劃朝著反方向挪動累積熱力與資訊熵的時間箭頭，讓箭頭轉向「負熵」：增加智慧、壽命、能量、資訊、生命與成長。為此摩爾改了自己的姓氏——「更多」（More）。對於長生不老運動的核心成員而言，改名字可謂家常便飯，例如改成：MP-Infinity、Simon! D. Levy、T. O. Morrow、Skye D'Aureous 等等，麥克斯‧摩爾的另一半也改名為「納塔莎‧生命—摩爾」（Natasha Vita-More）。他們的前輩與靈感來源是「FM-2030」（本名「弗瑞東‧M‧艾斯范戴瑞」〔Fereidoun M. Esfandiary〕）。

這群人混合了五花八門的事物，包括美國的自由主義、奧地利經濟學、近日的技術發展（與預想式的幻想）、科幻小說情懷，以及流行的湧現理論，再加上加州沿海文化的實驗性飲食、自助心理學、運動、高階科技產品，以及笑容燦爛、正面向上的精神。如同摩爾所言，他們以一套量身打造的史觀，尋求以不同

的技術，讓歷史「加速」進入黃金時期。他們研究新型貨幣（尤其是數位現金），把它們當成一種預想未來的工具與加速器。在這個主題上，長生不老運動支持者占據了相當獨特的自我反思定位。

面額為 「十五海耶克」 的鈔票

《負熵》雜誌的封面上有一張未來貨幣的玩具鈔，發行者是「外城邦虛擬銀行」（Virtual Bank of Extropolis），由「負熵分散式網路」流通，日期是二〇三〇年，貨幣以「海耶克」（hayek）為單位。海耶克本人出現在鈔票的橢圓形肖像框中，看起來睿智又清高。五元美鈔的背面圖案是林肯紀念堂，這張鈔票則是戴著太陽眼鏡的摩爾與馬洛，他們以搖滾明星的謝幕姿勢揮著手——因為未來是如此光輝燦爛，他們不得不戴著墨鏡。這張長生不老運動鈔票「十五海耶克」的正反面主題有何關聯？長生不老運動計劃的概念，正是從這個違反直覺的組合中擷取力量；一面是維也納經濟學家組成的「奧地利學派」，一面是矽谷的未來主義：如同電影《異形》（Alien）逃生艙中的主角雷普莉（Ripley），海耶克被密封在冷凍艙裡，等待日後被喚醒。

奧地利學派的對話自遙遠的一八七〇年代延伸至近日；奧地

利經濟學家社群的核心成員身處相同的時代背景，他們交際的圈子有時候也互相重疊，一起出入相同的沙龍；成員名單上有哥德爾（Kurt Friedrich Gödel）、維根斯坦（Ludwig Josef Johann Wittgenstein）、卡納普（Rudolf Carnap）、馬赫（Ernst Mach）、波茲曼（Ludwig Eduard Boltzmann）、紐拉特（Otto Neurath）、佛洛伊德（Sigmund Freud）、穆齊爾（Robert Musil）與克勞斯（Karl Kraus）。這群人的活動時間跨度很長的世代，他們最心心念念的問題，就是了解某個事物如何能被知道與溝通，其方法又是什麼；其中代表性的例子是維也納學派（Vienna Circle，原名 Wiener Kreis），海耶克與巴柏等人與這一派的關係頗為密切。[7]

奧地利經濟學家與他們的對話者可說是形形色色，例如路德維希・馮・米塞斯（Ludwig von Mises）建立了名為「人類行為學」（praxeology）的理論架構，既複雜又奇特，從邏輯性與不證自明的第一原理推論一切主觀的人類動作與慾望，「不被依據經驗與事實而來的證實或證偽所限制。」[8] 此外還有巴柏，他最為人知的身分是科學哲學家，著有世界主義著作《開放世界及其敵人》（*The Open Society and Its Enemies*）。米塞斯的學生穆瑞・羅斯巴德（Murray Rothbard）則是激進派的無政府資本主義者、理念強烈的思想家，外加抱持著種族主義的「古自由主義者」（paleolibertarian），此外還啟發了烏布列夫的毒品與比特幣交易

市場「絲路」。海耶克博學多聞，他自認是古典派的自由主義者，一九七四年與其他人一起榮獲諾貝爾經濟學獎，此外他支持智利的皮諾契特（注：Augusto Pinochet，智利迄今任職時間最長的總統）獨裁政府，替其背書。就本書要探討的主題來說，有個核心問題將這群五花八門的人士連在一起，一個屬於知識論的問題，與探究未來的問題密切相關：我們如何得知某樣東西該值多少錢？[9]

價格是一種資訊形式，發送出訊號，讓人得知主觀的需求、慾望、情形，以及對未來的盼望，並以「買家願意付出什麼」的形式來呈現。然而，我們要怎麼知道這個用價格來表達的資訊夠不夠精確？萬一標價不正確，或是資源分配不當、不公、需要調整——我們怎麼可能得知這些事？我需要打一針胰島素，你想換掉卡車車斗的襯裡，半導體公司有一天將需要更新十億美元的微晶片生產線：奧地利學派主張，這個世界上的事物形形色色，若要以適當的方式配置資源與定價每件事物，將超出任何形式的計劃能辦到的範圍。價格是主觀需求與慾望的資訊傳遞系統，市場在永無定論的情況下，持續計算著所有事物相對於彼此的價值。值多少——價格——不是由某種指定價值的龐大組織定義，而是取決於某個人願意付出什麼：有價格訊號，而價格訊號接著又引發其他形式的行動。任何試圖控制這個系統的力量，不論有多微

小，都將減損市場的運作效能與主觀效用。

套用前文史考特的話來說，技術專家政治公司所承諾的革命將從「摧毀價格制度」開始：本書開頭提到的技術專家政治支持者，打算拿掉他們計劃經濟中的變數，以解決混亂的主觀價值問題，包括取消未列入他們預先分配的能源預算中的一切人類活動──施行「試算表的極權主義」。海耶克的同事、友人兼筆友巴柏則認為，這樣的運動示範了對歷史的特殊理解所帶來的「烏托邦工程」（utopian engineering）傾向。[10] 奧地利學派提出的另一條道路（巴柏的主張）則是試誤與開放式的不確定性（open-ended uncertainty），背後的動能是個人主觀的猜測、假設與衝動。這樣的做法既尊重主觀性與個人慾望，同時又能產生更為流動與動態的經濟，套句海耶克影響重大但引發問題的用語：這是「自發性秩序」。（海耶克與米塞斯偏好使用冷僻的「交換學」〔catallactics〕一詞，而不是「經濟學」〔economics〕，理由是「catallactics」的詞源偏重「交換」，亦即由市場上眾多的個別經濟體相互調整帶來秩序，而不是經濟體中的「家戶」，因為「家戶」隱含著市場成員的集體目標意涵。）[11]

沒有控制，沒有計劃，沒有集中式的展望；這群人希望能握有萬溶劑，溶解任何試圖讓市場流動性結晶的架構。價格會前進，在過程中產生出新型價值制度與破壞性突破。沒有獻給過往

勞動與發明的紀念墓穴，而是要將它們便宜定價，加速進入未來，奔向下一件事，帶動社會向前。[12]

奧地利學派的理論提供了某種令人目眩神迷的無政府概念——對於不是經濟學家的人士而言尤其如此，而長生不老運動的支持者大都不是經濟學家，他們以充滿創意的方式閱讀與誤讀文獻。奧地利經濟學派的意義不在於成為科幻小說的討論主題，重點是提供科幻小說的**氛圍**：經濟這台機器指向不可知的結局，無從控制，無法以運算方式征服，人類不具備駕馭它或猜透它的能力。這部機器由慾望、衝動、幻想、飢渴以及其他主觀的動力交織在一起，吞噬與轉化眼前的每一樣事物。最極端的形式是成為使徒，追隨「市場上普遍的、絕對的，而且顯然是超驗的信仰」，有一套對應的神秘做法與儀式，以及為了得出理想結果所下的禁令，而這一切又始於產出貨幣。[13]

若要符合以上的概念，貨幣本身必須不受任何政府或機構干擾，不然我們如何能確定任何的價格、任何的訊號是精確的（畢竟萬事萬物都收取應有的代價）？貨幣是知識論的基礎，奧地利學派機器的基地。如果貨幣變得不確定，系統便會搖搖晃晃，位於本體崩潰的臨界點。針對這個問題，經濟學家提供了兩種主要的解決辦法。

第一種由米塞斯提出：貨幣必須具備「內在價值」（intrinsic

value）。他主張「經濟均衡」（economic equilibrium）實際上是不可能的，但這個展望將導致外力想辦法干擾市場在做的任何事；因此貨幣必須讓國家無力調整。（奧地利學派的景氣循環理論與海耶克奪得諾貝爾獎有部分關係，海耶克主張經濟會衰退是因為中央銀行把利率設得過低，帶來過多的寬鬆信貸；干擾貨幣供給會帶來誤導市場的訊號，助長了將不免破滅的投資狂熱與泡沫。）當然，要找出貨幣的**內在價值**，自然得求助於貴金屬與以物易物經濟的故事，再輔以人類行為學的精巧盔甲，以理性的方式描繪一切人類的動機與估價。

海耶克提出的另一條路是競爭性私營貨幣，增加讓某樣東西可以是銀行、是貨幣、能用於交換的新方式。它們在自由價格體系的流動中翻攪，湧出主觀價值，從中引發「自發性秩序」：海耶克很愛這種說法：這是人類行為的產物，但不是靠人類計劃能帶來的東西。如同語言本身的發展，這是從「集體大腦」（collective brain）中冒出的價格系統，屬於新型的資訊平台。

利潤、盈餘捕捉、定價與競爭永不停歇的過程，構成了理論上的奧地利學派經濟。這是一個永無止境的再次估價，不斷加速、朝向**更多**（more）擴展，傳達出馬克思所說的資本是一種力量：「壓抑生產力發展、抑制需求增加、縮限全面性生產發展，以及自然力量與心智力量利用與交換的一切障礙，都要拆除」[14]

在那個加速擴張的系統中，長生不老運動支持者謀劃著發行自己的數位貨幣：以他們的靈感來源命名，由密碼學認證。加州的超樂觀主義者在資訊處理的榮景中，重塑了戰間期的維也納知識論。長生不老運動的鈔票上除了有全知之眼，上頭裝飾的其他長生不老運動符號也與奧地利學派的傳統有關：彎曲的箭頭繞成一個圓圈，全部向外擴散，系統一瞬間膨脹至四面八方。

猜想期貨與測地線騙局

「誰發明了語言？誰想出了貨幣？我們的社會習俗是從誰而來？」[15] 長生不老運動支持者（以海耶克的精神）主張，這些全都是自發性秩序的產物，來自人類計劃做不到的高階發展源頭。長生不老運動支持者對花天酒地沒興趣——「不必要地浪費金錢是熵」——他們想做的事情是推廣機制，好讓抵達已知未來的未知途徑現身，增生的節點之間突然冒出有效率的走道。[16] 長生不老運動支持者身處貨幣的歷史矛盾：未來是美麗豐饒的轉變時刻，位於指數型成長與創新的曲棍球桿弧形的某處。為了抵達那個已知的時刻，長生不老運動支持者必須盡量放棄掌控「現在的**未知**」，盡力讓他們在做的事達到最大的自發性秩序，而打造自己的貨幣是第一步。

長生不老運動支持者打造聲譽貨幣（reputation currency），例如「霍桑交易所」（Hawthorne Exchange，「Hex」市場）用「桑」（thorne）來交易，買賣著某幾位長生不老運動人士的聲譽股份、喜愛的概念，以及對於未來的推測，這是一場幾乎完全仰賴信任的賽局。他們為股票的交易代號取名時，用上了長生不老運動所關注的事物名稱與傑出人士之名，例如：HFINN（哈爾·芬尼〔Hal Finney〕）、EXI、CYPHP、HEINLN、LEARY、RAND、MORE。提莫西·梅（Timothy May，股票代號「TMAY」）用發行的「桑」哄抬自己的股票，接著又在這個市場有史以來最大的一筆外匯交易中，從他人手中買下價值十五元的「桑」，好讓自己能繼續炒高個人股價。

　　長生不老運動人士繪製草圖、撰寫論文，打造趣味性新型貨幣的原型，其中好幾個貨幣原型都是在試圖重新打造喬姆的DigiCash，或是避開喬姆的專利、帶來開源版貨幣。有的則單純保證雖然「喬姆風格的盲簽章」有專利，「僅限實驗目的使用」的話應該不會有問題。[17]芬尼親自在《負熵》雜誌上寫了一篇喬姆論文的詳細摘要：他一一解釋，雖然目前依舊得仰賴現有的銀行，把獲得政府許可的貨幣加進銀行裡，但這依舊是真正的「數位現金」。[18]喬姆基於明確的隱私權問題而想實現數位現金（「電腦化正在讓個人無力控管個人資訊的利用方式」），但長生不老運

動支持者輕輕鬆鬆就把這個議題放進他們的宇宙計劃時間線裡。[19]

「神奇貨幣」（Magic Money）是喬姆數位現金開枝散葉的產物，開發者是化名取得好的長生不老運動人士「Pr0duct Cypher」（注：產品密碼人，product cypher 還有乘積密碼之意。此外，cypher 本身也是個多義的詞彙，有密碼、為人所利用的棋子、零等意思）。Cypher 先是概述了一下他們如何貫徹喬姆的概念以及如何執行處理交易的命令行介面，接著以四頁的篇幅解釋這個神奇貨幣：「好了，如果你還沒睡著，有趣的部分來了：你要怎麼讓你的數位現金系統具備實質價值？」此時我們要了解的是，為什麼神奇貨幣除了或多或少屬於可用軟體（working software），它也是**預想貨幣**，展現出某種次文化，代表著這種次文化理想中的未來模範，必須煞有介事地認真對待。「你可以靠著替伺服器取個聳動的名字讓你的現金更加有趣。此外，利用郵件轉發服務來運作可以帶來一種『地下感』，遮遮掩掩將更能吸引人。你的數位現金要很難到手。」

麥特・湯姆林森（Matt Thomlinson）的「魅影交易所」（Phantom Exchange）曾實驗過「鬼魂印記」（Ghostmarks，名字夠聳動了吧）。麥克・杜佛斯（Mike Duvos）則發行過「寒酸通證」（Tacky Tokens），免費發送一百元給「前十個寄信到我伺服器的人」。芬尼採用了現有模型的通證，試著在密碼龐克的郵件

討論群中挑起眾人的興趣，要大家檢視數位現金系統，趕快來交易，你可以用那些通證購買 GIF，或是各種州政府的 ID 卡要求。黑獨角獸（Black Unicorn）的「數位法郎」（DigiFrancs）背後所支撐與贖回的依據是擺在華盛頓特區的十箱溫健怡可樂，以及以浮動匯率來交換「鬼魂印記」，而且這個協議還以一本正經的方式大張旗鼓公諸於世，有如刊登在《金融時報》（*Financial Times*）上的新聞稿。

此外還有「猜想期貨」，那是一種有如票券（coupon）的貨幣，與特定日期的未來事件對賭：如果在某某年的第一天前，一共有多少人定居在火星上，即為期貨券的到期日。有一期《負熵》雜誌的內頁就有附上票券，以「一九九〇年的美元＋五％」賭「二〇二〇年會出現奈米電腦」，在二〇二五年將由指定的裁判調查發行者主張後支付。這裡指的發行者是自由主義經濟學家韓森（或他的遺產繼承人）。（本書上一次提到韓森是他一九九〇年開發了仙那度的內部預測市場；日後他還創辦了「克服偏見」〔Overcoming Bias〕部落格。許多奇點理論家、理性主義者先鋒以及各派的新反動主義者〔neoreactionary〕都為這個部落格提供評論文章。）[20]

韓森解釋了發行這種票券的目標：設想可能性（下注者的賠率），替長期的未來結果得出市場價格，以及讓事件成真的動

機。可以購買票券的事件包括猜測未知的物理常數、海平面上升、人類移民到外太空等等。那是以另一種方式傾斜的太陽能板，捕捉尚未破曉的日光：「如同人體冷凍技術，猜想期貨是在今日利用未來事實的另一種方式，並假定未來會充滿力量與知識。」[21]（此外還有各種貨幣的計劃與提議，適合那些透過人體冷凍儲存追求永生的人士拿去做超長期的財務規劃與財富管理。）

千禧年剛到來之際，理查・帕文（Richard Potvin）寫道：「貨幣無所不在。但不足以影響超人類有機體（transhuman oriented organism）銀行帳戶的金庫，讓我們希望見到的改變加速發生。」帕文是超人類主義者，也是「灣區人體冷凍技術社」（Bay Area Cryonics Society）等社團的成員。早在新千禧年的第一個月，他就提出「懇請長生不老運動人士購買虛擬股份」。[22] 帕文寫道，長生不老運動的支持者理應成為「股票世代」（StockGeneration, SG）的「玩家」。SG是用真錢玩的虛擬股票交易遊戲。市場成長時，SG的股票將支付股利，用的同樣也是真錢。部分股票保證會以固定百分比增值，收益來自老玩家對更多新玩家的穩定招募。整體營運由某間歐洲公司負責，銀行業務在愛沙尼亞（及其他地方）進行，但註冊地與營運伺服器位於多明尼加的加勒比海島嶼上。[23] 整個計劃都是虛擬的正是SG的賣點——「一個完全穩定的金融體系」，完全與世隔絕，「等於是在遊戲格式中自

治」。如同摩擦力不會減損永動機的能源，SG 也不受政治動亂或經濟不景氣影響。當然，這根本是一場金字塔騙局，但帕文大力擁護。他寫道：「這不是『普通的』金字塔，更像是測地線穹頂。」[24]

從正確的角度來看，這種金字塔騙局的特質是件**好事**：刻意製造泡沫，動用足夠的金錢到超人類計劃上，這麼一來就可以在泡沫破滅之前完全改善傳統上的稀缺經濟。畢竟在後人類的年代，通常由景氣循環所致的傾家蕩產**又有什麼關係呢**？這是一種助推火箭，附有能夠自我補給的測地線計劃。把荒唐的網際網路泡沫狂熱加進這個助推火箭，在你衝出重力井之際加以卸載，任其在大氣中爆炸，大功告成。

讓人類文明超頻運作

喬姆為了隱私權追求數位現金，梅則是為了非常明確、形式特定的自由（「在全權國家與加密無政府主義之間真正的選擇」）。長生不老運動支持者也贊同這些理由，不過他們的目標是刺激烏托邦轉型。[25] 喬姆打造的數位現金可以提取、存入與流通匿名代幣，但依舊得仰賴銀行製造與管理貨幣供給，以及對重複花費者的去匿名處理。長生不老運動支持者則希望大家一起造

幣，帶來百家爭鳴的私營貨幣與支付系統。

學者斯潘研究了法國大革命期間的貨幣計劃，她的格言是：「信任是凝結的習慣，在不斷重複中成為信仰。」[26] 長生不老運動模型策略的矛盾之處，在於要把對於特定技術的實證信任，轉變成相信邏輯上不可免的未來，例如應用密碼學，以及重複經歷電腦業的技術衝擊（似乎每一天都出現新改善）。這分對於可驗證事物的信任，可以轉換成相信在永久的破壞狀態之下，系統將自發性地運作，尋求永遠不會達到的均衡。接下來，這樣的信仰可以**反過來運作**，成為一種自我增強的「動態樂觀主義」。長生不老運動的模型翻轉因果關係，從已知的未來推論出不可知的現在，以確保那樣的未來真的會降臨。

個中道理如下：我們正處於不可避免的突破邊緣（運算、認知、長壽、生物科技、自動化），奇點在遠方激增，在那樣的遠方，人類的境況在豐沛的時間、空間、能量裡終結。然而，我們無法刻意帶來那樣的境界：不論是計劃、中央集權、資源分配、人類決策的全套工具，全都無法讓我們抵達那個必然發生的超人類事件，因為未來超越了我們平庸、官僚化、制度式的智慧，只會從無摩擦市場的運作中自發性湧現。

任何阻撓這個市場的事，全都有可能阻擋「無從預測的新型自發性社會與技術秩序」湧現，或慢下它的腳步，例如：美國食

品藥物管理局（FDA）管制「聰明藥」、工作簽證與勞工法、資訊流量監測、個人認同受限的模式，或是透過控制貨幣來管理經濟等等。因此，不受限的奧地利學派風格的資本主義是某種時光機，但不像古典資本主義者那樣投資未來的結果，以求擴張現在的經濟與結束信用循環，而是一種機制。這樣的機制帶來的未來是近似形而上學的完全破壞——終結死亡、豐富的後人類智慧降臨、解剖學與生物學上的轉換、「生物停滯」的死者復活、擴張至行星之間的星際空間。這是一個「通往未來的洞」，有如科幻小說《路邊野餐》（*Roadside Picnic*）中，書中人物描述的外星人所留下的未來禁區（Zone）。導演塔可夫斯基（Andrei Tarkovsky）日後將這部小說改編成電影《潛行者》（*Stalker*）：「知識來自這個洞，而當我們擁有知識，我們將使每個人富裕，我們將飛到星空上恣意遨遊。」

　　長生不老運動支持者替這個過程提供中介描述，一開始他們先建立了「負熵研究所」（Extropy Institute, ExI），奠定永久的基礎，並替「自由海洋」（Free Oceana）募款。「自由海洋」是一種「海上家園」（seasteading）計劃——接續「生物圈二號」（注：Biosphere II，位於美國亞利桑那州的人造封閉生態系統，最初的目標是證明在外太空維持人類生命的可能性，與「生物圈一號」〔即地球〕做對照。）的研究，在公海上建立主權殖民地。（抗老

化的提倡者華福德〔Roy Walford〕是生物圈二號的主治醫生，也是熱門的訪談人物；本書後面的章節會再提到這個海上家園計劃。）「自由海洋」將在海上成為「社會圈二號」（Sociosphere II），充當新型社會系統與政治系統的測試台。那些模型將成為人類移居太空與「外城邦」（Extropolis）的原型實驗室——海耶克貨幣將在那裡發行。[27]

換句話說，這是述說世界潛在樣貌與軌跡的宇宙圖願景。然而，成真的前提卻是打造出適合的情境與機制，好讓這個世界無法被掌控，自發性的秩序才得以自由演變，接著放手，不加以干涉。長生不老運動的支持者儘管懷有美國西岸的幻想式享樂樂觀主義（hedonic optimism），他們相當清楚目前的技術侷限——整體工業世界的性能極限——必須先加以突破，才能實現願景。新型貨幣，以及新型的交易所、市場與投資，全都是必要的轉換動力。如同長生不老運動的繆思女神羅曼娜·曼查多（Romana Machado）所言：「你今日掏錢買的東西，將形塑你的未來。」[28]

這樣的思考還有最後一個重點：如果我們**知道**這個未來正在降臨，也知道如何安排有利的誕生環境，難道我們不能以某種方式加快這個過程、強迫它早點發生嗎？雖然我們能搶在市場之前預測的能力無法超出判斷運算停機問題（halting problem）輸出的程度，但我們可以打造出更快的電腦。為什麼我們不讓人類文明

有效地超頻運行？

　　貨幣可以達成這個使命，方法除了讓「超人類有機體的銀行帳戶金庫」流出財富，還包括創造新一批的動機、祕密市場、追求創新的定價機制，以及繁榮模型。這個模型將利用自發性秩序所帶來的能量。薩博在長生不老運動的活動上，曾針對這種新貨幣的來臨提出深入的預測。[29] 按照長生不老運動社群的標準來看，薩博的許多預測都偏保守——與其他事相比，他把「上傳心智」（人類意識在運算硬體上跑來跑去）這件事擺在未來很後面的地方。即便如此，就「需要克服的經濟或文化障礙而言」，對於數位現金與加密技術在非常近期就會獲得採用這點，薩博樂觀以對。

　　一九九五年，薩博預測，使用匿名電子現金的人數在一九九九年將突破百萬大關；二〇〇五年時，無需繳稅的匿名數位現金經濟將超越十億美元。在此特別回顧這些當初預測的數字，不是為了嘲諷——預測這門技術並不容易——而是為了捕捉他們當時感受到的迫切感。如同摩爾寫道，他們感到有必要「快點讓這些關鍵發展問世」，因為生活在長生不老運動的歷史模式中，有一個很重要的問題：我們即將進入幾乎超出人類理解的轉變。然而，萬一那些轉變終於開始出現，我們卻已經死了，那該怎麼辦？

第 9 章

未來的想望

長生不老運動的計劃設下了歷史陷阱，唯一逃脫的辦法，就是把人體冷凍起來，進入未來後再喚醒。這個做法與長生不老運動人士的貨幣有著密切的關聯——還涉及比特幣的問世。由於永生需要極端的投資，我們將跟隨他們的概念，進入財務安排的世界，進一步與海耶克的理論連結。此外，我們將一路從一九一七年布爾什維克革命到千禧年之交，一起看看冷凍人體的幻想與現實帶有的經濟意涵。

冷的歷史

　　儘管長生不老運動支持者懷著雀躍萬分的動態樂觀主義，他們以帶有矛盾性的未來主義，創造出一種異常深刻、但也相當憂鬱的歷史模式。這樣的宇宙圖對於生活在其中的人來說極其殘酷。他們知道光輝燦爛的未來在前方等著他們，那個未來遠遠勝過現代的期待，宛如同調光（coherent light）的光束，穿透「未來的現在」（future present）的架構。他們藉由聲譽貨幣、虛擬金融制度，以及更為嚴肅的猜想期貨與數位現金實驗，期待這樣的未來，同時促成這個未來。然而，他們無法確切預測這個未來的來臨，也無從控制**該怎麼做**，更別說成形的時間了。對於這群相信天下無難事的超理性主義者而言，這是相當痛苦的情形。要是

你，你本人，你替湧現的後人類天堂打好了所有的經濟與金融基礎，卻沒能活著親眼見證，你會怎麼樣？

萬一你生不逢時，你是後人類生存狀態出現前的最後一代，那該怎麼辦？如果你能藉由「華福德延年益壽高低飲食」（注：Walford high-low life extension diet，攝取高營養、低卡路里的食物）與瓶瓶罐罐的補充品，靠洗冷水澡生熱，採取調整身心的養生計劃（哈爾・芬尼的另一半法蘭・芬尼〔Fran Finney〕曾在《負熵》雜誌上寫過相關文章[1]），替自己多延幾年壽命，那你就有機會永遠活下去。

生物停滯與人體冷凍技術就此登場，這是一種權宜之計，死馬當活馬醫，以求跨過那道歷史界線。那條界線近在眼前，卻也遠在天邊。你替你的人壽保險安排好繳費事宜，甚至為了某些情況安排了遠遠更為古怪的複雜財務工具。你戴上寫著醫療指示的手環，甚至在胸口上刺青，叮囑醫護人員：「**替我注射五萬單位的肝素，做 CPR，並用冰塊冷卻至攝氏十度……不要防腐，不要解剖。**」[2] 萬一不巧發生意外，你不想錯過未來十億年的狂歡──很不幸，你得先跨越人終有一死的障礙。

人體冷凍技術是最後的猜想期貨，以更為純粹的形式說出長生不老運動貨幣的精神，也比貨幣本身更為成功：沒人使用桑幣、海耶克幣或鬼魂印記交易，也沒有人等著贖回一疊疊的猜想

期貨券，卻有超過一百個人目前被冷凍著，還有超過一千人已經簽約，等著輪到自己。除了一九九〇年代至千禧年的數位現金發展，眾人還辯論著如何將你的意識帶至這些預想式烏托邦貨幣將協助創造的未來：如同人類學者蒂芙尼・羅曼（Tiffany Romain）在她的人體冷凍人士研究中談到的，那是「一種生物醫學居中協調的自我投資。」[3] 人體冷凍技術讓人開始開發羅曼所說的那種「相當、相當長期」的新型數位貨幣，把幾乎無從想像的長生不老運動的未來，轉換成今日的**極端投資**（extreme investment）形式。

這種「相當、相當長期」的投資時間架構與財務打算，不再是替你的退休與衰老安排計劃，而是安排資產，讓資產能走得比你的人生更長更遠，最終到達不需要貨幣的那一天。「阿爾科」（Alcor）是生命延續與人體保存的非營利機構（現任執行長是摩爾），旗下的產業雜誌《人體冷凍技術》（Cryonics）編輯亞什溫・德・沃夫（Aschwin de Wolf）談到，要讓「患者」自零新陳代謝的儲存狀態再度融入某種未知的未來環境，相當具有挑戰性：「仔細想想這個議題，這個人應該至少要能住在現代的房子裡，手頭也要有到時候的主流貨幣（如果我們所知的「錢」到那個時候還同樣重要的話）。」[4] 同時，與其把資產分給繼承人，不如設立王朝信託（dynasty trust），由信託保管你的資本，賺取利

息，等你起死回生後再領回。

在這樣的背景下，數位現金所扮演的角色相當微妙。貨幣一方面可以儲存價值——這是貨幣本質上的保守立場，特別是奧地利學派的追隨者要求貨幣要有「內在價值」（inherent value），以維護支撐貨幣社會和技術架構。另一方面，貨幣也是混沌的溶劑與催化劑，靠著預想獲利（speculative profit）溶解超越之路上的每一道阻礙。貨幣可能會讓既有的產業失控，創造與摧毀市場，讓法律不再適用，現存的社會慣例與目標不再有意義，最終讓人類昇華成完全不一樣的存在。在那天來臨之前，貨幣將像國庫券一樣穩定，和不動產一樣不動如山。

因此，數位現金陷入了矛盾的困境。數位現金必須夠有力，適合在深遠未來的超長期財務架構中占有一席之地。如同密碼學的密鑰系統與雜湊機制，此時自然常數與數學常數的可靠度很重要。然而，如果說目標是迎接極度富裕的社會、宇宙擴張與永生，數位現金最終也有可能是「可拋棄的」，和前文所提到的「測地線騙局」一樣搖搖欲墜。如同許多想像中的奇點機器，數位現金唯一需要做到的事，就是得順暢運行到不再被需要，然後消失無蹤。

人體冷凍技術讓人得以想像幾乎無法想像的未來，並在今日就打造範例，提供極端的投資工具。特別打造的「杜瓦槽」（注：

dewar，大型的不鏽鋼瓶，裡頭裝著液態氮，以及全身或頭部被冷凍的人士）實際上是個陽春的時光機，由原始零件組裝而成，期望未來的工程師有辦法成功啟動他們的貨櫃（cargo），讓乘客從過去下車。一個個杜瓦槽被擺在阿爾科的建築設備裡，它們是生物醫學版的跑道與竹電台（注：bamboo radio，二戰小說中的俚語，指傳遞祕密訊息），源自二戰後美拉尼西亞島上被外界稱為「貨櫃崇拜」（注：cargo cult，指與世隔絕的部落人民看見外來的科技物品時，把這些物品當成神祇來崇拜的行為）的千禧年信仰——這些杜瓦瓶和其他較為迫切的社會目標一樣，其用途為**召喚**必要的技術：清理填平跑道，好讓飛機能順利降落，試圖「倒因為果」。

查爾斯・普拉特（Charles Platt）是科幻小說家、技術寫作人員暨人體冷凍技術人員（他擁有快速冷凍身體的「液態通氣」〔liquid ventilation〕系統以及其他醫療應用的專利），他提到促進人體冷凍技術目標時的必備態度：「在科學界與醫學界，你得**先**證明某項技術有效，然**後**才能應用。如果你把這個先後順序顛倒過來，你就算不上正統科學了；你是在以預想的方式做事，對未來下注。」[5] 你得具備一定程度（甚至不可或缺）的賭博精神，但你得交出「能用的成果」。此處固有的挑戰在於，你不僅必須讓一具身體再次順利運轉、意識自行銜接（令人想起在醫院病床上

的臨終時刻或安寧病房的走廊），還得有相對應的未來，才能完整起死回生：光明璀璨與健康的後人類時代。存放身體、等待復活的意思是必須要有一個**能倚靠**的未來，而那正是數位現金、破壞性機器與創新馬達必須有能力帶來的未來。

一九九六年，《負熵》雜誌的對開頁發布了兩則消息。第一則是喬姆與位於聖路易的銀行合作，推出以美元為面額的e-cash——「或許長生不老運動支持者特別感興趣的事，是 e-cash 正在等待自由放任書屋（注：Laissez Faire Books，紐約的線上書店）通過申請。」第二則消息是一則拋磚引玉的公開宣誓：連續十年、每年捐贈一千美元給「普羅米修斯計劃」（Prometheus Project）。這項新計劃將成立事業、展開研究，「以令人信服的方式證明與發布」成功的「完全可逆式腦部超低溫保存（cryopreservation）。」[6]

套用人類學者羅曼的說法，生活在這些技術交會點的意思是「主要生活在可能性的架構中」，而不是生活在當下的環境。長生不老運動的生活來自將實證、理性、生物醫學與運算研究結合至科幻小說的「夢工廠」，以及想像中的推斷與創新幻想。（夢工廠：一九九〇年，航太工程師蘭德·辛貝格〔Rand Simberg〕提議將遺體置於外太空，一次降低發射與低溫儲存的價格，讓人體冷凍與太空旅遊符合成本效益；對這個點子感興趣的人士包括美

國火箭公司當時的總裁薩林。[7]）預測券與數位現金，以及亞利桑那沙漠中的人體冷凍槽（存放著本書討論的幾位人士的人頭）是卓越的人工產物，讓這個特定的可能性架構，以及這個架構所仰賴的歷史模式得以出現。經濟學與冬眠接力，讓人一探長生不老運動計劃的真實面貌。

我在二十世紀的最後一晚

「知道未來將帶來什麼並不重要，」物理學家里奧·西拉德（Leo Szilard）曾寫道：「你只要比大多數人早一天知道就行了。」西拉德在德國國會發生縱火案（注：Reichstag fire，一九三三年納粹掌權的關鍵事件）之際，立刻離開了柏林，只要再遲一天，官方就會開始攔下並盤問離境者；自從納粹上台，西拉德隨時在門邊擺著兩只手提箱，逃命時則把畢生積蓄都藏在鞋底。整體而言，他似乎永遠以超前一天或幾年的方式活著，有如相對論速度的旅人（西拉德和愛因斯坦是朋友），在一連串不可預見的未來中穿梭自如。

在芝加哥斯塔格球場（Stagg Field）進行的第一場核連鎖反應測試，證實了西拉德幾年前在倫敦散步時想出的理論。進行測試前，他吃了第二頓晚餐，「以防」這次的實驗太順利，使得芝

加哥大學的部分校地以及校內許多一流的物理學家（包括他自己）全都灰飛煙滅。[8] 正當他們將核連鎖反應推向臨界狀態、一次次增加設備記錄下的規模、納入新一級的中子強度時，西拉德感受到過去與未來分裂成兩半。（那天下午，物理學家們在新世紀的邊緣小小慶祝了一番，用紙杯喝起奇揚地紅酒〔Chianti〕。）西拉德腦中想著，在科學與技術進展的影響下，社會將會瓦解；他還想到地球上人類的核滅絕、機器社會、制止這場威脅的世界政府。西拉德靠著那兩只手提箱，在旅館度過了人生大部分的剩餘歲月——「有辦法立刻動身離開對我而言變得至關重要」。他平日思考著可能的未來以及如何抵達那樣的未來，外加書寫專利、請願書與科幻小說。[9]

一九四八年七月，西拉德動筆寫了一則故事，一隻連日待在氣溫攝氏一度的兔子，從缺乏「可評估的新陳代謝活動」中甦醒。兔子被注射了「睡眠劑」與「代謝劑」後，以安全的方式被冷藏了起來，不至於凍結：「我們能讓這隻兔子『沉睡』一星期、一年或一百年，就跟睡一天一樣……如果兔子成功了，或許狗也能成功……如果狗成功了，或許人也能成功。」一九二〇年代，西拉德曾與愛因斯坦一起設計了不需要移動零件的實驗性冰箱（西拉德時運不濟之際就是靠著冰箱專利帶來的收入過活，即便不是太豐厚），西拉德讓冰箱成為他筆下敘事者的時間機器。

西拉德採取的長眠敘事手法，和艾丁格（R. C. W. Ettinger）同年寫下的低溫儲存幻想〈倒數第二張王牌〉（The Penultimate Trump）一樣。艾丁格平日擔任物理教師，其餘的生活與職涯則致力推廣可行的人體冷凍技術概念。他的《永生的期盼》（*The Prospect of Immortality*）與《人至超人》（*Man into Superman*）等非小說類預想著作直接啟發了長生不老運動。[10]（諷刺的是，影響長生不老運動的那篇故事結尾，主人翁〔屬於小說家蘭德筆下的大資本主義家〕因為生性貪婪，命運出現了轉折：他在未來的社會中甦醒，而那個社會評估了他過去的犯罪史後，把他扔到火星上的囚犯地流放。）艾丁格鼓吹用今日的錢套利，投資未來的無限時間；你今日的投資將帶來千百倍的報酬：擁有「無邊無際的未來。」。[11]

西拉德筆下的敘事者解釋了自己的計劃：「一旦我們讓方法完善，我打算『退出生命』（withdraw，我們提議這樣稱呼這個流程），並安排在二二六〇年回來。」敘事者靠著冬眠跳過中間的幾個世紀，直接進入他感興趣的未來（然而：「我不敢跳超過三百年。」敘事者擔心，要是時間過長，世界將變得太過陌生，他就會名副其實地「落伍」了）。敘事者解決了身分法律戰後，在自己即將冬眠的房間舉辦了一場暫時說再見的派對，慶祝「我在二十世紀的最後一晚」。敘事者與參加派對的客人抱持著天差地

遠的史觀：「他們看起來大多像是在參加我的喪禮，因為他們將不會再次見到我活在世上的樣子；至於我，我覺得我自己好像在參加他們的喪禮，因為我再醒來的時候，他們沒有一個人還會活著。」[12]

接著過了僅僅九十年，敘事者就從冷凍的停滯狀態中甦醒了過來，而不是原本計劃好的三百年。他發現自己身處人人隨時可能冬眠的社會：有數千萬人「退出生命」。下一次的經濟大蕭條來臨時，數百萬人在聯邦的補助下進入冬眠，以等待經濟再次復甦，獲准在勞動市場跟著好轉時再被喚醒。（某位政治人物不經意提到：「替兩千五百萬名沉睡者管理公共宿舍的冷凍設備工廠，也是我們公共工程計劃的一環。」）西拉德的故事充滿了諷刺性的經濟策略，例如盤子會替用餐者把食物嚼成泥，因為人必須長期過度進食，以消耗在時光的移轉中，由未來數十年、數世紀的龐大人口所生產的剩餘糧食。

這則讓歷史加速的故事，其核心卻是個讓歷史減速的計劃：敘事者害怕未來過於人事全非，於是加入了**慢下科學發展**的祕密團體——試圖讓未來幾個世紀少有科學與技術上的進展，「好讓生活的藝術有機會跟上。」他假意支持、實則以人為的方式調節科技進展，考慮是否要帶著整理好的手提箱，再等上幾個世紀才踏進未來。他表示，如果慢下改變的速度，「兩百年後，這個世

界理應是適合居住的地方。」換句話說，他替自己多爭取了一點時間。

人類甦醒工廠

十九世紀末，在保加利亞的索菲亞（Sofia），物理學家暨生物學家巴美特夫（Porfirii Bakhmet'ev）好奇：為什麼昆蟲在冬天不會凍死？[13] 昆蟲是如何在春天恢復活力的？巴美特夫發現並努力證明了，他所研究的蛾和蝴蝶能進入某種冬眠狀態。在那個溫度區間，牠們看起來是冰凍的——而且那種狀態可以無限期延續，但不會真的死亡，得以起死回生。巴美特夫稱這種狀態為「假死」（anabiosis），不生也不死。他自然也好奇，人類等哺乳動物是否也能進入這種假死狀態。我們能成功冷凍精子與卵子，留待未來使用；許多動物也能進入某種低溫的新陳代謝停滯，接著醒來。如果人類也能這樣，那麼可以維持多長的時間呢？一季？十年？一千年？

巴美特夫以極度務實的方式應用這種不生不死的狀態，就好像他打算在煉獄驚濤駭浪的懸崖上，加裝風力渦輪機一樣。你可以靠鐵路運送處於假死狀態的牛隻與馬匹，等抵達目的地再喚醒牠們，這麼一來除了可以節省飼料與清潔費用，還能讓牲畜一路

上不必受罪。或是你也因此能夠運送鱒魚與「活的」魚子醬。如果說結核病菌會在攝氏零下六度死亡，但人類可以撐過攝氏零下八度的低溫，那麼你可以把結核病患者冰凍一星期，甦醒後就是個健康的人了。或許來自其他年代的生物——史上那些生活在天寒地凍中的古生物——牠們依舊以假死的狀態保存於西伯利亞；我們應該派遣遠征隊去找到那些生物並喚醒牠們。（在我寫這段話的當下，人類的確精神可嘉，繼承了巴美特夫的遺志，一起讓地球大氣暖化幾度，永凍土融化，看看能否找到未知的古病毒與古細菌，放入人類生物質的培養基中培養。）

在俄國革命時期，假死的時間性產生了變化：再也不是與過去連結的途徑，也不是協助現在的短期經濟與醫療計劃，而是間接與未來互動的方式。那是一段實驗的時期：「我們將重新打造生活。」未來學家兼蘇聯詩人弗拉基米爾·馬雅可夫斯基（Vladimir Mayakovsky）保證：「一路更新到你背心上的最後一顆鈕子。」如同從經濟層面改造世界，目標永遠不僅與健康有關，而是要達到超人類與永生的境界，那是解剖學版本的開啟洩洪閘門，帶來尚不為人知的豐饒、效率與組織洪流——如同亞歷山大·波格丹諾夫（Alexander Bogdanov）筆下的蘇聯火星科幻小說，完全自動化的工廠由原型電腦和數據傳輸工具負責管理，勞力、供給與生產需求都處於「動態均衡」（moving equilibrium）。

波格丹諾夫大大讚揚輸血的好處並身體力行。輸血是未來社會的序幕，人類活力是最終的價值儲存與交換媒介——那是一種「生理學上的集體主義」（physiological collectivism）。在自我控管的有機體經濟制度下，同志生活的儲存與流通是一種接近心電感應式的親密，一部體內平衡的機器。（一九二八年，波格丹諾夫和一名訪問學生交換了血液，過程沒有處理好，最後他因腎肝衰竭去世。）

其他人在發展現代計劃經濟時，曾向青春之泉內分泌治療師求助，為求恢復精力，注射「腺體分泌物」與山羊荷爾蒙，接受「史泰納赫氏」輸精管結紮術（Steinach vasectomies），目的是隨時增強後人類力量，改善奪走未來先鋒性命的「革命疲憊」與「神經失調」。艾丁格筆下的資本主義工業大亨在進入人體冷凍前，接受過一系列類似的技術——那一類的事是二十世紀上半葉流行的生物醫學想像：「他們給他腺體萃取物。他們給他維他命。他們輸血給他。」

在這樣的脈絡下，如果說你能進入假死，躲開多方內戰的悲慘歲月，不必承受恐懼、創傷、偏執、「來自上層的革命」（revolution from above）所帶來的無情折磨、營養不良與「戰時共產主義」，等到承諾中的未來終於降臨，在某年夏天再次甦醒，那會怎麼樣？這種扭轉馬克思主義之歷史必然性的想法十分

流行。廣受歡迎的俄國科幻小說，其內容與數十年後西拉德所談的東西毫無二致：邪惡的資本主義者在經濟不景氣時冰封勞動力，這麼一來既可防止勞工暴動，又能維持「充分就業」。等到資本主義的景氣循環再度好轉，再把勞工解凍。列寧嚥氣後沒多久，克里姆林宮裡主張把他冷凍起來的那一派，理由幾乎全是或許有朝一日，列寧將能在馬雅可夫斯基所說的「人類甦醒工廠」復活。馬雅可夫斯基這位詩人向未來的科學家喊話，請他們在春暖花開、再也沒有人需要金錢的和平年代，把他帶回來。馬雅可夫斯基和他的謬思女神莉莉・布里克（Lili Brik）將在「三十世紀」歸來，進入「繁星點點」的「未來夜晚」，兩人的身體將百分之百起死回生；馬雅可夫斯基請求：「把一顆心臟放進我的體內，輸血／至每一寸血管。」

然而，其他的故事則是對於時間錯亂一事憂心忡忡。長期冰封的「假死同志」在未來被解凍，與彼時的背景格格不入，有如波格丹諾夫自稱的「困在地球上的火星人」。他們被放逐於歷史之中，無法理解身邊的世界，受不了「時間的斷裂」。被喚醒的假死同志感到**不合時宜**——要麼太早，要麼太遲。他們脫離歷史，進入了新型時間，無法回頭，「無法融入任何事、任何人」。

反之，長生不老運動的支持者摩拳擦掌，等不及要感受這種震撼——不僅是因為他們認為預想、原型與未來秩序是他們的責

任，他們對於自己是社會原型的相關技術、態度與最佳結果所帶來的動能有信心。如果他們能創造出正確的社會、貨幣與技術架構，就能起死回生，準備好感受震撼與昇華——但並不訝異。他們知道這件事會發生，也知道自己**無法知道**如何抵達那一天；他們只知道如何創造出初始環境，讓世界開始改變面貌。他們可不能被留在後頭。

未來的需求與慾望

長生不老運動支持者靠著結合可預測與不可預測之事，汲取推動烏托邦的力量。他們奉行眼睛閃閃發光的動態樂觀主義，準備迎接偉大的事物——黎明已經在期盼的地平線降臨，成長與改善的指數曲線一飛衝天——他們不認為人類的計劃能力與現存的社會架構有辦法達成那樣的目標。當然，我們的確會抵達那一天，但不是所有人都會——只有膽子大的人、無畏的勇者、天使投資人與早期採用者會抵達。他們那個處於生物停滯的海耶克圖騰完美地象徵了這點：有如石棺中的法老王，前往海耶克與他們心心念念的未知與不可知的未來。

海耶克提出的「自由」（liberty）概念，指的是十分特定的事，從他許多追隨者高舉他的大旗的方式來看，這點令人訝異：

自由與我們無關，但與某種尚無人知曉的未來人有關。「重要的不是我個人想行使哪種自由，重點是某個人為了**做對社會有益的事**而會需要的自由。我們若要確保這位不知名的人士能夠擁有這種自由，唯一的辦法是讓所有人都有。」[14] 這是長生不老運動支持者的宇宙圖，以及他們的數位現金願景史觀在起作用：在這種有利於社會的安排下，那位「不知名的人」有可能改造這個世界。海耶克《法律、立法與自由》（*Law, Legislation, and Liberty*）的第三卷是他一九七九年的哲學模式與理念的抽象摘要，該卷以一句話結尾，原文全是斜體字：「人不是、也永遠不會是自身命運的主宰：他的理性永遠會前進，帶他前往未知的出乎意料之地，並在那裡學習新的事物。」[15]

結尾的那句話總結了海耶克對經驗主義、科學社會主義以及心理學的指控（這也是他本人年輕時期的維也納特徵）。從個體的角度來看，我們對於自己而言是個謎；從集體的角度來說，我們受超越自身視野的力量與情境所支配。奧地利經濟學家中，就屬海耶克的影響範圍最廣；從傳統角度來看，他也是最悲劇的一位，但就算如此，也無法替他的選擇或他的主張找藉口——海耶克的名聲最壞之處，在於他仰慕將公營機構私有化、維持「自由」市場的獨裁政權，例如智利的皮諾契特——但這點也解釋了他的整體精神。在我們所處的宇宙中，在並未刻意誤導的情況

下，人類大多是愚昧無知的；諸神善變且任性；死亡等著我們所有的人；我們所能發生最好的事，來自於相互衝突的需求、衝動與慾望中冒出的自發性湧現；而不是有先見之明的規劃。

海耶克在《法律、立法與自由》中提出的主張，以他自己的話來說，重點在於區分 taxis（由組織建構出來、「被製造」的秩序）與 kosmos（源自情境、自發性「成長」的秩序）。海耶克寫道：「kosmos 的複雜程度不受人類心智能掌握的程度限制。」[16] 海耶克用晶格與有機化合物來比喻：kosmos 源自描述元素行為的一套規則的運作——因此問題在於如何能以恰當的方式，替我們希望會出現的世界的自發世代組織這套規則。海耶克不免回到自己的理想模型：「市場秩序特別會固定保障一種預期關係會占上風的可能性，但即便如此，在這麼多依賴分散知識的活動中，市場仍是能夠把這些活動有效整合成單一秩序的唯一路徑。」[17] 這是海耶克宇宙圖核心的 kosmos 機制，並奇妙地被移植到長生不老運動的宇宙圖裡。

政治理論家科瑞・羅賓（Corey Robin）曾詳細主張，這種理念相當尼采——儘管重點集中在尼采整體而言貶低的市場、經濟學與貨幣上。海耶克同樣也很尼采的一點，在於他嚮往神秘的接棒者：「未來的哲學家」（Philosopher of the Future）；海耶克所說的「不知名的人」，將以「超人」（Übermensch）之姿出現，賦予

先前的事物正當性，做到我們辦不到的事。[18]海耶克的菁英主義也一樣，渴望運用高人一等的上層社會品味、教養與財富，在時機來臨時創造出「更上一層樓的渴望與可能性」，「永不妥協，抗拒每一個現代民主社會的政治架構（此處為法學家羅伯特・卓南〔Robert Drinan〕的說法）。」[19]

在海耶克版的未來，要是少了寡頭產業王朝與把持資本的永久菁英，這個世界將繼續緩慢前行，人類只要滿足現有的需求就夠了，而不思進取——套用汽車大王福特（Henry Ford）的名言，民眾只懂得要求跑得更快的馬，不會發展汽車。經濟學家皮凱提（Thomas Piketty）提到的收入不平等差距（除了偶爾會出現的重新分配方案，資本的報酬率會超越工資）對海耶克而言不是問題，而是特色。超級富人滿足慾望，享受奢侈品，從而刺激新的技術，壓低價格，前衛文化持續欣欣向榮。最後這一點或許最維也納：海耶克筆下的權貴與繼承人，令人想起他年輕時維也納環城大道（Ringstrasse）上的大家族，像是贊助詩人、畫家、作曲家與建築師的維根斯坦一家。

海耶克主張，超級富豪因為擁有萬貫財富，他們察覺得到即將來臨的未來之價格訊號，那是他們能採取行動的衝動與慾望。「今日那些只有少數人能享受、一般大眾連做夢都想不到的看似奢華、甚至浪費之事物，其實是在支付生活風格的實驗，好讓許

多人最終都能享受這樣的生活。」[20] 海耶克的貴族不一定是在**投資**這些制度，不過是沉溺其中罷了：這是涓滴經濟學（注：trickle-down theory，指富人受惠後，窮人的生活也將一點一滴改善），先導技術被當成奢侈品，我們能有價格實惠的冰箱、收音機與便宜的班機，海耶克把每件這樣的事都歸功給那些奢侈品。不論是從特定技術或整體而言的技術世界來看，這種說法都不符合史實，但對於奧地利學派的後輩（例如長生不老運動的支持者）來說，這些虛構的特色不影響其重要性：金錢提供了通往未來的實驗場域。海耶克所說的「斥候」能在那裡找到「新目標」。[21]

海耶克甚至在經濟史上最獨特的建議中，提出了社會主義國家該如何利用這個概念：「在計劃經濟中，有必要……分配責任給個人，個人的責任是在其他人能接觸到之前，提早很長的時間嘗試最新的進展……為求知道在各種新可能之中，每個階段應該發展哪一項，特定的改善又該如何配合整體進展的方法與時間，計劃式社會必須替整個階級做好準備……這個階級永遠走在其他人的前面幾步。」這是長生不老運動支持者特別想留給自己的角色：再次借用摩爾的詞彙，他們要擔任「未來的先鋒」。這個計劃與他們的數位現金與自由市場交織在一起，也是他們的目標：預想貨幣是無限制、自發性秩序的燃料，打造者是已經活在未

來、展開實驗的一群人，他們「比其他人搶先好幾步」，身處新慾望與新可能性的國度。這同時既是貨幣也是烏托邦，奧地利與加州，一九二〇年代與一九九〇年代：處於生物停滯的海耶克。

一九二〇年代晚期與一九九〇年代的另一個共通點，在於這兩個時期都是全球金融危機爆發前、景氣大好的年代。長生不老運動社群的計劃、點子、技術與成員，全都得適應新的經濟衰退背景——先是在二〇〇〇年代初，再來是二〇〇八年全球金融危機之際，比特幣出現了。不同於預測券或測地線騙局，這次的新貨幣會被認定為貴金屬與貴重錢幣，貨幣的形式也密切連結至自由主義者的災難政治理念，認定在不久的未來，世界將會瓦解。數位現金再度有了不同的用途：這次不是要瓦解各國政府、實現密碼人士的超級烏托邦，也不是為了保護隱私權，對抗監控無孔不入的未來，亦不是要持續刺激創新，促成豐富與永生的烏托邦湧現。這次的數位現金是反烏托邦貨幣，為了推測迫在眉睫的崩潰而生——是對緊急情況的賭注。

數位現金的技術輕鬆銜接至反烏托邦的預想貨幣傳統。在接下來的章節，我將介紹相關的團體、學派與次文化，包括阿哥拉主義者、黃金迷、白銀迷、哲學小說家蘭德的客觀主義追隨者（蘭德〔Rand〕改名的靈感，來自她的打字機廠牌蘭德公司，但也恰巧與南非金幣的複合名字重名〔注：克留格爾金幣

「Krugerrand」由南非第一任總統的姓「Kruger」與南非蘭特幣「rand」組成〕)、海上家園、自由主義者的飛地與微國家的建立者、「主權個體」、數位黃金貨幣(digital gold currencies, DGCs)的擁有者,以及自行打造錢幣的鑄幣人。他們的貨幣和所有貨幣一樣,建立在未來的承諾之上。在他們預期的未來,現有制度會崩潰,變成專制、頹廢與無政府的混合體,不得不回到「客觀價值」的源頭,他們的哲學獲得證實,如果事情動得太慢,還可以想辦法讓崩潰加速出現。

以一則長生不老運動概念是如何被改造到面目全非的故事來說,海耶克的憂鬱心聲比動態樂觀主義更適合當作本章的結語。《法律、立法與自由》是海耶克人生中最後一本重要著作,也是思想集大成之作。海耶克完成該書最後一卷後記的最後一句話後,留下了一行空白,接著又簡單地補上幾句話:「完成此篇後記時,我愈來愈強烈意識到這不該是結束,而是新的開頭,但我幾乎不敢妄想對我來說會是如此。」海耶克的作品與同時代的人擦身而過;海耶克的期望——以及他的史觀——在於創造出某種東西,替他無從預測的人提供新的形勢。海耶克相信,這會是新的開始,但不是替他準備的。

第 10 章 ／ 緊急貨幣

我們在全球金融危機的谷底，迎來比特幣問世的消息。本章將解釋比特幣的提議、概念與規範如何彙整了數位現金史先前發生的事，前文提過的許多人士與技術也將再度現身。追蹤這一切是怎麼整合起來的，將能解釋比特幣最初的版本究竟是怎麼一回事，以及系統上線時帶來的部分矛盾與問題，後文將介紹這世上最值錢的垃圾，再談到信任是一種熱能的副產品。

萬聖夜

二〇〇八年十月初，全球信用危機來到了失控點。隨著危機快速擴散至世界各地，美國政府在十月三日推出了大型紓困計劃《經濟穩定緊急法案》（*Emergency Economic Stabilization Act*）。泰德利差（注：TED spread，貸方如何看待風險的金融指標）在二〇〇八年十月十日突破了四·五％：這個情形前所未見，代表著重要金融參與者把錢存放在安全的地點，遠離災情頻傳的市場。[1] 小型與開發中的貨幣遭受重創，眾人爭相持有美國短期國庫券，以及美元與瑞士法郎等看似安全的貨幣，為求維持貿易熱絡，孤注一擲。比特幣就是在這樣的背景下，於二〇〇八年的萬聖夜問世。有個人化名為中本聰，在密碼學的郵件討論群組張貼了〈比特幣 P2P 電子現金論文〉（Bitcoin P2P e-cash paper），信

件的開頭寫道：「我一直在研究不需要受到信任的第三方、完全對等式網路的新型電子現金系統。」[2]

最初的軟體版本一開始運作，金融混亂不只構成了宣布比特幣問世的背景，也被放進比特幣本身的分類帳裡。中本聰在開啟比特幣區塊鏈的「創世紀區塊」（genesis block）加入了以下文字：

泰晤士報二〇〇九年一月三日
財相即將展開第二次銀行紓困

這行字是某種時間戳記——等於是把《泰晤士報》頭版（的確是頭條標題）的照片，擺在一疊現金或人質旁，實況報導那個危機重重的時刻。把這個隱喻延伸得再遠一點但不過頭的話：這是歷史的開場白。比特幣帳本其餘的部分承諾將依序記錄這段歷史，一筆交易接著一筆交易、備註接著備註：將這個大規模過度槓桿的世界解開，也把一塌糊塗的政策記錄下來，嵌入新型貨幣之中。一月九日，當時美國聯準會主席班・柏南奇（Ben Bernanke）的 ASCII 碼肖像被放進了比特幣區塊鏈中的第三塊區塊。隔天，芬尼在推特（@halfin）上發文：「比特幣上線」（Running bitcoin）。

當時，正與中本聰魚雁往返的芬尼是第二筆比特幣交易的接

收方（recipient），他積極解釋、探討並修正郵寄清單上最初的方案。討論區的成員對此頗感興趣，但多抱持著謹慎的態度，反覆檢視，不敢輕信；畢竟他們之中有些人在這數十年間，看遍了五花八門的數位現金與匿名 P2P 網路來來去去。許多計劃碰上和比特幣一樣的挑戰，遇到涉及規模、安全性與價值的問題。[3] 芬尼也一樣，這麼多年來見也見多了，連他自己都是多項計劃的創始人。他覺得這次的比特幣論文挺有新意，他第一個反應是抱持著較大的希望──「比特幣似乎是相當有前途的點子」──不用說，他已經找這樣的東西找了很長的一段時間。[4]

芬尼不只是讀者會在比特幣早期發展認得出的名字。中本聰也與貝克通過信，貝克建議他去看戴維的 b 貨幣計劃。此外，中本聰在最初的比特幣論文裡引用了貝克、戴維與墨克的文件。芬尼也提到，進一步去比較與討論薩博的比特黃金計劃值得一行；梅茲格則負責主持比特幣宣告問世的那個郵件討論區，他是密碼龐克，設立並主持過第一個長生不老運動論壇；就連仙那度的尼爾森後來也會露面，猜測中本聰這個假名背後到底是何方神聖。[5]

比特幣用上的一切技術要素與概念，早在二〇〇八年之前就已經存在，其中好幾個部分我們也在先前的章節介紹過了，包括工作量證明系統、公鑰密碼學、戴維 b 貨幣的廣播與競爭通訊協定的概念輪廓。比特幣計劃最初的草稿出現在中本聰與戴維的信

件討論中，當時仍舊被稱為「電子現金」（electronic cash）。從長生不老運動支持者與密碼龐克之間的概念討論串、AMIX與仙那度等實驗性質的基礎建設，一直到最早的數位現金應有的樣貌，過去數十年的辯論、提議、計劃與早期版本，構成了第一版比特幣的創造背景。

二〇〇八年萬聖夜前後的幾個月，針對中本聰提案的討論、建議與修正，以及起初相當原始與奇特的執行碼，串起一切的是**漸進式**的技術進展，再加上一項驚人的理論突破。儘管比特幣接下來令人霧裡看花，有著據說可以改變世界等等天花亂墜的吹捧，中本聰本人的通信、文件與材料令人耳目一新之處，在於它們相當樸實無華，回溯先前的研究也非常小心翼翼；中本聰與戴維的對話中，有一部分在談論該如何精確引用戴維的b貨幣提議。（中本聰在比特幣第一次釋出後，寫信給戴維並論及比特幣計劃：「我認為它幾乎達成了你在b貨幣論文中設定要解決的所有目標。」⁶）比特幣不是什麼從幽浮貨艙扔下來的技術，而是從P2P網路技術到數位時間戳、再到數位現金計劃的概念大綱，結合了數十年來發表過的密碼學與運算研究——原始論文中時間最早的文獻引用還可回溯到一九五七年的機率論問題「賭徒破產理論」（Gambler's Ruin）。

比特幣混合了技術進展，以新的安排方式將先前的發展七拼

八湊在一起，有缺塊，也有許多需要進一步改善之處。比特幣論文首度流通一星期後，芬尼拜讀了文章、寫下了很長的回應；當中除了鼓勵，他也提出了一連串明確的技術問題，試圖找出實際的系統有多少部分能夠運轉。芬尼知道中本聰正在處理軟體的部分，他提出和善的建議：「我認為更為正式的文字描述……將是有益的下一步。」[7]

運算工作的貨幣

我們在看第一版比特幣如何運作時，看到了先前章節提及的技術與工具一一到位。這並不代表它們就是比特幣直接的前身或靈感，例如中本聰明顯是在和貝克通信後，才知道戴維這號人物。然而，新舊齊聚一堂，我們的確看得出這些貨幣有著共通的問題以及解決那些問題的辦法。其中最重要的問題，在二〇〇二年芬尼於長生不老運動社群裡談論 b 貨幣的信上就已出現：「貨幣不是原子，而是位元。長生不老運動的支持者理應避免舊式的傳統貨幣觀點，避免把有形商品當作貨幣的依據。」b 貨幣、比特黃金、RPOW 系統，以及這回的比特幣，似乎都是在正面解決這項要求——創造出貨真價實的**運算貨幣**，不由任何物質的基礎來支撐、證實或擔保：現金是資訊，資訊是貨幣。

芬尼所談之事，不只是 Visa 創辦人哈克一九七〇年代想像的「由字母與數字構成的字元集，帶來有保障的數據」這種形式，來進行電子的價值交換。哈克感興趣的是貨幣如何能以數位電子資訊的方式儲存——有如井然有序的能量——以及如何能夠通過電話線、無線電波，以及尚不為人所知的通訊媒體，進行貨幣的傳送、接收與驗證。芬尼更進一步，他要的是一路到持有（stack）本質上完全屬於運算的貨幣，而不只是換一種形式。（就連喬姆精彩的 DigiCash 都是在替已經存在的貨幣創造臨時性的數位版本。）芬尼想要的貨幣不是把智慧型手機帶進用支票簿也能完成的交易，也不是把現有的交易關係數位化與電子化——他心目的貨幣本身就是一連串運算過程的產物。

　　「加密貨幣」（cryptocurrency）一詞中的「加密」（crypto-）就是在指這件事。這個字首通常被拿來當作「已加密」（encrypted）的意思，帶有「祕密」（secret）的意涵，與比特幣最初「參與者可以匿名」的承諾合而為一；然而，這樣的理解方式雖然不算錯，卻會帶來誤導。如同工作量證明系統運用的部分雜湊碰撞問題，比特幣系統第一次出現在世人面前時，其核心是一套密碼學（或接近密碼學）的過程（和比特黃金、b 貨幣與 RPOW 代幣的元素類似）。這點與運算本身脫不了關係：這個流程源於密碼數學、電腦科學，以及迪菲與赫爾曼所說的「便

宜……通用的數位硬體」[8]之交會點；只有在那個交會點上，實務上才可行。

芬尼下載了中本聰的「比特幣 v0.1」軟體草稿，他拿到了什麼？中本聰在論文中承諾了下列幾個「主要的屬性」：

用 P2P 軟體避免雙重支付。

不需要造幣或其他受信任的第三方。

參與者可以匿名。

新幣來自雜湊現金風格的工作量證明。

產生新幣的工作量證明，也讓網路得以防堵雙重支付。[9]

「雙重支付」的問題已經以各種形式在本書的各個章節出現過了：數位資訊原本就設計成可以完美複製。你要怎麼防堵數位現金代幣被同一個人拿來付兩次錢，甚至是一幣多付？要怎麼做才能阻擋複製貼上貨幣？從另一個角度來看同樣的問題：要如何防堵某種新型「神奇運算貨幣」（Magic Computer Money, MCM）的打造者製造出多於他們號稱的貨幣數量？

你可以透過中央伺服器或帳本來進行交易對帳，擊敗貨幣使用端的雙重支付問題，但如此一來，你將得信任伺服器。當 RPOW 伺服器接受被用掉的 RPOW 代幣，以及發行未使用過的代幣時，這個過程是可見的；芬尼的「透明伺服器」系統讓人得

以存取伺服器在任何時間所做的事，但不會出現伺服器遭到操控的風險。比特黃金與 b 貨幣依舊採取共享的公共帳本（public ledger）：薩博的計劃則用分散式、「無從偽造的……數位簽名鏈」，證明誰在哪個時間擁有什麼；戴維的 b 貨幣有新幣成本的投票系統，還會公開廣播活動。這三者全都碰上了與製造新錢有關的某種工作量證明挑戰——有必要想辦法製造「成本高的位元」。

中本聰的比特幣融合了所有相關的概念，讓銀行、現金、造幣合而為一：「既有生成新幣的工作量證明，同時也讓網路得以防堵雙重支付。」有著單一、共享、廣泛散布、僅增式（append-only）的數位帳本——那樣的帳本可以追蹤每一筆交易，把活動集結成「區塊」，記錄每一塊比特幣過去與現在的擁有者。你可以把資訊加進這個帳本裡，但永遠無法移除或更改。所有的「節點」——也就是比特幣網路的參與者，全都擁有帳本（也就是區塊鏈）的副本（中本聰最初的論文不曾使用**「區塊鏈」**一詞）：每個事件的文件都宣稱擁有某塊比特幣的權利，以簽名的方式從一個地址傳遞至另一個地址。每一筆新交易的雜湊值（hash value）被雙方的密碼公鑰蓋上時間戳與簽名，接著廣播給所有的節點確認。尚未加進帳本的新交易累積成新的區塊，所有的結點開始試著生成該數據的困難工作量證明雜湊。（嚴格來說，基於

安全上的理由，實際上必須二度應用雜湊函數——進一步增加挑戰性）。這個流程被稱為「**挖礦**」（mining），理由我們很快就會解釋。

第一個成功解決雜湊挑戰的節點會把區塊送至其他所有節點。那些節點將鏈中的新區塊加進自己保存的記錄——至少理論上是如此。實務上，比特幣網路的架構，意味著在同一時間可能有多名新區塊候選人。舉例來說，全球各地挖礦的電腦在傳送自己的結果時，可能會出現幾微秒的時間差。如果出現區塊鏈分支，節點試圖替主帳本流通不同的下一筆記錄（entry），那麼網路上的每個人就會自動留存比較長的那條記錄鏈：那條鏈擁有更多的整體網路總處理力。

以上所說的事，再加上工作量證明挑戰的困難度節節攀升，除非是解題時持續擊敗網路上的其他節點，不然（理論上）沒有節點能製造偽造的交易或惡意干擾帳本的整體運作。壞節點必須控制超過一半的整體網路總運算力，才有辦法做到這種事（這種保護法日後的可靠程度遠低於當初的設想——但這裡我們先看初期的版本就好）。系統中各個區塊鏈達成帳本共識——不過，這種特殊的「共識」並不是建立在大家一起做出集體的決策上，而是穩定減少不同版本能成功挑戰標準記錄（canonical record）的可能性。[10]

如果工作量證明挑戰的難度穩定增加，要花更多的代價才能解決，為什麼還會有任何節點願意費工夫挖礦？答案是「生成新幣。」第一個解開目前的工作量證明挑戰的節點，將有權獲得五十枚新比特幣以及交易費。「挖礦」——好比你在電腦遊戲中挖資源，每按三十次按鈕，將有機會贏得礦石獎勵（薩博在他的比特黃金提議中，使用過類似的「比特黃金礦工」〔bit gold miner〕一詞，描述生成「挑戰串」〔challenge string〕雜湊的運算工作。）由於工作量證明問題的難度會隨著每一個或每一組解答逐步增加，你可以設計系統，在更多電腦加入網路時調高問題的難度，讓這些問題永遠得花上很長一段時間才能解開，好讓產生新幣的速度能夠一致。隨著所有比特幣節點構成的網路變得更強大，貨幣的生成成本跟著水漲船高。

中本聰在最初的論文寫道，產出的總幣量是有限的：「一旦預先設定的幣數開始流通，動機將完全轉移至交易費，完全沒有通貨膨脹。」中本聰以不知道這個選擇將有多麼重大的平淡語氣，在二〇〇九年一月八日第一版軟體的宣言中多加了一項細節：「總流通數將是兩千一百萬枚，在網路節點生成區塊時散布，每四年數量會減半（注：二〇二〇年只剩六·二五枚）。」[11]

帳本的原理就是那樣。帳本追蹤幣（coin）。加進帳本的工作會產生幣。那麼，什麼是幣？

簽名鏈

一九八〇年代晚期，梅曾問過密碼龐克社群：「什麼是『數位幣』（digital coin）？」有一個答案說，那根本不是「幣」——不是某種離散的位元串，也不是某種數據單位，而是所有權的共同驗證系統；那個驗證系統之外，幣不存在。[12] 目前擁有某枚比特幣的帳戶要是一個也沒有，比特幣就不存在；「幣」本身是被持有的財產。（一言以蔽之，整套機制可以借用尼爾森一九七〇年代對於仙那度的描述：一套「技術架構與所有權協定」。[13]）這是中本聰的前提所隱藏的意涵：「我們將電子幣〔electronic coin〕定義為數位簽名鏈。」一枚幣的本身離不開這枚幣被交換的簽名交易史——事實上，**它什麼都不是，只是那些交易。**

你並未擁有比特幣（注：bitcoin 字面上的意思是「位元幣」，「比特幣」為音譯）——你並未擁有那些位元，因為有一天將被持有的一枚比特幣，不是由位元組成。你擁有的其實是有權宣稱帳本裡的某枚比特幣是你的，你可以把那個權利讓給別人。交易不代表比特幣「轉手」（這是史上最誤導人的身體隱喻），而是那個權利、那個所有權的主張，在交易更新至帳本的過程中被重新讓渡。

以薩博的比特黃金來說，上一個解開的問題的尾端，是找到

下一個稀有雜湊的「挑戰串」，那個挑戰串一定會連至所有權鏈（chain of title）中的記錄，並且一路回頭連至第一筆記錄；NIST可靠的隨機數字產生器中，每一次的新廣播都會納入前一次廣播的雜湊，前一次的也納入了前前次的。以中本聰的比特幣來說，帳本上近日交易的區塊雜湊一旦被認證與接受，就會成為下一個區塊的起點，連至環環相扣的交易鏈，一路連回最初的「創世紀區塊」（附有宣布銀行紓困的新聞），以及中本聰與芬尼之間的實驗性交易。同樣地，比特幣的「幣」本身只是數位簽名鏈：擁有權的記錄。貨幣本身是數據庫系統的產物，井井有條地把來歷（provenance）與監管鏈（chains of custody）自動記錄下來，但沒有實際的項目（item）——那是物件（object）的交易記錄與所有權記錄，而那些物件的存在，又是由它們的交易記錄與所有權記錄所構成的。

中本聰列出的承諾包括「參與者可以匿名」（participants can be anonymous）。視情況而定的「可以」（can be）二字，迴避了「帳本與簽名系統」實際上需要的取捨。不要求附照片的 ID、不需要給電子郵件地址、不必提供科幻小說作家文奇談的「真名實姓」；你只需要帳本上的地址，就能持有與交易比特幣，而那個地址只是個新生成的密碼公鑰（講得再精確一點，是那把鑰匙的雜湊）。這樣的匿名程度不能再高了吧？然而，你的地址參與的

每筆交易，在公共帳本上永遠看得到。喬姆的 DigiCash 以匿名的方式交易，匿名程度甚至勝過紙鈔：一旦從你的銀行帳戶（知道名字與身分）領出，錢就無法連至你的購買。比特幣則顛倒過來，透過匿名帳戶使用錢，一律看不見、無法追蹤、不公開。（不論是透過在比特幣的基礎上打造，還是開發新型的加密貨幣[14]，後續的計劃都在努力做到真正無法追蹤的匿名現金。）想像一下，如果每張鈔票都能像族譜捲軸一樣攤開，完整的流通故事將盡收眼底。

你也許會好奇，要是每一筆先前的交易都能立刻被匯整，由集合所有互動的網路放進應有的位置，那會怎麼樣？後來發生的事將會揭曉答案：要是你不小心把比特幣地址和能連至你真實身分的東西放在一起，例如電子郵件地址、論壇文章、郵寄地址，或是試圖出售比特幣、交換其他貨幣或商品，不只你的身分會曝光，帳本中的交易史還會留下時間戳記錄，記錄你的活動以及與你有關之士的網路。曾經有人試圖利用多重地址掩飾活動，但事實證明，那個策略會碰壁。網路圖辨識（network-graph disambiguation）會揭露共同的連結與關係。人類試圖隱藏行蹤，但他們的貨幣有身分識別，忘也忘不了。

北緯 51° 33' 31.6224"，西經 2° 59' 57.987"

若要了解這套系統帶來的特殊做法與矛盾，可以看看英國威爾斯人郝威爾（James Howells）的例子。

二〇一三年，郝威爾回想：「垃圾處理人員真的開卡車載我到掩埋場」，一路載到「他們目前正在開溝的地方。」[15] 過去幾個月，鎮上丟棄的所有東西目前全都堆在那片地的某處，壓在三、四呎高的垃圾下，浸在威爾斯的雨水造成的爛泥之中。在那樣的地底下，有一塊被誤扔的硬碟，當時價值將近三千萬美元。當然，硬碟本身沒有那麼貴——事情是這樣的，郝威爾不小心打翻了東西，弄壞了一台戴爾筆電。他肢解筆電，取出硬碟，把它塞進抽屜裡一過就是三年，後來某次大掃除時順手扔了。

硬碟裡是二〇〇九年偶然留下的東西：一串字母與數字——一組正在消失的磁偏角超迷你條紋。那是比特幣錢包的私鑰，或者曾經是——能夠交易八千枚比特幣的專屬權地址（這裡要用什麼時態來敘述很難講，等一下會說明）。那些比特幣是二〇〇九年四月底前的那幾個月裡，他悠悠哉哉「挖」出來的「礦」產。當時比特幣平台還很新，沒有多少節點，挑戰幾乎算是沒什麼難度。郝威爾最後之所以停止挖礦，是因為他靠解決部分雜湊碰撞問題換取「貨幣」時，風扇的噪音永遠吵個不停，筆電又很燙。

當初，挖礦這件事幾乎只是一種業餘嗜好，少了私鑰，你無法存取或交易比特幣。到了二〇一三年，比特幣的價值——別人願意用其他貨幣支付的數字——從零升到一枚超過一千美元。

郝威爾想了想該如何挖掘垃圾掩埋場，那可真是個浩大的工程：雇用團隊、租兩台挖土機與防具，在濕答答的垃圾堆裡挖上幾個月——進行另一種形式的挖礦。郝威爾將得在足球場那麼大的一塊地上，尋找大小約為一包香菸的東西，而且這幾個月累積的垃圾與爛泥裡，當然還有可能有其他被扔掉的硬碟；究竟哪一個才是本尊？此外，鑑識資料回復需要花多少錢？真的有辦法復原硬碟上的任何東西嗎？萬一搞錯硬碟，要花多久的時間才會知道？五花八門的計劃出爐，例如聘請紀錄片團隊錄下開挖過程、贊助挖掘的財務計劃等等。郝威爾在訪談中自問：「為什麼我到現在還沒有拿著鏟子站在那裡？」

你或多或少看得到那塊硬碟在哪裡：大約位於北緯51°33'31.6224"與西經2°59'57.987"的埃布韋爾河（Ebbw River）河彎處：在威爾斯紐波特鎮（Newport）的垃圾掩埋場裡。此外，你也看得到那八千枚比特幣在哪裡：地址是比特幣區塊鏈上的198aMn6ZYAczwrE5NvNTUMyJ5qkfy4g3Hi。只要這條區塊鏈本身還在，那些比特幣也將永遠待在那個位置，看得見、拿不到。就在那裡，但遺失了。[16]

信任的燈泡

在比特幣系統的最開端，芬尼就注意到讓郝威爾當初放棄挖礦的矛盾：運算貨幣這種完全由位元、而不是原子組成的貨幣，實際上會讓很多原子跑來跑去。空氣分子碰撞來、碰撞去，微晶片嘗試一個又一個的部分雜湊碰撞問題解，不停散發出熱能；電腦風扇瘋狂運轉；芬尼的兒子注意到挖礦有多耗損筆電時，就把挖礦軟體解安裝了。雖然比特幣被描述、歸類為「虛擬貨幣」，但它有形的程度實際上遠遠勝過十七世紀商人的匯票。電流的摩擦生熱保障著這種數位現金的稀缺性；這種貨幣的生成與交易被支出限制，也被浪費限制。比特幣不是魔法，而是技術，身處由電網、晶片製造事業與地球大氣構成的背景之中。

使用中的電路必然會耗功，也就是會生熱。線路，尤其是微晶片裡顯微與超微規模迷宮裡的線，實在過分迷你，距離太短，我們幾乎能把它們想像成抽象的物體，有如物理學概論裡假設的零摩擦力板與無質量的滑輪——套句工程師暨科學家丹尼·希利斯（Danny Hillis）的話，那是「無代價、無體積的理想連結」。[17] 然而，電流在導體中流通需要時間（回想一下霍普的奈秒），帶來焦耳加熱，電子與原子離子相互碰撞，產生動能：熱量與電流的平方成正比。你的皮膚可以感受到白熾燈泡散發的熱度，燈泡

裡的燈絲因電流通過時的電阻而發亮。

　　熱能一直以來都是電子運算的麻煩問題；從過去到現在，運算的聲音是風扇的怒吼。[18]劃時代的克雷超級電腦（Cray supercomputer）是熱循環與熱管理的傑作：大如家具的散熱片恰巧也用於運算。初代克雷一號（Cray-1）的所有專利都是冷卻方面的創新[19]，背後的設計師西摩．克雷（Seymour Cray）還握有使用惰性液體的專利——保護電腦元件的不導電液體，讓你能以浸沒的方式冷卻電路板：「除非有辦法消除如此高密度的線路集合所產生的相當大量的熱，否則很遺憾，理論上可行的高密度〔微晶片〕，實務上無法達成。」[20]只要有免費或廉價的電力來源、鍋槽中有相同的沸騰液體氟化液（Fluorinert）以及一整架的微晶片方陣版，這種「高密度集結」便可在世界各地的安全設備中運轉。晶片每秒產生數十億個雜湊，並試圖生成無法大規模生成的碰撞，除了驗證自身的費力發現，什麼也驗證不了：它們在挖比特幣。

　　處理部分雜湊碰撞挑戰的 SHA-256 演算法本身並不有趣；你可以用手算——為了挖比特幣，用紙筆猜測數學解——只不過「與硬體挖礦相比，過程極度緩慢，根本不切實際。」[21]肯．薛里夫（Ken Shirriff）接下了這個唐吉軻德式的狂想任務，他確信光用紙筆，就能在大約一天半的時間以每日〇．六七個雜湊的速度

（「如果再練習一下，速度大概還能更快」），替一個完整的比特幣區塊生成一個雜湊——也就是替挑戰提出一個猜測；相較之下，專門用來解決比特幣類型雜湊問題的晶片，速度是每秒生成數兆個雜湊。此外，薛里夫也計算出相對的能源消耗：在靜態代謝率下，他坐在桌前，一一走過 SHA-256 的計算步驟，大約每十個百萬焦耳（megajoule, MG）的能量可以帶來一個雜湊。相較之下，（當時）一般的比特幣雜湊硬體效率，大約是每焦耳的能量帶來一千個百萬雜湊（megahash, MH）——換句話說，人類的效率大約比機器差了 10×10^{15} 倍。[22]

就理論上與實務上而言，在便宜又強大的硬體上跑運算流程是比特幣不可或缺的條件：要是沒有數位動態影像市場（尤其是電玩）壓低能跑繁重猜測任務的晶片價格，比特幣系統就不會存在。此外，這個系統是個吃電的大怪獸，電力必須來自某處，看是要靠燒煤、天然氣、旋轉的風力機還是衰變的鈾，而把這些電用在其他地方，大概會比找出無意義的雜湊來得更有建設性。二十一世紀初最複雜、最精益求精的基礎建設與技術所構成的整套機制，被拿來征服無用的東西。一切正如金本位制的支持者批評凱因斯的資本注入方案時，凱因斯反唇相譏，建議那群人把鈔票放進瓶裡，埋進廢棄的煤礦坑，等著被人開挖，這種無用的任務慢下了新貨幣的散布速度，要人付出勞力取得。「較為合理的做

法的確是蓋房子什麼的，但如果有政治或實務上的困難擋道，只能說有總比沒有好。」[23]

維持交易秩序、阻止雙重支付，帶來了可信任的觀感與信賴感，從而支撐持有者眼中的貨幣價值，而這一切得把運算的物理學轉換成某種摩擦煞車。如同焦耳加熱化身為可見光的光源，整件事就是在用刻意缺乏效率的過程產生副產品。正如白熾燈泡，熱幾乎是比特幣系統唯一產生的東西，且其社會功能是個極其微小的副作用：用信任的燈泡取代「可信任的第三方」。正因如此，也只因如此，比特幣與金銀有了共通之處：你透過熱傳導認識它們部分的特質。它們某種程度上是透過熱來證明自己。

讀到這裡，你可能會好奇組成貨幣的另一種有形元素：貨幣是一種流（current），它會流通。貨幣之所以是貨幣的前提，在於未來它會被接受：無論是國家徵稅時，商人結算債務時，還是親族網絡、朋友與社群拿來交流承諾、敬意、名聲與情感時。此處解釋的加密現金機制即便技術上十分複雜，它還欠缺了一項最重要的元素：誰會想要擁有這種貨幣？原因是什麼？

事實上，比特幣的雜湊碰撞問題帶來的信任感不是在信任這種貨幣的**價值**，畢竟價值只會在被他人接受的前提出現。眾人信任的其實是比特幣的稀缺性：你可以替自己確認目前究竟有多少比特幣存在，有多少枚正在流通，以及增加了多少枚。耗費的電

力、專門的晶片、沸騰的氟化液、轟隆作響的散熱風扇，一切都是為了保證一模一樣的「錢幣」並不存在，新幣絕對是在預先設定好固定數量的情況下生成的，永遠稀有，而且會愈來愈稀有，如同中本聰所言：「這就像是挖黃金的礦工耗費資源，以求把黃金加進流通的行列。」[24] 這種錢幣是網路上的數位簽名鏈，在消耗電力時不會產生其他產品——無法在自家網路以外的地方花掉，是不帶其他價值、不具備固有需求的錢幣——無論從哪一點來看，這樣的錢幣可與黃金相比：社會上一直有聲音在鼓吹要承諾它們的價值（貨幣人類學家比爾‧毛雷爾〔Bill Maurer〕、泰勒‧奈姆斯〔Taylor Nelms〕與史瓦茲稱之為「數位金屬本位主義」〔digital metallism〕：人類社會以外的價值基礎以黃金的模式，「透過演算控制貨幣供給」，但仰賴「社群與信任帶來的社會動能」，以及文章、影片、噱頭、宣言，甚至是詩詞所引發的興奮感。」[25]）。中本聰在申請帳號時被問了生日，他選擇填入一九七五年的四月五日。一九三三年的四月五日，在另一場全球金融危機之中，小羅斯福總統簽署了六一〇二號行政命令（Executive Order 6102），禁止在美國囤積貨幣性黃金，那一刻是自由主義者的惡夢。（至於為什麼挑一九七五年，是因為小羅斯福總統下令禁止的行政命令在該年完全取消，美國人可以再度擁有與交易貨幣性黃金。）[26]

二〇〇八年，比特幣提議首度在密碼學的郵件討論區裡出現。當時的對話「歪樓」成討論貨幣的本質，以及數位現金具備「客觀價值」的可能性，差點蓋過了技術方面的辯論。清單管理員梅茲格不得不插手：「我本身是狂熱的自由主義者，但這裡不是狂熱自由主義者的郵件討論區，麻煩各位讓討論回到協定本身，或協定的直接實用性，不要談法幣的風險、課稅或你阿姨蒐集的金幣等等。」[27] 比特幣被採用的頭幾年，受到了當時大環境陷入的危機以及自由主義者希望逃離的幻想所影響，比特幣的價值因此有了架構：稀缺的加密貨幣可以抵銷「法幣的風險」，擔當非常時刻的緊急貨幣。

第 11 章

世外桃源

本章我們要來了解自由主義者預想的貨幣脈絡，也是比特幣找到最多忠實受眾的相關背景。為了追蹤相關貨幣，以及理解錢幣的重要性，尤其是貴金屬幣，我們將一遊詐騙造幣廠、阿哥拉主義者的小說、「山貓銀行」（注：wildcat bank，十九世紀美國曾有一段時期允許私人開設銀行，各自發行鈔票。這類銀行經常無預警倒閉，民眾求償無門）、數位黃金貨幣、不存在的公海微國家。最後，我們來看「西蘭計劃」（Sealand project）打造離岸數據避風港的結果：適合比特幣版的數位現金之幻想領土。

「掉落」

從字面意義與象徵意義來看，對自由主義者、奧地利經濟學派支持者、客觀主義者，以及（大部分的）超右派死忠實體貨幣理論家而言，錢幣（coin）是有重量的：錢幣是來自未來史的人為貨幣產物，象徵著取得與掌控價值的有形形式，以實體的方式展現新主權秩序。錢幣是全球新治疆權安排的人為產物與投資：那是開疆拓土的象徵。有時錢幣只是個符號，為了提振士氣，賠錢也要發行；有時則溢價售出，成為籌措資金的工具，未來再還債。不論是哪一種情形，錢幣都會引發不一樣的價值秩序。

二〇〇九年，伯納德・馮・諾特豪斯（Bernard von

NotHaus）被捕時，他擔任皇家夏威夷造幣公司（Royal Hawaiian Mint Company）的廠長。此外，他自稱是「自由美元幣」（Liberty Dollar coin）的貨幣設計師，鑄幣地點是位於愛達荷州科達倫（Coeur d'Alene）的陽光造幣廠（Sunshine Minting），背後的團體是他自己的「全國廢止聯邦準備暨國內稅收法組織」（National Organization for the Repeal of the Federal Reserve and the Internal Revenue Code，簡稱 NORFED）。（諾特豪斯還擔任他自創的「檀香山自由大麻教會」〔Free Marijuana Church of Honolulu〕的大牧師——「一根大麻菸歸於上帝」〔One Toke to God〕。）然而，諾特豪斯的故事始於一九七四年，當時他和合作夥伴泰爾・普雷利（Telle Presley）一起提了十九頁的論文：〈了解價值——一篇經濟研究論文〉（To Know Value—An Economic Research Paper）。[1]

這份古怪的文件是一場「性靈頓悟」（spiritual epiphany）的產物，開頭的獻詞將該文獻給「阿道斯・赫胥黎（Aldous Huxley）的夢想」，並引用了克里亞南達（注：Swami Kriyananda，瑜伽行者與精神導師）的話，此外還提到黃金迷、通縮理論家與《電視指南》（*TV Guide*）雜誌。本質上，那是一篇關於本體論與知識論的陳述：如何知道某樣東西是「真的」，以及那樣東西如何**被知道**是真的。文中的主張既不複雜、也不具說

服力，充滿繞來繞去的邏輯，強調災禍將至以及《星際大戰》尤達大師（Yoda）式的經濟學家說明，例如：「為什麼要購買黃金？理由在於黃金是什麼。黃金是黃金。」這份文件的語言雖然直白，卻示範了對於貴金屬鑄幣的基本信念，把貴金屬幣視為某種更上乘的貨幣知識。「只有無知者才會對黃金有疑慮。」二人寫道：「每一個人都看見商品，加以評估，同意接受」，這是一連串帶有神秘意涵的「知」的途徑。[2]

也難怪日後諾特豪斯因為發行貨幣而官司纏身時，最終引發的一連串問題非關價值，而是關於知識——涉及錢幣的文化意涵與法律意涵。背後的理由在於，首先，諾特豪斯發行的東西不是貨幣，而是「紀念幣」（medallion）。在美國，「製作、使用或流通……任何由金銀或其他金屬製成的錢幣……意圖當成通貨使用」是違法行為。因此自由美元幣的「私人自願交易貨幣」（private voluntary barter currency）不是以錢幣或紙鈔的形式發行，而是「紀念幣」與「倉單」（warehouse receipt），你可以拿著它們去愛達荷州的辦事處兌換金屬。諾特豪斯的倉單有紙本版，也有數位版的「電子自由美元」（eLibertyDollar）——那是一種「數位黃金貨幣」，電子貨幣的奇特分支。

這群鑄幣者在發行說明書與購賣合約裡，一遍又一遍明確地指出自己不是在生產貨幣，他們寫道：「以前**不**曾宣稱、現在**不**

曾宣稱、不是、也不打算聲稱它們具備法償效力。」如果你打算向另一間有著相同意識形態與受眾的機構，購買白銀版的「新自由美元」（New Liberty Dollar），那麼你先得回答一連串的問題：「你是否了解，新自由美元是純度・九九九、一金衡盎司、非公開發行的銀質紀念幣，不是任何政府發行的貨幣？……你是否了解，新自由美元這樣的銀製品，可能恰巧具備紀念獎章、藝術、情感、歷史或其他類型的價值〔？〕」[3] 理論上，你應該親身以直觀的方式了解這些金屬製品，不該將它們和銀行或國家聯想在一起——即便在同一時間，這些硬幣的用意就是要讓你對那些抽象客體起疑。諾特豪斯要求重審自己的案子時，審察的重點被擺在一個似真似假的悖論：「陪審團的判決指出，這個計劃的目的是提供聯邦準備系統之外的另一個選項，而被設計欺騙民眾相信，這個東西確實就是諾特豪斯先生一開始就說不是的東西。」

正如與自由美元密切相關的「主權公民者」運動（"sovereign citizen" movement），相關的概念以**真實感**為依據。既有真實、立即的「腳踏實地」切身感受，也有對於政府和社會十分邪惡的想像。自由美元的硬幣之所以具備某種意義，是因為你能握著它們、感受它們、化驗它們。自由美元的倉單之所以具備某種意義，是因為理論上你可以拿到科達倫兌換同等數量的銀；倉單甚至指出，五年後，這些銀子的價值將扣除一％，用於保管費與保

險費。[4] 在愛達荷州的倉庫保險室，要有人駕駛堆高機，堆疊銀塊棧板，檢查消防灑水器，觀看閉路電視畫面：執行真真實實的儲藏與維修保養工作。

如果民眾不接受這種激進貨幣背後的意識形態，自由美元大學（Liberty Dollar University）還有訓練計劃，傳授銷售大法。關鍵的銷售技巧是「掉落」（the Drop）。一名臥底的 FBI 探員說明：「NORFED 組織的成員會拿出一枚自由美元硬幣，讓那枚硬幣掉落在對方手中，讓他們感受到銀的重量。接著 NORFED 成員會問：『你收銀子嗎？』」[5] 那位探員指出，從來不曾有成員「描述或提供任何自由美元是替代貨幣的解釋。」然而，掌中傳來的感受揭開了一種念頭的序幕：這是來自真實世界的錢，可以替即將來臨的災禍做好準備。

從頭到尾沒被明說的一件事，就是未來將出現的關鍵危機。數十年來，自由主義者的預言，以及《福斯新聞》（Fox News）上每天打的廣告，讓人很熟悉這個概念。美元就要撐不下去了，惡性通膨、無力承受的赤字、貿易戰、系統性危機全部加在一起，將產生金融崩潰。金、銀、白金將（再度）發揮作用，把金屬幣埋在你家地板下數十年，將突然間成為你極有遠見的證明。

這種錢是在支持尚不存在的狀況，是準備用來流通的價值——等著成為「通貨」。而這些錢派上用場的時間點不是平時

的適當時機，也不是凱因斯所云積累財富的「無限延遲的未來」，而是在發生危機、衰退與崩潰的非常時期。[6] 諾特豪斯把絕招傳授給（舊的）「自由美元協會」（Liberty Dollar Association），要是他們碰上不相信他的複本位制的民眾，就「告訴他們，你們要準備好迎接**美國的納粹化**與恐怖政治，這個國家將遭逢前所未有的厄運。吩咐他們脫手政府的貨幣，買進白銀，好讓自己在艱困的日子與歲月中，不會成為受害者（粗體強調為原文所加）。」[7] 你有機會同時替既古老又未來的秩序做好準備——方法是持有金銀的「數位倉單」，一種用電子郵件就能寄給你的貨幣單位，背後的依據是年代比克羅伊斯（注：Croesus，小亞細亞呂底亞王國最後一位君主，在古希臘和古波斯文化中，這個名字似乎已經成為有錢人的標誌，據傳他是史上第一位採取金銀本位制的統治者）還早的無國家客觀價值幻想。諾特豪斯這段教材的後面幾頁還附上了自由美元的合約與訂購單：災難降臨的前景是銷售賣點。

聯邦的藍色鈔票

烏布列夫在籌備計劃時寫道：「我對 Pecunix 的理解是，那是『由黃金支撐的數位貨幣』（他的用語是「goldbacked digital currency」）。」那項計劃日後將成為交易毒品與其他違禁品的加密市場，名為「絲路」——比特幣的第一個重要交易平台。「我能否用匿名的方式，以法幣或黃金的形式安全取出資金？」[8]

Pecunix 是一種「數位黃金貨幣」（DGC）。其他的 DGC 包括 OSGold、IntGold、e-bullion、「亞斯本元」（Aspen Dollar）、「憲法第二修正案元」（Second Amendment Dollar，由一間肯達基州的槍店發行）、GoldMoney（在海峽群島〔Channel Islands〕的避稅港澤西島〔Jersey〕上運作）、e-gold。[9] 這些 DGC 提出許多相同的承諾，連結至黃金的特性，例如無國界的交易、可轉換成多種貨幣等；其背後的理由是金條很穩定——允諾未來發生緊急狀況時，黃金是安全港。此外，要是妥善處理，要做到匿名也是有可能的。

e-gold 是 DGC 領域的範例：一九九六年，e-gold 由一名支持自由主義的美國腫瘤科醫師推出，比 PayPal 早幾年問世，超前比特幣十幾年。e-gold 承諾，將帶給世人「更好的貨幣」（Better Money，名字還被註冊為商標），適用於全球各地的支付。其靈感部分來自薇拉‧史密斯（Vera Smith）的《中央銀行與自由銀行選項的基本原理》（*The Rationale of Central Banking and the Free Banking Alternative*，最早出版於一九三六年）。那本著作原本是史密斯談海耶克的博士論文，想像在「自由銀行」的世界，由自

由銀行發行銀行券（banknote），「承諾見券……即付一般會接受的媒介，而我們假設這個媒介是黃金。」[10] e-gold 帳戶用金屬的公克數與金衡盎司數來計算，網站詳細列出每一塊金屬條的資料，包括印記、重量、序號與目前所在地。這又是一種提供特定知識類型的數位貨幣：e-gold 的網站指出「重量單位具備明確、不變、全球通用的定義。」這種資產擁有一連串的出處資料、量化資料與保管資料，其他能與之相比的東西為數不多──例如：來自美國貴金屬化驗所（US Assay Office）的 # 9272-41 號金條、純度為‧九九五〇，重量為三八〇‧七七五金衡盎司。

二〇〇八年十月，正當中本聰在郵件討論區提出比特幣的點子之際，面臨多項重罪指控的 e-gold 認罪，暫停營運，交出資產（平台成為信用卡偽造專家、龐氏騙局與洗錢的高交易量園地）。一年後，烏布列夫評估了用其他 DGC 在祕密市場做生意的優缺點：「我看得出這在封閉系統將怎麼運作，但有辦法安全整合至經濟體的其他部分嗎？」烏布列夫的對話者是奧圖‧班迪肯（Arto Bendiken），班迪肯是年輕的密碼龐克軟體開發者，個人網站上放的東西包括米賽斯研究所（Mises Institute）的講稿，內容是羅馬帝國的貨幣政策造成貨幣貶值。二人都自稱阿哥拉主義者。

烏布列夫寫道：「阿哥拉主義很棒的地方，在於那是來自一

千場戰役的勝利。對於參與交易的人來說，脫離政府控制中樞的每一筆交易都是一場勝利。也因此這裡每星期出現數千次的勝利，每一次勝利都不一樣，每次勝利都強化了阿哥拉，弱化國家。」[11]（此外，每一筆交易都用比特幣進行。）阿哥拉主義理論由加拿大的自由主義者塞繆爾・愛德華・康金三世（Samuel Edward Konkin III）於一九七〇年代提出：不受管制的祕密市場普及，將把人從國家安排與法幣吸走，進入反經濟、反制度的架空空間（alternative zone）。康金的友人舒爾曼（J. Neil Schulman）一九七九年的小說《與夜相伴》（*Alongside Night*）曾推廣這個概念。烏布列夫認為，《與夜相伴》與康金的研究是打造「絲路」時「缺少的那塊拼圖！」——與梅的第十縱隊殊途同歸：經由提供取得違禁品與非法貨物的管道，促成新貨幣與加密平台的採行。

《與夜相伴》的場景設定在一九九九年，美國陷入貨幣危機，聯邦政府新發行的「藍幣」（blue）粗製濫造，引發快速通膨：「藍色的貨幣有一面沒有雕版，另一面也做的很草率……看起來像是大富翁遊戲裡的玩具錢。」（自由主義小說的特點是詳細描寫不同貨幣的外觀與觸感。）美國出現了銀行擠兌、信用凍結、配給制、穿馬靴的政府打手沒收私人黃金等事。主角的父親是得過諾貝爾獎的經濟學家馬丁・佛里蘭（Martin Vreeland），

他早已預測到這一切——這個小說人物若是讓人想到真正的諾貝爾經濟學獎得主、那位要替史上部分最極端的自由市場政策負責的傅利曼（Milton Friedman），如有雷同，純屬虛構（和另外一位諾貝爾獎得主海耶克一樣，傅利曼也替智利的皮諾契特辯護，他把獨裁政策當作一場激進私人化的實驗；他的門生是那場實驗的設計者）。佛里蘭的兒子出逃，加入了革命阿哥拉團（Revolutionary Agorist Cadre），用自己的合約、仲裁系統、市場、交戰團隊、防諜措施，以及不可或缺的貨幣——由私人銀行發行「無政府銀行幣」（"AnarchoBank" coins），以及由黃金支撐的數位資產——建立起平行社會

　　小說主角在阿哥拉主義支持者的藏身處找到了一間藏書室，《與夜相伴》的讀者因此獲得了一張建議閱讀清單。非小說類的書架上，擺放著經濟學家米塞斯與羅斯巴德的著作。小說區則包括蘭德的《阿特拉斯聳聳肩》與科幻小說家羅伯特・海萊恩（Robert Heinlein）的《怒月》（*The Moon Is a Harsh Mistress*），這兩本書都是美國自由主義的經典小說，《與夜相伴》本身有著相同的歷史空間架構，背景設定在統治制度開始失靈與崩壞的未來。小說中的人物移居或住在逃離世俗標準、不受緊急狀況威脅的區域，他們促成原有的危機惡化，接著回到經過改造、遠離災禍、烏托邦成真的世界。「『路障已經清除，』」蘭德筆下的人物

高爾特在《阿特拉斯聳聳肩》的尾聲，眺望滿目瘡痍的大地，說道：「『我們將回歸世界。』」在《與夜相伴》的尾聲，賓州車站「降半旗的兩面旗幟悠悠飄揚，紀念著烏托邦的死者……事情正在好轉。」（舒爾曼書中的兩面旗幟，一面是無政府主義的黑旗，一面是寫著「別惹我」〔Don't Tread on Me〕的加茲登旗；目前的阿哥拉旗幟是灰色與黑色，也正是他們心儀的市場顏色。）海萊恩的月亮革命則打算前往小行星：「彼處有一些好地方，不會太擠。」

在以上幾部小說中，就阿哥拉主義者與自由主義者的做法而言，使用正確貨幣（以及以正確方式使用貨幣）是在以哲學的方式認識價值，同時也是前往新實體領域的通行證、投身於危機將至的未來的努力，以及不同社會模式的入口──那是他們的宇宙圖，讓自己得以接近客觀事實，對抗專制命令，踏上某種金融的朝聖之旅。你必須找到「值得信任的反經濟門路」，進入「阿哥拉」。你要離開家鄉，追隨「高爾特」，放棄「官方紙幣」，改持「由誠實的中國銀行家所支撐的香港銀行鈔票，而不是官僚的法幣。一百元港幣等同三十一‧一公克的黃金（舊金衡盎司），由總部見票即付。」[12] 這麼做將使你加入架空歷史（alternate history）與無法避免的未來。蘭德在《阿特拉斯聳聳肩》寫道：「每當人群中出現破壞者，他們會先摧毀貨幣。」這句話大約出

現在某段蘭德式獨白三分之二的地方，書中的其他人物則一頁又一頁坐著乖乖聽講。「破壞者搶走黃金，留給黃金主人一堆偽幣，從而摧毀一切的客觀標準，害民眾落入任意設定價值的專制力量之手……紙幣是合法打劫者用不屬於他們的帳戶開出的支票，掏空受害者的美德。等著瞧吧，小心跳票的那天來臨，告訴你『帳戶已透支』。」[13] 這樣的「reckoning」（推測／清算）正在來臨，採用具備「客觀價值」的貨幣能讓人活過這場預想中的秋後算帳：你若採用，就能成為下一個社會的一分子。

黃金的物理性質示範了蘭德「貪婪烏托邦」（utopia of greed）希望能帶來的基本性格：堅強、發光又冷酷。黃金的特質是客觀、可量測、可量化的，全是某種社會哲學的必要條件。這樣的哲學認為，累積貨幣本身是在直接展示人類的價值，展現鑲嵌於宇宙圖中的社會秩序。蘭德的貨幣推想是知識論的聲明。高爾特的鑄幣廠所製造的每一枚錢幣是一種事實主張，理解那種哲學會讓你完全處於「客觀上富裕」（objectively rich）的位置。位於落磯山脈的高爾特峽谷是客觀主義者的堡壘，該地立著三呎高的金幣符號，有如公制機構保存的公斤範本：那是這個世界可用來精確評估的標準，然而，活在蘭德幻想世界裡的人也能用那個金幣符號來校準他們的主張。

知識**就是**貨幣，貨幣就是知識。小說《阿特拉斯聳聳肩》

中，自由主義海盜雷格納・丹尼斯鳩（Ragnar Danneskjöld）現身，把「從你那邊硬搶過來的錢」（納稅等等）還給漢克・李爾登（Hank Rearden）。當然，丹尼斯鳩給的是金條，因為要歸還「客觀價值」。[14] 李爾登碰觸到金塊的那個瞬間，愛意與事實同時湧現：「李爾登看見星光像火焰一樣，在平滑如鏡的金面上奔跑。他從金塊的重量與質感得知自己手裡拿的是純金。」這不只是討海人身上那種帶有「預想式地真」（以及「真正地預想」）的烏托邦貨幣幻想——還是個遠離預想災難、有著不同途徑知識價值的夢幻逸品，那場夢也輕輕鬆鬆地把早期的比特幣融了進去。

錢幣與國家

　　一九六八年，韋納・施泰福（Werner Stiefel）以筆名華倫・史蒂文斯（Warren Stevens）在自己的烏托邦計劃「亞特蘭提斯」（Atlantis）宣傳冊中寫道：「在這場哲學對抗中，就代表自由的理念發言而論，近年來沒有誰的功勞比蘭德更大。」[15] 施泰福是護膚產品大亨，他買下了位於紐約索格蒂斯（Saugerties）的一間汽車旅館，命名為「亞特蘭提斯一號」（Atlantis I），以不太耗資的方式，提供基地給他手上那個人數正在成長的自由主義者團隊（蘭德和他有過許多理念上的爭執，但這裡就不提了），他打算

尋找一處遠離每一個現存政府的新領土，一個「海上家園」（seastead），即便當時這個名詞尚未問世——把國際水域上的主權平台，當作他們新社會制度與新貨幣的根據地。汽車旅館的房間充當最終的船艦「亞特蘭提斯二號」（Atlantis II）的艙房，那艘船將在公海上運行，替「亞特蘭提斯三號」（Atlantis III）帶來補給與收入。「亞特蘭提斯三號」則將是一座島，看是要用買的，還是以人工方式製造，同時還要充當施泰福由市場驅動未來社會的自由港、堡壘與銀行。「亞特蘭提斯三號」將是前哨基地，歷史學家雷蒙·克雷布（Raymond Craib）稱之為自由主義者幻想的「世外桃源」（escape geography）——一個日後將採用比特幣的空間。[16]

在充當亞特蘭提斯初始測試基地的旅館裡，施泰福計劃著，要在他期望的社會出現之前就要開始造幣[17]，時間早於「亞特蘭提斯行動」（Operation Atlantis）日後碰上的一連串倒霉事，一場颱風摧毀了那個廢棄的鑽油平台，上頭的公民被誤認為海盜，被一艘海地戰艦的砲口瞄準驅逐。加固的水泥駁船「亞特蘭提斯二號」（在獲得建築師富勒授權的測地線穹頂下打造），先是在哈德遜河（Hudson）上擱淺，接著又碰上船軸斷裂，最終在巴哈馬附近沉船。亞特蘭提斯的「十幣」（The Atlantean "decas"）是十公克的紋銀，正面是舵輪的圖案，背面則是海上落日。此外，錢幣

的正反兩面刻著「理性」、「自由」與「十公克純度九七‧五白銀」等字樣：用「理性」與「白銀」相互保證。你可以在颱風帶來的狂風暴雨中，在一個建立於沙洲上的理性社會，拿著一枚「十幣」，幻想自己手裡握著「具備內在價值的貨幣」。

或許你可以幻想「握著這種錢幣的幻想」。十幣的流通量實際上非常小，跟所有自由主義者發行的飛地錢幣一樣。（十幣是用液壓肥皂製造機鑄成的。）在「亞特蘭提斯行動」的刊物上，十幣的照片被擺在小島、暗礁、沙洲的照片旁：錢幣與小島象徵著領土，你可以靠它們想像烏托邦計劃。在缺乏真正的國家時，用這些錢幣先代替一下——那是你可以握在手中、放入口袋帶著的領土。

「一九七○年代初，密涅瓦（Minerva）那群人進行了更認真切實的努力。」密碼龐克郵寄清單的某個人寫道：「他們在南太平洋的珊瑚礁上建立了一座島」——如同《負熵》雜誌投稿人所言，最終「令人嘆息的密涅瓦共和國（注：Minervan Republic，一九七二年私人在人工島建立的微國家）不幸滅亡。」密涅瓦是個特別大膽的嘗試，主張新國家與新貨幣；密碼龐克與長生不老運動支持者都希望，那預示著一種新興的地理區，可以替各種未來幻想打造原型。密涅瓦與旗下的「鳳凰基金會」（Phoenix Foundation）在其他地方惹出了許多稀奇古怪的事：與密涅瓦糾

纏不清的人士包括避稅投資顧問，以及受米塞斯等奧地利經濟學者啟發的創業者，有貴族、離岸銀行家、土地投機者、黃金交易商、暗殺者、傭兵，以及軍火商米歇爾・李文斯頓・韋貝爾三世（Mitchell Livingston WerBell III，韋貝爾的副業包括設計全球最佳的槍枝消音器，以及擔任鉅額金融犯罪者巴比・維斯科〔Bobby Vesco〕與尼克森總統的中間人）。密涅瓦試圖經由製造新領土（沙洲）與複雜的土地交易，創造出自由主義的政治與金融地理區。此外，密涅瓦還是一場武裝起義、宗教運動，以及奇特的新殖民主義奪權，時間是一九七七年，地點為新赫布里底群島（New Hebrides，今日的萬那杜〔Vanuatu〕）。[18]

密涅瓦人試圖逃離國家「各種面向」的期間（學者克雷布的用語），當然也發行了錢幣。那些錢幣在加州蘭卡斯特（Lancaster）鑄造，圖案是密涅瓦獨立運動領袖吉米・史蒂文斯（Jimmy Stevens）的頭像，下方刻有「人人皆有個人權利」（Individual Rights for All）的名言，同樣也放上了代表著地方與承諾的符號。人類學者蒙蒂・林斯壯（Monty Lindstrom）曾研究過這個混合了自由主義與救世主彌賽亞的計劃，並提到，對於這個國家想像中的未來公民而言，「帶有史蒂文斯肖像的金銀幣突然出現了，想必會讓人相信鳳凰基金會的力量。」[19]此外，為了密涅瓦試圖創造離岸自由主義天堂（人工沙洲）的目標，他們的

錢幣還刻上女神密涅瓦（注：羅馬神話中的智慧女神、戰神與藝術保護者，與希臘神話的雅典娜相對應），以及他們即將到來的國家之經緯座標——再度用金屬證明尚未存在的事物。鑄好的錢幣在信徒之間流通，證明未來危機降臨時，自由主義者的飛地確實存在。

五花八門的自由主義最終在數位現金中彙整了起來。那些概念建立於兩種遠方，一起成為錢幣上的象徵標誌：一種是「領土上的遠方」（territorial outside），從互連的阿哥拉一直到公海；而從發行哪種貨幣，一直到那種貨幣可以在哪裡交易，則是時間上的遠方（temporal outside），一個充滿危機與崩潰的未來。自由主義者的信念將在那個未來得到驗證，象徵自由主義信念的錢幣將可兌現。自由主義幻想的「世外桃源」（escape geography）與自由主義貨幣的「世外時間」（escape temporality）相互纏繞；自由主義的貨幣將流通的那個未來，於某種當代的領土上存在著。

光是有主權

一九九七年，萊基人還在麻省理工學院，有望靠一種「分散式數據儲存」拿下創業獎。「在市場的架構下，這種分散式數據儲存利用可靠的密碼通訊協定，提供隱私與驗證功能，不受審

查。」。[20] 萊基在密碼龐克的郵件討論區提問:「如果要打造匿名、私人、安全(以下省略一百字)的銀行,發行電子現金(e-cash),將需要什麼?」[21] 萊基與梅花了長篇大論討論槍枝,於是戴維忍不住問(前文我們看戴維的 b 貨幣提議時提過這件事):「如果我們有辦法靠槍來保護自己,幹麼還需要搞加密?」萊基的文章簽名檔取自《阿特拉斯聳聳肩》的一段話:女主角達格妮‧塔加特(Dagny Taggart)「冷酷無情地」射殺了一名「希望能活下去又不用背負清醒責任」的警衛。

兩年後,萊基從麻省理工學院輟學,在安吉拉(注:Anguilla,英國十四個海外領土之一,位於加勒比海小安地列斯群島北部)的一間電子支付新創公司工作。之後,他跑到西蘭公國擔任數據託管公司 HavenCo 的董事,提供數據儲存與管理服務。套用《連線》雜誌二〇〇〇年封面故事那句誇張又天真的說法:那種服務不但離岸,還「遠離政府」。[22] HavenCo 的董事長是帕雷克,我們在前文提過他,他曾經把梭羅的〈公民不服從〉一個字一個字打下來,放上網路分享,素日裡結交密碼龐克。HavenCo 的執行長是肖恩‧哈斯廷斯(Sean Hastings,他也是萊基工作的那間安吉拉公司的執行長),一直在長生不老運動郵件討論區的哲學辯論中踴躍發言,尤其是與人工智慧有關的主題。此外,他開發了一種名為「價值與契約電子交換協定」(Value and Obligation eXchange Protocol）的交換交易平台。（哈斯廷斯接著還會和經濟學家彌爾頓·傅利曼的孫子派崔·傅利曼〔Patri Friedman〕一起推動海上家園計劃。）

西蘭的法律地位充滿爭議。[23] 西蘭原先是個位於英國艾塞克斯（Essex）沿岸、建在北海上的防空平台，戰後被英國政府棄置。一九六七年，有一家人登上那個平台，宣稱那是他們的主權領土。學者亞卓安·約翰斯（Adrian Johns）在《海盜之死》（*Death of a Pirate*）中指出，這一切隸屬於船艦、要塞與英國周圍離岸平台的大歷史。相關平台被棄置後，非法人士將之挪用為地下電台據點——奇妙地成為 DJ、歹徒、波西米亞人、自由市場的原柴契爾主義（proto-Thatcherite）信徒的龍蛇雜處之地。[24] 即便多數時候是半開玩笑，西蘭公國卻是竭盡全力在主張主權。（然而偽造的西蘭護照扯了後腿，在市場上大量流通，其中一例是連環殺手安德魯·庫納南〔Andrew Cunanan〕持槍殺害了服裝設計師吉安尼·凡賽斯〔Gianni Versace〕後，被人發現持有西蘭護照。據傳某個西班牙文件偽造集團也曾在香港主權移交前，成功售出數千本西蘭護照給香港市民。）套句《連線》雜誌所言，這種半戲謔半嚴肅的主權「是誘人的灰色地帶」，一個真實、占地六千平方英尺（注：約一百五十九坪）的離岸管轄區，有效成為網路空間幻想的實體範例——是具體的烏托邦與「無法追蹤的

銀行帳戶」完美的落腳地點。萊基日後回想：「最大的靈感來源是文奇的小說《真名實姓》。」[25] 他域終於有了足跡；數位現金有了安身立命之處：nowhere@cyberspace.nil。網路上的節點如今有了經緯座標。

理論上，只要有高頻寬的連線能力、發電機、電池及電信設備，這會是座適合匿名支付、數位銀行，以及其他許多離岸服務的要塞。在科技驚悚小說的理想細節裡，機械室裡的空氣將是可以防鏽防火的純氮——除了是鑽油平台使用的「惰化」（inerting）技術，也能讓所有未戴呼吸裝備的人窒息而死。

而實際上，萊基靠著罐頭食物摸黑過活——他身處格林威治時間的時區，按照舊金山的時間作息。除了配合美國的上班時間，也是為了避免隨時都得和平台上的其他人擠在一起——網路的傳送速度原本就慢，他們的電信服務商破產後，更是只得仰賴衛星鏈路，讓他們的十幾個客戶（大部分是賭場）急得跳腳。平台上沒有多少建設，機櫃大多是空的。萊基離開西蘭後，在 DEF CON 駭客大會的簡報上，直接明講了：「由於缺乏資金，並未部署技術基礎建設的關鍵元件。」[26] 諷刺的是，西蘭本身一直有支付的困擾。HavenCo 的註冊地從安吉拉換到賽普勒斯後，服務商的付款要跑另一套不同的流程，投資人的資金若要進去，必須透過西聯匯款（Western Union）與信用卡；安全團隊的薪水則是以

現金支付。萊基事後懊惱地回想：「少了銀行的商業協助，光有主權沒有太大價值。」

　　萊基原本打算在這個國家領土之外的避風港，利用匿名的數位現金通訊協定，推出自家版本、由黃金支持的貨幣——有如諾特豪斯的「倉單」加上喬姆的交易保密；地點不在愛達荷州，而在一個辦公園區大小的沙盒君主國。萊基最後負債四萬美元，被倒債的數目更是龐大。法律學者詹姆斯‧格里梅爾曼（James Grimmelmann）指出，HavenCo 團隊設置在其他的法律制度之外，實際上是西蘭公國、西蘭親王與西蘭攝政王的臣民。如果萊基在法院控告這些王公貴族並勝訴，他試圖維護的西蘭主權將會毀在自己的手上。

　　二〇〇八年十一月，眾人正在討論一種叫「比特幣」的電子現金新提議時，密碼學郵件清單的成員插入了一則聲明：「在西蘭『國』經營數據中心的 HavenCo 終止在當地的營運。」事實上，HavenCo 早已人去樓空；二〇〇八年網站關閉時，西蘭的網路代管服務早已搬到倫敦的數據中心多年。那項聲明雖然細節有誤，但可說是來得正是時候，——幻想從字面意義上的海上平台回到了網路上的隱喻平台。

第 12 章

荒蕪地球

到了最後一章，我們一起來看看在自由主義者的美夢中，早期的比特幣是怎麼被當作烏托邦式的預想貨幣的：數位現金以能證明抗通膨的方式被打造出來，預計在經濟緊急事件發生時可兌現。每一項數位現金計劃都圍繞著宏大的目標；早期的比特幣目標，就是在危機之中創造並確保稀缺性。

承載著大量知識的金屬

所有的貨幣都是一座檔案館，不過錢幣提供了特別鮮明的例子。錢幣述說故事，直接給你看日期、神祇的肖像與世俗掌權者的輪廓、記錄著社群的語言與符號、交易網路、宗教，以及歷久不衰的常見做法。[1] 今日瑞典岸邊小島哥特蘭（Gotland）的錢幣寶藏（注：指的是世界上最大的維京寶藏斯皮爾林斯寶藏〔Spillings Hoard〕，此處出土的銀幣總值僅次於穆斯林世界出土的銀幣）裡，有著數千枚伊斯蘭哈拉發國鑄造的迪拉姆幣——那是絲路沿線貿易、定價與議價的機制，流通範圍遠至中東葉門與非洲馬格里布（注：Maghreb，指西北非撒哈拉沙漠以北的地區），是人類跨越半個世界的活動與連結的存影。[2] 錢幣即便毀損，它們依舊承載著主權、領土與價值的歷史。長期流通會導致錢幣的表面磨損；數字被敲進舊錢幣，訂下新價值；也有人會刻

意弄出缺角或破壞錢幣，毀掉討厭的君主頭像，或是加上新訊息。英國鼓吹女性也應有參政權的支持者，在愛德華七世（Edward VII）的便士頭像上，壓上了「女性投票權」（VOTES FOR WOMEN）幾個字。[3] 錢幣被「削剪」、刮下一層薄薄的銀，但它的面額不會改變，也不會因為政治或軍事計劃而貶值；錢幣也會被切剪成小額零錢，變成「碎錢」，靠秤重來決定價值。[4] 有時錢幣還會成為活化石，在不屬於自己的年代依舊流通：在帝王駕崩、疆域產生變化時，鑄幣者仍在鑄造亞歷山大大帝的四德拉克馬（Alexandrian tetradrachma，注：古希臘銀幣，亞歷山大大帝死後的希臘話時期，四德拉克馬更是廣泛運用至波斯與印度地區）、威尼斯金幣（Venetian sequin）、拜占庭金幣（bezant）、瑪麗亞‧特蕾莎女王（注：Maria Theresa，哈布斯堡君主國的統治者，後有「奧地利國母」之稱）的塔勒幣（thaler）。由波希米亞優質銀礦製成的塔勒幣成為標準貿易貨幣，需求強勁；一七八〇年特蕾莎女王與世長辭後，還繼續發行了好幾個世紀。[5] 塔勒幣在世界各地流通：從領土、殖民地、美洲大陸前線（塔勒幣〔thaler〕變成「daalder」，再變成「daler」，再變成「dollar」〔美元〕），一直到印度洋的貿易網。在印度洋與東非先令（shilling）、本票、鹽塊、英鎊、標準穀物量、印度盧比（rupee）一起流通。

錢幣背後的歷史記錄了哲學與價值體系，並講述意識形態的遺跡、宗教與想像中的社群——相關的故事有時會被忽視，或未被寫下。（英國十七、十八世紀作家暨評論家約瑟夫・艾迪生〔Joseph Addison〕談到自己耽溺蒐藏錢幣。他珍惜每一枚錢幣的原因，並不是因為「錢幣是金屬，而是因為它們承載著大量的知識」，錢幣是「如詩的現金」，記住世人與文化忘卻的歷史；艾迪生還曾經從一枚先令的觀點書寫了一篇自傳。）[6] 學者斯潘亦曾寫道：「個人或許會談到某種貨幣的價值，但他們真正在做的事，是在幾乎不自覺的情況下，自行預期其他人碰到紙幣、錢幣與信用卡時會怎麼做。」[7] 錢幣記錄著什麼將流通、誰將接受以及個中原因——這些事構成共通的價值語彙。重新定義貨幣，也是在重新定義社會——至少在一定程度上。這是在針對**價值本身**提出本體論的陳述，談論什麼是真的，以及我們因此該採取什麼行動。錢幣替宇宙圖奠定了基礎，帶來社會中的價值安排，也因此這還是一種知識論的行動：主張如何能知道重要的價值。

依據傳說，古代斯巴達半神話的立法者雷克格斯（Lycurgus）採取鐵本位制：鐵這種東西既沉重又具備象徵性，取得上有一定的難度，但在他人眼中，鐵並不是特別值錢，而且極度不方便。普魯塔克（注：Plutarch，羅馬時代的希臘作家，以書寫希臘與羅馬名人傳記出名）曾寫道：「這種錢開始流通時，許多惡劣的行

徑被逐出了斯巴達——畢竟有誰會想偷這種錢？有誰收賄想收這個？誰會想搶或侵占這種錢？沒辦法藏，拿著很不方便嘛。不，連切成碎鐵也沒人要做，有什麼利可圖？」雷克格斯實際上並未真的那麼做，不過普魯塔克說出了重點：普魯塔克筆下的雷克格斯利用鐵錢強行打破社會區隔，去除「不必要的繁文縟節」，帶來澈底自給自足的原動力，有效消滅貿易。這樣的鐵是一種教學工具，也是一種社會制度，同時是隱喻上（傳達價值與特定人物）與字面意思上的論述——一種讓社會完整脫離多數市場的物品。一七七七年的冬天，美國開國元勳亞歷山大・漢彌爾頓（Alexander Hamilton）在福吉谷（注：Valley Forge，美國獨立戰爭期間的軍事根據地，戰前設有鑄鐵廠）建立他日後會擔任財政部長的新國家時，讀到普魯塔克的文章，並留意到雷克格斯的這個決定：嵌在貨幣法令中的社會模式。[8]

漢彌爾頓的同僚班傑明・富蘭克林（Benjamin Franklin）成功提出以土地銀行——「土地的貨幣化」（coined land）——替美洲殖民地發行紙鈔。[9]富蘭克林指出，金銀的供應會隨著找到新礦劇烈浮動，貴金屬可藉由貿易出口，最後抵達英國，造成殖民地境內的商業停滯不前。土地則不一樣，可以抵押，充當紙幣的擔保品。當貨幣變得稀缺，以物易物的難度就會增加，民眾會用土地借錢，以求利用珍貴貨幣；系統湧進大量的錢，價值下跌，

民眾就會進行貿易，累積較為便宜的鈔票，替他們的抵押還債，從而在殖民地境內支持殖民地的貿易，讓美洲殖民地能在經濟上脫離大英帝國，並鼓勵某種形式的進口替代（漢彌爾頓也對這個主題特別感興趣），把貨幣持有者連結至他們的土地。那種貨幣本身的防偽措施倚賴著美洲的本土樹葉——用銅板印刷機印鈔時，加上樹葉拓印。這種鈔票相對容易生產與比對，但很難靠手工繪製偽造。[10]（那些鈔票也無意間留下了植物學檔案庫：來自新英格蘭森林的流通紙張收藏。）社會架構、政治任務與實體空間一起被帶進紙鈔。[11]

比特幣說出什麼樣的故事？它們提出什麼主張？它們**冒充**哪些人？它們的宇宙圖是什麼？

憨厚老實

在新罕布夏州白山山脈（White Mountains）的 PorcFest 聚會上，你可以用銀、比特幣與其他加密貨幣和「FRN」交易。FRN是帶有貶義的美元縮寫，意思是「聯邦儲備券」（注：Federal Reserve notes，即聯邦儲備銀行發行的紙幣）。時間是二〇一四年夏天，距離「布列敦森林會議」（Bretton Woods Conference）舉行日已過了近七十年的時間。布列敦森林會議是戰後全球貨幣秩

序的奠基事件，在白山山脈南方半小時距離的華盛頓山飯店（Mount Washington Hotel）舉行。PorcFest 的名字來自「豪豬」這種渾身帶刺的動物（注：porcupine，PorcFest 是 Porcupine Freedom Festival〔豪豬自由節〕的縮寫），最好別惹牠們；那是一場自由主義者的聚會，也是「自由州計劃」（Free State Project）的招募地，目的是讓自由主義者接掌城鎮與鄉村，方法是讓成員搬到各地，參與或多或少已經絕跡的地方政府投票。營地周圍停滿了車輛，上頭的保險桿貼紙支持比特幣、阿哥拉主義、蘭德、人體冷凍技術（「死了？我們幫得上忙！」）——甚至還有經濟學家米塞斯的自選車牌。裝著銀幣的天鵝絨錢包與錢袋、打赤膊的人、打結的鬍鬚、蘇格蘭工作裙（utilikilt）、旗幟、植物酊、炊煙……營造出一股重裝上陣的文藝復興節氛圍。這是全球的先驅社群，他們試著在人與人之間的日常交易中使用加密貨幣。

楓樹與藍雲杉枝下的小販自備小型天秤、計算機與手寫換算表，方便找出各種貴金屬的實際支付價值——智慧型手機也派上用場，用來查詢買賣價差，用比特幣做交易。你可以購買秋葵濃湯、乾襪子、咖啡、Wi-Fi 連結（利用裝在拖車上的天線，用 VPN 連至神秘的 4G 網路，出口節點位於印尼某地）、原始人飲食法的穀片（杏仁、南瓜籽、椰子粉），以及美國個人無政府主義者（individualist anarchist）萊桑德·斯波納（Lysander

Spooner）的論文集。你可以模擬隨著政府、經濟與這個世界的崩潰而來的想像情境，你也可以捐款支持他們設想的未來。各種烏托邦貨幣齊聚一堂令我困惑不已：這群人竭力投入「硬貨幣」（hard money）與「誠實貨幣」（honest money），支持以物易物、金條與「內在價值」，但同時又決定採用加密貨幣——一套除了會出錯的軟體、理論上的抽象概念、易壞的複雜共享基礎架構，什麼都沒有的系統？

我一直問錯問題。我以為，這個謎題的答案涉及是什麼在**支撐**貨幣——人之所以會對聯邦儲備券與其他的國家貨幣感到不屑，背後的理由很多始於那些貨幣沒有任何支撐，只是空口說白話。一名身穿「終結聯邦」T 恤的男子提醒大家，那些紙幣「什麼都不是，只是紙」，硬幣也貶值了。（現場有部分的交易使用「一九六四年以前」的二十五美分硬幣或十美分硬幣標價——那是九〇／一〇硬幣，九成的銀，一成的銅，一九三二年至一九六四年之間由美國鑄幣局〔US Mint〕製造，今日的金屬價值遠超過其面額。）金銀有用，即便用途只是裝飾；大夥還討論著其他適合支付與交易的有用資產，例如彈藥。彈藥可以助你捕獲野味，或是和鄰居保持恐怖平衡——子彈盒所具備的重要商品貨幣特質和香菸一樣，很容易就能從一盒分拆成一包一包，再拆成散裝，用於小型交易。

這樣說起來，加密貨幣似乎很矛盾。我還以為會碰上本體論的辯論，探討是什麼讓貨幣為真，或是出現無關緊要版的七十年前凱因斯與美國財政部官員懷特（Harry Dexter White）在布列敦森林的爭論。（凱因斯提出某種建立於協議與貿易用途之上的全球結算貨幣──「bancor」或「unitas」：「貨幣供給應該要與貨幣所帶來的國際貿易規模成比例。」懷特則主張「金匯兌本位制」（gold exchange standard），由美元擔任全球的儲備貨幣。最後懷特獲勝，直到一九七一年。）[12] 然而我實際找到的卻是知識論的立場：這些不同形式的貨幣以類似的方式被認識與確認。

　　比特幣與白銀的共通點在於「可評估性」：套句某位造幣者所言，確認手中的東西時，你可以「信你自己」。流通的加密貨幣或多或少只不過是區塊鏈帳本中的創造、擁有與交易記錄：加密貨幣的存在由使用者可見的存在記錄組成。銀子則有辦法靠身體確認：握在掌心的感覺，咬咬看、體溫、放在秤上與手中的重量，不同光線之下看起來的樣子。和我聊天的造幣者甚至不一定反對紙幣（不要超過諾特豪斯與他的紙本倉單就好）──只要他們認為能確切評估有多少貨幣處於流通的狀態，並且能參與製造過程（回想一下 e-gold 與 e-gold 的條數帳本；回想一下 b 貨幣與大家投票製造新幣該多貴的協定；想想芬尼的「透明伺服器」）──他們**反對**的是紙幣加上防偽特徵，那會讓人「分心」：

確認貨幣真偽變成由他人負責的事，並朝 bancor 的抽象制度化世界與國際秩序更進一步。

日本占領印尼的二戰期間，深受喜愛、歷久不衰的貿易銀幣「塔勒幣」使用程度太高，美國戰略情報局（Office of Strategic Services，簡稱 OSS，美國中央情報局〔American Central Intelligence Agency〕的前身，特別行動局的親戚。）乾脆替地下抗爭自行鑄幣。OSS 的常駐瘋狂科學家史丹利・羅維爾（Stanley Lovell）回想，他精通偽造的組員不喜歡製造真錢，但他堅持 OSS 偽造的塔勒幣一定要使用純銀：「印尼人會咬錢幣，聽錢幣敲打堅硬石頭的聲響，因此我堅持一定要百分之百誠實。」[13] 或是套句二〇一四年夏天一名自由主義造幣廠長告訴我的話：「銀就是銀，重量就是重量。」

從這個角度來看，比特幣那些看似會把人嚇走的設計選擇有了不一樣的意義。比特幣的整套機制讓貨幣有辦法**驗證**，特定或整體的驗證都一樣：離開網路後你無法交換「比特幣」，也無法自由流通——也因此不得不測試某個比特幣是不是真的，因為沒有比特幣，只有在封閉帳本中交易比特幣的權利。比特幣無法摧毀（不過也有可能和郝威爾的比特幣一樣，屬於私鑰已經遺失的地址，再也無法使用），而且是以固定與有限的速度打造。驗證機制需要一套完整的公用系統（帳本是打開的），還需要一種以

記錄形式存在的「錢」：從加進帳本開始，每一個名目上的比特幣都帶有自己所有的交易。你可以知道那是什麼、去過哪裡，以及誰擁有過一部分，精確的程度只有某些金條才比得上。那些金條上打著化驗戳記、告知四位小數純度、序號、還附上前前後後的保管文件，告知自己待過的每一座金庫的貨架位置。最重要的一點是，你可以親自驗證——個人有責任確認自己的貨幣是真的，還得支持那個貨幣的計劃與概念。萬一做出不好的決策，代價自付。

早年比特幣剛被打造以及採用時，有著小說家威爾斯對金本位制的評價：「憨厚老實」。[14] 比特幣戈德堡式（注：Rube Goldberg，美國漫畫家，作品題材是用極度複雜的方法做小事，例如特別打造機器把蛋放在盤子上）的複雜運作方式，掩蓋了比特幣在做的事其實很簡單：以一絲不苟的精確度說出究竟有多少比特幣、位置在哪、未來會增加多少數量。那是某種讓米塞斯的人類行為學學說美夢成真的版本：「由行為人負責放進他需要的一切資訊，以求在完全意識到後果的前提下，做出自己的選擇。」[15] 在比特幣的封閉宇宙裡，做到完美驗證是有可能的（至少理論上可以）：硬貨幣奧地利主義被重新打造成電玩，每條規則都講得一清二楚。

當然，有一條資訊沒有說到：一枚比特幣究竟有多少價值。

貨幣有價值的唯一原因，在於人與人的制度願意拿它來支付或交換，而且過程中（如果真的那樣做了）平衡經驗與期待、習慣與希望。相信不論是現在還是以後，接下來可以把貨幣交給下一個人、贖回或結算；這個思考流程在歷史模式與未來模式發生。比特幣的特殊架構中，也有述說未來的故事，同樣打從一開始就適合當自由主義者的貨幣。

存留之人

比特幣的可驗證性承諾有一部分與未來有關。有帳本，你就能知道目前有多少比特幣，也知道當下擁有者的地址；你還知道未來最終將會有多少比特幣（兩千一百萬枚）、新幣出現的速度（最初是一次是五十枚，每四年減半）、生產需要的工作量（益發困難）。（如同比特幣日後的許多面向，這點隨著時間與使用愈來愈複雜：程式碼由有能力——也真的做出過——重大變更的一群人來負責維護，引發了軒然大波；不過我們先看初始的版本與概念就好。）高度獎勵最早期使用者的貨幣系統應運而生——那些使用者和郝威爾一樣，在挖礦還很簡單的時候就加入，二〇〇九年郝威爾用筆電跑一跑軟體就順手累積了數千枚比特幣。此外，這個系統鼓勵人將比特幣當作儲備金與擔保品，換個角度

說，用於囤積與推測。

從那個角度來看，與國家發行的貨幣相比，比特幣像是個務實的另類資產：國幣通常會溫和通貨膨脹，以促進經濟成長（偶爾出現的極端慘劇例外，例如委內瑞拉的案例）；或像某種特別的通縮貨幣實驗，又或者是某種產生泡沫的金字塔騙局，靠後來才試圖分一杯羹的愚人衝高價值。不論是哪一種情形，任何把比特幣用於支付的人因此會問：既然這個貨幣的價值即將暴增，遠超過你拿去投資的任何事、或是你用來購買的東西，那麼為什麼你還會把這種貨幣花掉或用於投資？最好儲藏起來，跟黃金一樣──就連黃金也會有不確定性，例如碰上罷工或掏金熱（加州、澳洲、南非和火地群島〔注：Tierra del Fuego，南美洲最南端的島嶼群〕都出現過），或是出現新的商品市場。比特幣的未來是已知的：早已事先決定好了。

對於已經準備好迎接眼前貨幣秩序崩盤的人士而言，這點特別誘人。由於種種緣故（看你要選擇哪一種自由主義立場：一群不工作的人口沉迷於不勞而獲；勞民傷財的無意義戰爭；國家力量增強；過度管制的資本主義帶來的垂死掙扎），世界四分五裂，但不管發生什麼事，比特幣的時程表不會改變。（當然，這種想法對真實世界各種亂七八糟的偶然事件帶有許多假設，例如可以持續取得等於是無限量的超便宜電力、晶片製造與可靠的全

球網路存取。）你不會因為銀行擠兌或保險箱被撬開就失去你的比特幣，交易比特幣的權利依舊記錄在帳本上，你唯一需要做的事就是等待。

持有自由主義者的預想貨幣是在預期最後「跨過那道門」，但門檻的另一頭並非長生不老運動那種遠方的重大突破，也沒有迸發出太平盛世的享樂太空城邦，而是即將發生的危機事件，一場已經被這個鬆散社群的政治模式熱切期待數十年的危機。預想貨幣並未像長生不老運動計劃一樣，協助促成這樣的未來；錢幣與加密貨幣單位是「回溯的人工產物」。在現在替世界末日囤積治外法權與架空空間的商品與貨幣，例如：儲存魚類抗生素、重新上漆與上油的 AK-47 彈藥盒、電池與防毒面具等等，讓人得以想像，未來災難發生時，這種新社會被承認並派上用場。早期的比特幣交易立刻利用這種共同的信念，提供種子、生存裝備、運動文獻，以及替 3D 列印的突擊步槍零件募資，一切都以比特幣定價。某間接受這種貨幣的 T 恤公司，他們進的 T 恤提倡在家自學與喝生乳，強調槍枝管制的危害以及下一次金融危機發生的可能性——但保證「比特幣的使用者不會受到影響」。[16]

這些行銷策略中，最有象徵意義的是「比特幣護照」的生意，衍生自原本透過聖克里斯多福及尼維斯（注：St. Kitts and Nevis，西半球最小的主權國家，位於加勒比海）的小島販售快

速通道公民身分的騙局，公民身分零售商與比特幣投資人羅傑‧弗爾（Roger Ver）也參與其中。[17] 他們的廣告文案是「今日的新聞頭條滿是全球各地關於動亂、加稅、政府控制公民的自由與隱私權程度上升的報導。這個世界正在快速改變，動盪不安，替各地的人民帶來愈來愈多的風險。」[18] 一旁還放著「國家安全局監視」與「恐怖主義」等頭條的合成圖。（他們黯然破產後，弗爾當起出資者，持續贊助「利伯蘭自由共和國」〔Free Republic of Liberland〕。該計劃宣稱擁有克羅埃西亞與塞爾維亞之間一個有爭議的多瑙河小島，他們將占領該地，並與區塊鏈治理計劃合作，以比特幣為國幣。）比特幣是離岸生活的離岸帳戶——聖女茱德在一九九二年所說的「給成千上萬人的瑞士銀行帳戶」——這個貨幣用預先設定好、不會變動的支付，取代中央銀行與經濟學家，免於預期中的風暴。[19]

以上與前一章提到的長期渴望配合得天衣無縫：希望能有一個脫離現存國家機器的地方，你可以好整以暇，在那裡看著不可避免的崩盤來臨——高爾特峽谷成真。接著，你出面用手中的穩定貨幣，以跳樓價買下這個世界。自由主義創投家與投資人彼得‧提爾（Peter Thiel）共同創立了 PayPal。他說，PayPal 這個平台是為了「創造新世界的貨幣，不被任何政府掌控，不會被稀釋——一定程度上是貨幣主權的終結」。情勢惡化時，你的錢能

快速移轉。提爾成為重要出資人，贊助派崔・傅利曼的海上家園事業──前文我們在談前西蘭工作人員時曾提過這位傅利曼。[20]（提爾後來辭掉海上家園機構〔Seasteading Institute〕的董事職務：「從工程的角度來看，他們不太可行。」[21] 傅利曼下台，轉而致力在宏都拉斯打造自治的『特設城市』（charter city）。」）

懷疑這個能以實體脫離的選項的其他人，則想像把自由主義的桃花源內建在日常生活中。自由主義理論家艾爾伯特・傑伊・諾克（Albert Jay Nock）除了和提爾、傅利曼一樣極度反民主，還反猶太。一九三六年，他提出了名為「存留之人」（the Remnant）的運動，這個祕密社群「建立珊瑚蟲一般的底層」，不知有漢，無論魏晉；他們忠於理想，舉行儀式，守著錢等待。諾克寫道：「現在的先知知道的事，與未來的歷史學家知道的事一樣多，也一樣少。」他們唯一能做的，就是替崩潰做好準備，預想（speculating，此處「預想」與「投機」兩個意思都適用）世界毀滅以及連帶的後果。[22] 自由主義者的錢幣和「存留之人」一樣留了下來，成為花花世界中「客觀價值」的儲存所，一旦現存的社會被摧毀，就能開始流通──與兌換。《阿特拉斯聳聳肩》的最後一句話寫著，高爾特在「荒蕪地球」上方畫出「美元符號」，開啟新紀元。

稀缺機器

如同在銀行危機中釋出的緊急貨幣，比特幣相當適合前述的幻想。某些幻想扮演的功能是讓比特幣獲得採用。救世功能是比特幣技術的設計選擇，也是反映奧地利學派與自由主義者理念的副產品。帳本的透明度與擁有人的驗證、工作量證明流程、事先知道會出現的新幣還剩多少——每一件事、整套機制，所有的設計全都是為了一件事：可預測的稀缺性。

那就是比特幣產生的東西。從抽象概念上來看，除了大量的熱，可預測的稀缺性是比特幣產生的一**切**：可驗證、分散式、去信任（trustless）的稀缺性。讓人確定沒有其他人有權交易任何特定的比特幣，不會被複製，總量是固定的，而且永遠都一樣，造幣難度會穩定增加。這個稀有物品被放進所有權的基本架構裡：區塊鏈中分散式、無法竄改的帳本——從建立數位藝術品的所有權到財產權分享與存取方案，區塊鏈其實還有更多有趣、具備潛在價值的應用。[23]

本書從創造數位現金的挑戰講起。只要數位技術能生產、傳輸與驗證完美副本，數位現金是可以像貨幣一樣流通的數據。早期比特幣的解決方案是邪惡的神來之筆：在全球不乏資訊技術的環境中建立機制，讓一種特定數據成為可驗證地稀少，無從複

製。社會學家達德曾說，對於設計來創造稀缺資源的系統，我們不該感到意外，往後「顯然不只會重蹈覆轍，還會讓存在於既有金融體系中的貧富不均與權力不平等雪上加霜」——最後在集中的「礦池」結束，投機的卡特爾，以及一小群人手中握有高比率的總貨幣。[24]

本書介紹了許許多多的願景：薩林用來讓自己復活的金融體系；梅要摧毀國家的祕密市場；提供架構給所有時間的人類知識的仙那度；同時預測與影響未來的預測券；被暴風雨摧毀、名義上不屬於任何政府的離岸平台；將冷凍人頭載至期盼中的未來的杜瓦槽。這些願景大都停留在草稿與提議裡，少數出現了原型、一間小公司、或是一個孤例。比特幣不一樣。比特幣被建立起來了：這個產生永遠稀缺的數位物件所需的基礎架構真實存在，而且規模龐大——實實在在鋪好水泥，有備用發電機、QR 碼、智慧型手機 app 與晶片製造的宇宙圖。

在本書寫作的當下，區塊鏈的大小是一四五 GB，用中本聰的用語來說，比特幣挖礦設備還在繼續燒「CPU 時間與電力」，想辦法增加數量——那些機櫃與一排排、一片片的晶片，投入需要用 giga-（十億）、tera-（兆）、peta-（千兆）、exa-（百萬兆）等代表大數字的希臘文字首來表示的運算工作量。礦工需要電力：究竟需要多少很難說，但能廉價利用水力發電或中國煤礦發

電廠的建築物會是很誘人的選擇。一切都是為了解決任意的挑戰，什麼都不會揭曉，什麼都不會生產，只會以可計量的形式帶來**困難度本身**。每天每小時每分每秒，這種無止盡的支出，確保了節點之間維持帳本未經竄改的共識。

把距離拉得夠遠來看，我們將看出比特幣機器是史上最抽象的價值幻想被打造出來的樣態。比特幣機器並未讓數據變得珍貴——唯有接受支付、想著過去與未來的人類與他們的制度能做到那樣的事。不過，比特幣機器的確讓一種數據變得可驗證地稀缺，也因此適合用於囤積、展示、請求、炫耀性浪費與地位競爭，可謂以最純粹、最誠實的方式，說出社會弄不清楚要如何運用自己的技術創造力——社會的精力、創新與富裕——只知道浪費在製造新型的人為稀缺：這是我們這個年代的巨大愚行。

結 語

未來的某個時刻

書要是成功了，你現在就會對數位現金、烏托邦運算計劃與當代加密貨幣的先驅史有所概念：最早期「以新方法製造物件」的實驗，盲電子現金，黑網的 CryptoCredits，雜湊現金與比特黃金、RPOW 與 b 貨幣，長生不老運動的預測券、桑幣與海耶克幣草案，自由主義者的錢幣、憑證與數位黃金貨幣，最後還有比特幣最初的版本與數位簽名鏈。你大致了解了創造各種能證明、保證與驗證自身的數位媒體物件所面臨的挑戰——從簽名到郵資，從帳本到銀行券，全都是數位物件如何取得權威地位的大敘事中的一章。此外，你還知道無論是預想貨幣還是實際的貨幣，所有的貨幣本身都承載著歷史與未來：從塔勒幣到能源憑證，從空氣元到被埋起來的迪拉姆幣，從指券到比特幣，每一個都與價值、知識、權力與時間的宇宙圖，有著各種不同的獨特關係。

我希望這能導向一個務實的問題：你的貨幣將屬於什麼樣的未來，以及什麼樣的知識與權力安排？那是你希望實現的未來嗎？如果不是，那應該要是什麼貨幣才對？

每一種貨幣都承載著時間與歷史架構，在那個架構中被交易、囤積、散布，最終被摧毀或降級為蒐藏者的收藏品或博物館展覽品。等在貨幣未來最終地平線的，除了有我們（我們這些交易貨幣的人）的死亡，還有我們讓貨幣有價值的社會的終結。因此貨幣是某種未來的模式——但永遠都是在特定時間裡的未來。

本書提到的每一個沒沒無聞的邊緣預想貨幣計劃，都提供了我們不尋常的例子，以貨幣提案與故事的形式，說出關於它們的社群與年代的想像。那些計劃是未來的理論，同時也是當下的見證。

從這個角度來看，技術專家政治的能源憑證依舊具備未來性——是美國經濟大恐慌年代的未來性，也是他們的舞蹈馬拉松（注：dance marathon，當時流行的娛樂，一連跳無數小時，爭取獎金）或《世界大戰》（*The War of the Worlds*）電台廣播年代的物品。長生不老運動的數位現金與「預測期貨」具備的未來性，成為舊的新經濟（New Economy）、景氣熱絡的歲月、美國政治經濟學者法蘭西斯·福山（Francis Fukuyama）筆下的《歷史的終結》（*The End of History*）與超人類展望的時間膠囊。早期的比特幣借用了歷久不衰的自由主義者所提出的未來，替迫在眉睫的全面危機（二〇〇八年、二〇〇九年的氛圍令人感到這天的確要成真了），持有不會通膨的「硬貨幣」。

技術專家政治公司成為美國生活科技文化史的奇特注腳：全力投入工程的白日夢，讓整個美洲大陸變成科學管理的校正馬達。史考特一直活到他假扮工業家（他也真的是）這事被揭穿，他的運動縮減到只剩幾個追隨者，在這位「爾格人」（the Erg Man）的辦公室裡晃來晃去。[1]

加密無政府主義者最後拉開序幕，在一定程度上啟發了洩

密、大量曝光文件、吹哨與勒索的系統——如同科幻小說作家布魯斯·斯特林（Bruce Sterling）所言，那是澈底嬉皮化的「桌電國家安全局」，販賣流出的資料，交換比特幣，反過頭來變成他們想摧毀的政府手中的卒子與資產。（也是無數線上黑市的靈感來源。）我們做到的不是讓現金數位化以及保密個人的活動，我們最後得出的，是一個建立在廣告與大力監控的網路基礎架構，並利用**用戶獲利**，把用戶變成待價而沽的產品——正如喬姆的預警，淪為飼育場裡被電子標記的動物。用戶的注意力與支付數據只不過是另一種可以取得與利用的資源。

長生不老運動主義有如海市蜃樓，在周遭環境消失無蹤，較為奇特的特點被正常化（相對而言），變成舉重與嚼咖啡因塊的奇點兄弟（Singularity bros），一邊自豪著自己的超理性，一邊煩惱著邪惡機器智慧的靈知派惡魔學。長生不老運動的貨幣目標是反轉時間的熵箭頭，最終抵達與他們的預期相當不一樣的未來。

早期的比特幣與比特幣區塊鏈精益求精，獲得採用；然而，隨著其他機構、目的與系統也使用比特幣後，比特幣與最初的版本漸行漸遠。比特幣在問世後的幾年間，經歷了一連串的危機、改版、駭客、暴起暴落、分裂與重新打造，不同團體彼此爭論比特幣**實際上**究竟是什麼、可以是什麼或應該是什麼。[2]（還有當然，從乙太坊〔Ethereum〕到激增的「首次代幣發行」〔Initial

Coin Offerings〕，已經衍生或獨立開發出其他眾多的加密貨幣與相關技術；它們的故事可以寫成一本書，以後將出現在其他書裡。）如同《聖經》注釋學者讓〈新約〉實現與證實〈舊約〉中的預言，比特幣應該是什麼的故事，帶來人對比特幣一直以來是什麼的理解。在本書寫作的當下，比特幣的角色似乎完美示範了現在這個時刻：大肆宣傳、價格操控、失控恐慌，以及不必付出太多努力就能致富的美夢，一起讓比特幣成為無稽猜測的工具，有如雲霄飛車般上上下下，反覆無常。

悄悄成為本書主角的芬尼二〇一四年過世了，他生前罹患「肌萎縮性脊髓側索硬化症」（amyotrophic lateral sclerosis），又名「魯‧蓋瑞氏症」（Lou Gehrig's disease）。芬尼的身體被注入液體，冷卻至冰點以下，長期存放在阿爾科人體冷凍機構裡，靠著出售他在區塊鏈早期歲月累積的比特幣支付部分的醫療支出；即便在已經無法控制雙手的時刻，芬尼依舊在執行程式計劃，進一步強化比特幣錢包軟體的安全性。[3]

芬尼躺在冰冷的鋁桶內，費用由複雜的財務安排支付。他屬於過去，他死了，被媒體與比特幣區塊鏈紀念著；他屬於現在，身處亞利桑那州某個攝氏零下一百九十六度的地方；他也屬於未來，在那個未來，所有的貨幣都位於充滿希望與期待的烏托邦地平線的某處。「芬尼，」目前擔任阿爾科執行長的摩爾，在宣布

芬尼進入超低溫保存的聲明中寫道:「我知道我說這句話時,代表著許多人的心聲。我期待在未來的某個時刻再度和你聊天,替你辦場派對,慶祝你復活。」[4]

謝詞

　　將我最深的謝意獻給 Mario Biagioli、Raymond Craib、Sara Dean、Charlie DeTar、Quinn DuPont、Paul Edwards、Tung-Hui Hu、Chris Kelty、Bill Maurer、Nicole Marie Miller、Lisa Nakamura、Arvind Narayanan、Helen Nissenbaum、Laine Nooney、Mary Poovey、Kriss Ravetto、Phillip Rogaway、Christian Sandvig、Lana Swartz、John Tresch、Caitlin Zaloom。謝謝 Al Bertrand 與普林斯頓大學出版社（Princeton University Press）的審稿人、編輯與設計師；紐約大學（New York University）的媒體、文化與傳播系（Department of Media, Culture, and Communication）；也感謝要求匿名的人士。沒有你們，就沒有這本書。任何錯誤都由我負責。

注釋

導讀

1   Desan, *Making Money*, 331.

第一章

1   這個團體的共同創始人包括馬里昂・金・哈伯特（Marion King Hubbert）。哈伯特是地質學家，他更為人知的事蹟是提出「哈伯特頂點」（Hubbert peak）這個石油生產理論，也就是數十年後廣為人知的「油峰」（peak oil）論點。

2   引自：Ahamed, *Lords of Finance*, 435。

3   Ahamed, *Lords of Finance* 的第二十一章是娛樂性十足的概述，除了介紹此處提到的情形，亦闡明了美國現金短缺所帶來的種種後果。本段落主要取自該書作者的描述。

4   此計劃請見：Stites, *Revolutionary Dreams* 第七章與 Zielinski, *Deep Time of the Media* 第八章。

5   Technocracy Inc., "Total Conscription!"

6　Fezer, "The Energy Certificate."

7　Tresch, *Romantic Machine*, xvii.

8　Ohanian and Royoux, *Cosmograms*, 68.

9　此類被稱為「滯期費」（demurrage currencies）的計劃在政治烏托邦脈絡下的精彩簡介，請見：North, *Money and Liberation*, 62–66。「沃格爾實驗」（Wörgl experiment）是典型的印花憑證計劃，背後的理論依據來自信奉無政府主義的經濟學家西爾維歐・吉塞爾（Silvio Gesell）。完整的精彩吉塞爾理論概述，請見：Onken, "The Political Economy of Silvio Gesell."。此處的引用取自：Gesell, *The Natural Economic Order*, 121。

10　此處的敘述十分粗淺。關於打造新型金錢的社群與時間深入分析，請見：Maurer, *Mutual Life, Limited.*

11　同前，頁89。

12　此一領域的學術研究甚為豐富，不過就本章討論的主題而言，我會推薦讀者參考：Graeber, Debt 與 Hudson, "How Interest Rates Were Set, 2500 BC–1000 AD"。

13　「保證其他保證將無價值」的概念取自於金融與全球化理論家阿帕度萊（Arjun Appadurai）的研究。請參考他的著作：*Banking on Words*。耶魯持有的水利債券請見：https://news.yale.edu/2015/09/22/living-artifact-dutch-golden-age-yale-s-367-year-old-water-bond-still-pays-interest.

14　有關於「焦慮、恐懼與疑心影響財務的理性預測技術」的精彩分析請見：Zaloom, "How to Read the Future"。

15　「儲存技術」（reserve technology）一詞取自科技歷史學家大衛・艾傑頓（David Edgerton）。請見：Edgerton, *Shock of the Old*, chap. 1。亦可參見麗莎・賽溫（Lisa Servon）談消費金融與月費、透支費的

危險性——以及發薪日貸款（payday loan）與支票兌現機構可以如何增加透明度（Servon, *The Unbanking of America*）。

16 更深入的分析，請見威廉・德林格（William Deringer）針對十七世紀不同貼現模型的研究：「事實上，複利貼現〔勝出的模型〕，大概不是最能反映出人對於未來的直覺感受的方法，即便在今日也是如此。」（Deringer, "Pricing the Future," 521）。

17 Spang, *Stuff and Money in the Time of the French Revolution*, 6.

18 同前，頁 20。

19 Zelizer, *Economic Lives*, 154.

20 此處僅間接點到本研究無法解答的一大議題：不同形式的金錢與支付系統的產生。除了澤利澤的研究，亦可參見：Waring, *If Women Counted*, Gibson-Graham, *The End of Capitalism*, and Swartz, "Gendered Transactions"。

21 Desan, *Making Money*, 6.

22 同前。

23 Benjamin, "One-Way Street," 451.

24 Keynes, "The General Theory of Employment," 216.

25 Tresch, "Cosmogram," 74.

26 Dwiggins, *Towards a Reform*, 20.

27 同前，頁 19。

28 Belasco, *Meals to Come*, 181, 182.

29 Wells, *The Shape of Things to Come*, 266.

30 同前，頁 285。

31 Morrisson, *Modern Alchemy*, 17——該書提供了這種引人入勝的獨特文類最可靠的敘述。

第二章

1   Benjamin, "One-Way Street,"481. 2. Spang, *Stuff and Money*, 46.

2   Spang, *Stuff and Money*, 46.

3   同前，頁 47。

4   Kafka, *The Demon of Writing*, 77.

5   Spang, *Stuff and Money*, 175.

6   McPhee, *Oranges*, 97.

7   引自：Beniger, *Control Revolution*, 163。

8   此一主張的相關研究與理論依據，請見：Beniger, *Control Revolution*
    第四章。

9   Gitelman, *Paper Knowledge*, ix.

10 更深入的死亡證明公衛史，請見：Schulz, "Final Forms"。

11 Robertson, "The Aesthetics of Authenticity."

12 Poovey, *Genres*, 3.

13 Dwiggins, *Towards a Reform*, 27.

14 Swartz, *Social Transactions*.

15 Gilbert, "Forging a National Currency," 42.

16 「老八八〇先生」是指艾默里奇・奎特納（Emerich Juettner，更為
    人所熟知的名字是愛德華・穆勒〔Edward Mueller〕）。他原先在紐
    約市擔任公寓門房，後來妻子於一九三〇年代過世，他改以拾荒為
    生，但幾乎不足以糊口。絕望之餘，他鋌而走險開始製造偽鈔。由
    於他行事相當低調，讓此事幾乎成為懸案。例如他只偽造一元鈔
    票，也因此儘管他製造的偽鈔品質拙劣，印刷材料是文具行買來的
    證券紙，做工不佳，甚至連「華盛頓」（Washington）的英文都拼
    錯，也沒人會去細看面額這麼小的一元鈔票。此外，他真的缺錢
    時，一天也頂多只使用一、兩張偽鈔，而且因為不忍心害商家拿到

無法存進銀行的鈔票，他跑遍曼哈頓各地購買雜貨與狗食，且永遠不在相同地點使用兩次假鈔。一年又一年過去，美國特勤局總有辦法破獲遠遠更為複雜、更加危險的偽幣製造案，但他們密集搜索十多年後，才終於抓到「老八八〇」（Old 880）。請見：McKelway, "Mister Eight-Eighty"。

17 請見：澤利澤（Viviana Zelizer）談留作他用與各種貨幣折損問題，尤其是她的里程碑論文 "The Social Meaning of Money"。亦可參見行為經濟學的研究，尤其是理查·塞勒（Richard Thaler）談心理帳戶，入門之作是："Mental Accounting and Consumer Choice"。

18 Gibson, *Zero History*, 345–46.

19 Murdoch, "Software Detection of Currency"; Murdoch and Laurie, "The Convergence of Anti-Counterfeiting"; Kuhn, "The EURion Constellation"; Nieves, Ruiz-Agundez, and Bringas, "Recognizing Banknote Patterns."

第三章

1 這則故事引自：Fitzsimons, *Nancy Wake*（本書雖為暢銷書，但資料來源為韋克本人的訪談，且有經過學術檢驗）與 Elliott, *The Shooting Star*。

2 Marks, *Between Silk and Cyanide*, 44.

3 同前，頁 590。

4 Wallace and Melton, *Spycraft*, 436.

5 各位讀者要是好奇這裡使用的替代表與一次性密碼本的第一行字，請參考馬克斯向指揮官杜利—史密斯（Dudley-Smith）介紹「字母一次性密碼本」時用的例子。請見：Marks, *Between Silk and Cyanide*, 246.

6   一次性密碼本在數十年間的不同應用，Kahn, *The Codebreakers* 提供豐富的概述，包括材料隱藏工具的照片。此類系統的精彩文獻摘要，請見：Smith, "Book Ciphers"。

7   Shannon, "Communication Theory of Secrecy Systems."

8   Levy, *Crypto*; Singh, *The Code Book*; Plutte, "Whitfield Diffie Interview."

9   Merkle, "Secure Communications over Insecure Channels."

10 Singh, *The Code Book*, 283.

11 Levy, *Crypto*, 270.

12 Diffie and Hellman, "New Directions," 652.

13 Rivest, Shamir, and Adleman, "A Method for Obtaining Digital Signatures"; Blanchette, *Burdens of Proof*.

14 這個數字被稱為「RSA-240」，是「RSA 分解挑戰」（RSA Factoring Challenge semiprime）的半質數，用途是鼓勵研究 RSA 密鑰使用的數字。該挑戰被擱置——這個領域對於不同密碼機制的強度了解，已經前進到不同的地方。此一挑戰數字的答案，以及許多其他的 RSA 分解挑戰，不曾被解開。

15 Blanchette, *Burdens of Proof*, 81.

16 Diffie and Hellman, "New Directions," 649.

17 同前。

18 Blanchette, *Burdens of Proof*, 63.

19 此節取自：Meier and Zabell, "Benjamin Peirce and the Howland Will" and the anonymous "The Howland Will Case."

20 此外還檢視了美國亞當斯總統（John Quincy Adams）的一百一十張支票，有的轉印至透明紙上，可以重疊在一起——還有什麼參照點比得過總統？

21　"The Howland Will Case," 577.

22　藝術歷史學家艾倫・馬庫德（Allan Marquand）是皮爾斯的學生與友人。他在二十年後打造出一種機械裝置，可以從形式邏輯上自動解決一套問題（存放於由普林斯頓最古老的住宅柱子製成的雪松木盒裡）。皮爾斯幫忙推薦：「我認為電力會是最可靠的仰賴對象。」馬庫德為了邏輯運算繪製出第一個電路圖時，皮爾斯發表了一篇論文談論此類研究的前景。「思考機器可以發揮多少功用，哪些部分則一定得留給活躍的心靈——這是個明顯具備實務重要性的問題；研究這個問題時，一定得解釋必要的推論過程本質。」（Peirce, "Logical Machines," 165）

23　Peirce, "Of Reasoning in General," 13.

24　Schwartz, *The Culture of the Copy*, 179.

25　有關「簽名」在密碼學中真正的用途（尤其是與區塊鏈相關的部分）之豐富哲學分析請見：DuPont, "Blockchain Identities"。

第四章

1　Greenberger, "The Computers of Tomorrow."

2　McCarthy, "The Home Information Terminal."

3　Stearns, *Electronic Value Exchange*, 44. 本書精彩介紹了哈克與 Visa 的歷史，許多資料在其他地方見不到，值得大力推廣。

4　同前，頁 195。

5　Armer, "Computer Technology and Surveillance," 10.

6　同前，頁 11。

7　Atwood, *The Handmaid's Tale*, 25.

8　請見：Eubanks, *Automating Inequality*, 特別是第二章。

9　Deleuze, "Postscript," 5.

10　同前。

11　同前，頁 6。

12　此一對話的詳細資訊，請見兩本關鍵著作：Bratton, *The Stack* 以及 Hu, *A Prehistory of the Cloud.*

13　Gleick, "The End of Cash."

14　Chaum, "Blind Signatures," 199.

15　US Congress, "Federal Government Information Technology."

16　喬姆的部分引自：Greenberg, *This Machine Kills Secrets*, 65. 此處引用的專利包括「可以學習辨識任何一般鑰匙的電子鎖」（6318137）與「實體和數位的祕密投票系統」（20010034640）。

17　Biagioli, "From Ciphers to Confidentiality."

18　Chaum, "Prepaid Smart Card Techniques."

19　Chaum, "Security without Identification."

20　Finney, "Protecting Privacy with Electronic Cash," 12.

21　Chaum, "Achieving Electronic Privacy."

22　Gleick, "The End of Cash."

23　請見：Levy, *Crypto*, 293; Röckelein and Maier, "A Common Currency System"; Gleick, "The End of Cash."

24　Blanchette, *Burdens of Proof*, 60.

25　這樣的設計空間，可以搭配目標是「帶來自由」的運算的重新詮釋一起閱讀。請見：Turner, *From Counterculture to Cyberculture*。

26　對手是中央銀行的政治角力，以及與加密貨幣的關聯，更全面的背景解釋請見：Golumbia, *The Politics of Bitcoin*。進一步的研究有一個值得關注的領域，可惜不在本書的討論範圍：由密碼技術作家羅伯特・海廷嘉（Robert Hettinga）研發的「數位不記名憑證」（digital bearer certificate）計劃。海廷嘉是密碼龐克定期通訊的對

象，他的計劃與研究點出數位貨幣在後喬姆時代可以採行的另一條路。

27 Finney, "Why remailers …"

28 Pitta, "Requiem."

29 Narayanan, "What Happened to the Crypto Dream?," 3.

第五章

1 此處的四個段落，包括所有的引用，全數取自當事人的說法（Milhon, "Secretions"）。

2 大量討論都提及茉德與「社區記憶」，可參見：Levy, *Hackers*, particularly chap. 8; Felsenstein, "Community Memory"; Doub, "Community Memory"; 以及 Brand, "Spacewar!"

3 Levy, *Hackers.*

4 Liška, "St. Jude's Legacy."

5 本段所有的引用取自：Milhon, "Secretions."

6 Meieran, Engel, and May, "Measurement of Alpha Particle Radioactivity," 20–21.

7 與加密無政府狀態與維基解密（WikiLeaks）的誕生（包括本書提及的許多人物，但重點偏向吹哨人與揭秘，而不是談貨幣）有關的精彩新聞報導請見：Greenberg, *This Machine Kills Secrets.*

8 Hughes, "Nuts & Acorns."

9 May, "Libertaria in Cyberspace."

10 May, "The Cyphernomicon," 17.3.1.

11 May, "The Crypto Anarchist Manifesto."

12 同前。

13 May, "The Cyphernomicon," 17.3.1

14 同前。

15 Benkler, *Wealth of Networks*，尤其詳見第三章。

16 May, "The Cyphernomicon," 17.3.1.

17 Hughes, "Nuts & Acorns."

18 May, "The Cyphernomicon," 16.3.4.

19 Stadd, "NASA Headquarters Oral History Project."

20 引自：Peterson, "Shuttle Pricing," 12.

21 引自：Dyson, "Making Markets," 2.

22 Orr, "Join the Information Economy."

23 Ott, "For Your Information."

24 Dyson, "Information, Bid and Asked," 92.

25 Dyson, "Making Markets," 5.

26 布萊德與《太空戰爭》的背景介紹，請見：*Turner, From Counterculture to Cyberculture*，特別是第四章。

27 Brand, "Spacewar!"

28 實際上，我們幾乎永遠都是這樣複製。有關這點的解釋，以及更重要的是雜訊頻道上的傳輸、儲存與複製挑戰，請見：Sterne, *MP3.*

29 此一主張的另一種精彩論點，請見：DuPont, "Blockchain Identities."

30 就本書的目的而言，此處實在不足以放下相關討論，但讀者可以先從 Kirschenbaum, *Mechanisms* 這本談「鑑識物質性」（forensic materiality）與「形式物質性」（formal materiality）的區別的著作著手。亦可參考：Schwartz, *The Culture of the Copy*, 尤其是第六章；以及：Boon, *In Praise of Copying*，同樣特別參考第六章。

31 楚澤的數據儲存幻燈片是媒體與運算的交叉點。進一步的資訊與深入的探討請見：Manovich, *The Language of New Media*, particularly chap. 1.

32 這個主題的文獻載籍浩瀚；為了回答本書提出的問題，尤其是有關於複製與所有權的部分，建議可把 Johns, *Piracy* 當成參照點。

33 Dyson, "Making Markets," 5.

34 和戴森同時代的凱文・凱利（Kevin Kelly）擔任《連線》雜誌編輯的期間，《連線》介紹了密碼龐克，刊出 Wolf 經典的仙那度滑鐵盧報導。此外，凱利的著作《失控》（*Out of Control*）提供了長篇的數位現金介紹。凱利二〇一六年的著作《必然》（*The Inevitable*）的數個章節依據過往的錯誤預測，替這個問題提供深思熟慮的答案。

35 May, "Timed-Release Crypto."

36 Rivest, Shamir, and Wagner 也一樣，連帶還開發了公鑰密碼學與微支付系統，請見三人的 "Time-Lock Puzzles."

37 公司名稱縮寫同時也是個電腦科學界的玩笑：一個 XOR（exclusive or〔互斥或〕）是一個邏輯運算，唯輸入不同時會得出結果 1：1 XOR 1 為 0，0 XOR 1 為 1。在這麼簡單基礎上就能打造出相當複雜的東西。

38 仙那度的概念再重要不過了，該計劃帶來了前仆後繼的學術研究。入門研究可參見：Barnet, *Memory Machines*；Harpold, *Exfoliations*, chap. 2；Rayward, "Visions of Xanadu."

39 Nelson, *Literary Machines*, 1/35.

40 Walker, *The Autodesk File*, 500.

41 同前，頁 499。

42 同前，頁 843。

43 Nelson, *Literary Machines*, 0/5.

44 同前，頁 1/25。

45 同前，頁 2/29。

46 同前，頁 2/43。

47 同前，頁 4/29。

48 見 http://www.caplet.com/adages.html 上的「The Rule of Scarcity」。

49 據說米勒還在一九八〇年透過今日常見的嵌套目錄（nested directory），獨立發明了階層式的導覽介面「米勒欄位」（Miller Columns）——世人最熟悉的例子是 iTunes 與 Mac OS X 的「欄位檢視」（column view）。

50 Nelson, *Computer Lib/Dream Machines*, 41.

51 Miller, Tribble, Pandya, and Stiegler, "The Open Society and Its Media," 18.

52 http://www.overcomingbias.com/2006/11/first_known_bus.html.

53 Walker, *The Autodesk File*, 424.

54 Greenberg, *This Machine Kills Secrets*, 59.

55 May, "Re: Anguilla—A DataHaven?"

第六章

1 May, "Re: Wired & Batch File."

2 Turner, *From Counterculture to Cyberculture*, 6, 73.

3 幾個詞彙取自：May, "Re: HACKERS: Crypto Session Being Planned."

4 Vinge, "The Coming Technological Singularity," 12.

5 Vinge, *True Names*, 245.

6 Dai, "Cypherpunks and Guns."

7 Vinge, *True Names*, 285.

8 May, "Re: Blacknet Worries."

9 在此說明一下，這幾個群組包括密碼龐克的郵寄名單、新聞群組

alt.extropian 與 alt.fan.david-sternlight。alt.fan.david-sternlight 是在開自己人的玩笑。David Sternlight（注：某個經常發文的用戶）對於不喜歡的部分密碼學應用出了名龜毛易怒，動不動就酸言酸語。

10　此一現象（包括我舉的例子），請見：Rubery, *The Novelty of Newspapers* 的第二章。

11　各位如果試著在家破解，答案是「Don't let JS see you look at advertisement」（別讓 JS 看見你在看廣告）。

12　May, "Introduction to BlackNet," 242. 各位要是好奇梅最初的匿名發文與相關回應，他的討論串在一九九三年八月十八日被收件人提摩西・紐山（Timothy Newsham）轉寄至密碼龐克的郵件討論群，郵件主旨是「無標題（搬檔案）」（no subject〔file transmission〕）。請見檔案庫：https://cypher punks.venona.com/raw/cyp-1993.txt。

13　這句話引自瑞德精彩的黑網成立始末史。他談到了此處無法納入的議題，例如「暗殺市場」（assassination market）等等，詳情請見：Rid, *Rise of the Machines*, 278.

14　More, *Utopia*, 249.

15　May, "Introduction to BlackNet," 241.

16　兩者的相似度與關聯，精彩介紹請見：Sterling, "The Blast Shack"；亦可參見：Rid, *Rise of the Machines.*

17　Brunton, "Keyspace."

18　Hughes, "No Subject"; May, "A Minor Experimental Result."

19　Swartz, "Blockchain Dreams," 85.

20　Turner, "Prototype," 256.

21　同前，頁 259。

22　Lewis, "On Line with William Gibson."

23　Barlow, "Crime and Puzzlement."

24 Turner, "Can We Write a Cultural History of the Internet?," 40.

25 May, "The Cyphernomicon," 8.4.22 and 4.8.2.

26 May, "Introduction to BlackNet," 241.

27 Barlow, "A Cyberspace Independence Declaration."

28 「開拓者的新前線」（settler frontier）一詞引自：Richards, *The Unending Frontier*, 6：這樣的新疆界「需要活躍的政治、軍事與財政活動，以及強大國家的支持」。

29 May, "The Cyphernomicon," 16.21.5.

30 Barlow, "A Cyberspace Independence Declaration."

31 May, "Untraceable Digital Cash."

32 Stallman, "What Is Free Software?"

33 Stallman, "What Is Free Software?"

34 Martinson, "Another Pax-Type Remailer."

第七章

1 Mitchell, "The Contributions of Grace Murray Hopper," 68.

2 同前，頁 39。

3 就目前的實用目的而言。換句話說，暫且先不考量量子糾纏等等。

4 Williams, "Improbable Warriors," 112.

5 Mitchell, "The Contributions of Grace Murray Hopper," 63.

6 貝克在開發雜湊現金時未留意到的相關概念，請見一九九二年的 Dwork and Naor, "Pricing via Processing"。李維斯也與電腦科學家希爾維奧・米卡利（Silvio Micali）共同研發了 2004 Peppercoin 系統，提出反垃圾郵件應用。詳情請見：Rivest, "Peppercoin Micropayments."

7 Knott, "Hashing Functions," 275.

8   Morris, "Scatter Storage Techniques."

9   Kirschenbaum, *Mechanisms*, 177.

10 同前,頁 85。

11 Finney, "RPOW Theory."

12 為了精確起見在此說明,二〇一七年二月,Google 工程師與「阿姆斯特丹國家數學和電腦科學學會」(CWI Amsterdam)指出,事實上有辦法操縱 SHA-1 碰撞:替不同數據產生相同雜湊,危及各種以 SHA-1 為基礎的憑證與簽章系統,不過此處提到的研究早於那場示範。詳情請見:https://security.googleblog.com/2017/02/announcing-first-sha1-collision.html.

13 "Post-Office Stamps as Currency."

14 Szabo, "Trusted Third Parties Are Security Holes."

15 Szabo, "Bit Gold." 這段話引自他在二〇〇五年較為正式的概念闡述。一九九九年(Szabo, "Intrapolynomial Cryptography"),他在談標竿函數(benchmark function)時提到「雜湊現金、MicroMint、比特黃金等等。」;一九九八年(Szabo, "Secure Property Titles with Owner Authority"),他也曾深入描述比特黃金系統的面貌。

16 May, "The Cyphernomicon," 6.3.3.

17 May, "The Cyphernomicon," 6.8.3.

18 May, "Re: Guns: H&K."

19 Dai, "Cypherpunks and Guns."

20 Dai, "PipeNet 1.1 and B-Money."

21 Finney, "Re: Currency Based on Energy."

22 同前。

23 如同日後的比特幣會證明,執行這樣的事並不容易──戴維提出其他方案,探討仰賴一套中心化伺服器的方法,理由是同步所有的個

別帳本將會是個重大挑戰。戴維還探討了參與者可以如何投標造新幣的難度來維持價格，從運算工作的角度而言，理論上是公平的。

24　Nakamoto, "Citation of Your B-Money Page."

25　Nakamoto, "Re: Citation of Your B-Money Page."

26　Finney, "Re: Currency Based on Energy."

第八章

1　More, "Editorial."

2　More, "Denationalisation of Money," 19.

3　同前，頁20。

4　"Introduction," 3.

5　和運算放在一起分析的「天空意識」現象精彩摘要，請見：Edgerton, *The Shock of the Old*.

6　More, "The Extropian Principles," 17.

7　挪威哲學家阿恩‧內斯（Arne Næss）亦為維也納學派的一員，他日後將提出深層生態學（deep ecology）理論。他在維也納街頭分發問卷，上頭只有一個問題：「你如何決定什麼是真的？」

8　Mises, *Human Action*, 32.

9　此處的摘要主要取自：Hayek, *The Denationalization of Money* and *The Market and Other Orders*; Mises, *Notes and Recollections*（尤其詳見第一章與第四章，以及第四部分）與 *The Theory of Money and Credit*; O'Driscoll and Rizzo, *Austrian Economics Re-examined*; 以及 Jones, *Masters of the Universe*.

10　巴柏首度談到這個詞彙時，用的是「烏托邦社會工程」；到了他撰寫《開放世界及其敵人》一書時，則簡化成「烏托邦工程」（Popper, *Open Society*, 148）。

11 Hayek, *Law, Legislation, and Liberty, Vol. 2*, 108–9.

12 該主題超越本書的範圍，不過此一計劃與日後被稱為「加速主義」的（accelerationism）全套概念與政治承諾有著值得探討的關係。英國的「模控學文化研究小組」（Cybernetic Culture Research Unit）替加速主義的概念訂定了目標，是同時期長生不老運動的悲觀兄弟；他們同樣鼓吹泡沫經濟與發明新貨幣，卻從反詰式、得不出可行原型的陰暗技術精神出發，從相同的前提得出反烏托邦的終局。

13 請見：Appadurai, "The Spirit of Calculation," 9，以及在他的 *Banking on Words* 中更宏觀的論述。亦可參見：Zaloom, *Out of the Pits*。

14 Marx, *Grundrisse*, 410.

15 "Spontaneous Orders," 7.

16 Yow, "Mindsurfing."

17 Cypher, "Magic Money Digicash System."

18 Finney, "Protecting Privacy with Electronic Cash."

19 Chaum, "Security without Identification," 1030.

20 最引人注目的是自學成才的人工智慧哲學家以利澤爾‧尤德科斯基（Eliezer Yudkowsky），他尋求與未來的超智慧（superintelligence-to-be）、新反動主義者、種族主義者與新官房學派者（neocameralist，各位可以想像君主主義者的技術專家政治公司），以及筆名「孟子黴蟲」（Mencius Moldbug）的軟體開發者柯蒂斯‧亞爾文（Curtis Yarvin），進行某種預測性的對話……不過那得另寫一本書。亞爾文目前重起爐灶，帶頭開發雲端運算 Urbit。亞爾文指出：「如果說比特幣是數位貨幣，那麼 Urbit 是就數位土地（digital land）。」

21 Hanson, "Idea Futures," 9.

22 Potvin, "A Solicitation." 此處的日期取自他在長生不老運動討論區的

貼文時間（Potvin, "Extropians' Net Worths"）。

23　SEC v. SG Ltd. (2001). No. CIV. A. 00-11141-JLT. 24. Brekke, "Money for Nothing."

24　Brekke, "Money for Nothing."

25　May, "Untraceable Digital Cash."

26　Spang, *Stuff and Money*, 272.

27　Bell, "Extropia."

28　Machado, "Five Things."

29　Bishop, "my EXTRO 3 perspective"; Szabo, "Future Forecasts," "Intrapolynomial Cryptography," and "Bit Gold."

第九章

1　Finney, "Exercise and Longevity."

2　這段話摘錄自 "The Cryonics Bracelet Contest" 的數版草稿。

3　Romain, "Extreme Life Extension," 4.

4　de Wolf, "Deconstructing Future Shock," 5.

5　Platt, "Hamburger Helpers," 14.

6　"Excitations/Advances," 6–7.

7　Simberg, "The Frozen Frontier."

8　Lanouette, *Genius in the Shadows*, chapter 16.

9　Szilard, "Memoirs," 4.

10　Ettinger, "The Penultimate Trump."

11　十九世紀美國作家貝拉米（Edward Bellamy）的《回顧》（*Looking Backward*）雖不是冬眠故事，但值得在這裡特別一提：故事裡的主角朱利安・韋斯特（Julian West）被催眠，在採取新型經濟的未來中醒來——其中包括「信用卡」（credit card，貝拉米創造的名

詞）。「這種卡發行時有額度。」未來的居民介紹自己遞給韋斯特的那張「紙板」（pasteboard）。「我們還保留了過去的詞彙，但材質不一樣了。我們使用的詞彙並未對應到實物，只不過是一種代數符號，用於比較產品之間的價值。」

12 Szilard, "The Mark Gable Foundation," 2.

13 本節的主要參考資料：Krementsov, *Revolutionary Experiments and A Martian Stranded on Earth.*

14 Hayek, *The Constitution of Liberty*, 32.

15 Hayek, *Law, Legislation, and Liberty, Vol. 3*, 176.

16 Hayek, *Law, Legislation, and Liberty, Vol. 1*, 38.

17 同前，頁 42。

18 Robin, "Wealth and the Intellectuals." 海耶克期盼的那種以未來為導向的寡頭政治執政者，符合理想的企業領袖類型。熊彼得（Schumpeter）這麼描述那一類領袖：「對於新事實具備批判性的感受力」，永遠意識到下一件事，擁有「卓越體能與良好心理素質」（Schumpeter, "The Rise and Fall of Families," 123）。

19 Drinan, "Review: *Law, Legislation, and Liberty, Vol. 3*," 621.

20 Hayek, *The Constitution of Liberty,* 40.

21 該從何反駁海耶克此處的論點？幾乎沒有任何一段技術史符合這種講說法；絕佳的反駁起點是談創新、發明、散布與生產的分析，請見：Edgerton, *The Shock of the Old.*

第十章

1 Brunnermeier, "Deciphering the Liquidity and Credit Crunch."

2 Nakamoto, "Bitcoin P2P e-Cash Paper."

3 例如有三種質疑的聲音：密碼學家與密碼龐克詹姆士・唐納

（James Donald）回應中本聰時寫道：「我們非常、非常需要這樣的系統。」（請見：Donald, "Bitcoin P2P e-Cash Paper".）「然而，就我的理解來看，你的提議似乎並未擴充到應有的規模。」另一名清單固定成員寫道：「我認為這套系統真正的問題出在比特幣市場。」（引自：Dillinger, "Bitcoin P2P e-Cash Paper".）「運算工作量證明不具備內在價值。」約翰・列文（John Levine）是網路世界、電子郵件安全性與信任的前輩，他指出工作量證明系統的潛在問題：「這和雜湊現金在今日的網路行不通的理由是一樣的——好人的運算火力遠低於壞人。我還有其他不放心的議題，但這點最為致命。」（引自：Levine, "Bitcoin P2P e-Cash Paper".）

4　新聞報導引用了此處提到的反應與討論，最值得留意的請見：Popper, *Digital Gold* 第二章的結論。

5　他認為是離群索居的數學家望月新一。望月新一研究的 ABC 猜想（ABC Conjecture）涉及質因數的頻率以及數字的加法與乘法性質。但沒有特殊理由顯示望月新一就是中本聰。

6　Nakamoto, "Re: Citation of Your B-Money Page."

7　Finney, "Bitcoin P2P e-Cash Paper."

8　Diffie and Hellman, "New Directions in Cryptography," 654.

9　Nakamoto, "Bitcoin P2P e-Cash Paper."

10　Greenfield, *Radical Technologies* 的第五章替非專業人士精彩又清楚地解釋比特幣是如何運作的，包括這個「共識」模式和「共識」一詞的一般用法有多不同：「不同的記錄有可能留存一陣子，但隨著某個候選序列（candidate sequence）跨越被挑戰的可能性趨近零的門檻，不同的記錄將逐漸消失。所有的挖礦節點最終將向這條單一最長的鏈靠攏。一旦所有一度出現的對手都敗下陣來，這條鏈就會成為標準。」

11　Nakamoto, "Bitcoin v0.1 Released."

12　比特幣在更大的帳本式貨幣世界的地位分析，請見：Maurer, "Money as Token and Money as Record."

13　Nelson, *Literary Machines*, 2/29.

14　前者的好例子是「暗黑錢包計劃」（DarkWallet project，https://www.darkwallet.is）；在本書寫作的當下，以真正的匿名加密貨幣而言，技術上最值得注意的版本是「Zcash 計劃」（https://z.cash）。埃米爾‧塔吉（Amir Taaki）領軍開發暗黑錢包，目前正在成立「自治理工學院聯盟」（Autonomous Polytechnics Group）。在比特幣的世界，從哲學與政治的角度來看，目前為止他是最有意思的人，值得加以研究。

15　Hern, "Missing: Hard Drive Containing Bitcoins."

16　這個地址上目前有八千枚比特幣，產生日期全在二〇〇九年的兩個月期間，符合郝威爾記憶中的日期。這個地址不曾有過輸出交易，自二〇〇九年四月二十六日後，就完全處於靜止的狀態——除了自二〇一四年起，有幾筆零星的極小額輸入交易。我認為那是這個地址在當時與日後被一些比特幣軟體拿來當範例地址使用的副作用。

17　Hillis, "The Connection Machine."

18　運算與空調的聯合史，請見：Brunton, "Heat Exchanges."

19　Kolodzey, "CRAY-1 Computer Technology."

20　Cray, "U.S. Patent No. 4,590,538."

21　Shirriff, "Mining Bitcoin with Pencil and Paper."

22　這只是解決雜湊問題而已，還不包括試圖做其他事，例如簽署比特幣交易所耗費的能源，將得再乘上許多非常大的整數。

23　Keynes, *The General Theory of Employment, Interest and Money*, 129.

24　Nakamoto, "Bitcoin," 4.

25 Maurer, Nelms, and Swartz, "When Perhaps the Real Problem Is Money Itself!,"2.

26 「P2P 基金會」（P2P Foundation）的網站要求填寫出生年月日，日期會反映在個人檔案顯示的年齡：http://p2pfoundation.ning.com/profile/SatoshiNakamoto?xg_source=activity。加密市場分析師 gwern 查詢中本聰的資料年齡增加一事時，透過「P2P 基金會」的檔案庫發現他的生日是一九七五年四月五日。

27 Metzger, "ADMIN: No Money Politics, Please."

第十一章

1 von NotHaus and Presley, "To Know Value."

2 同前，頁 12, 14, 17。

3 "New Liberty Dollar."

4 實際的倉單上列有這些說明文字，重製的樣本上也有，範例可參見：Shelter Systems, "Motion for Return," 33 中重製的「證物 C」。

5 在 Shelter Systems, "Motion for Return"（取自宣誓書）中被列為證據，頁 11。

6 Keynes, "The General Theory of Employment," 213.

7 von NotHaus, "The Naziization of America," 492.

8 Silk Road trial: Government Exhibit 270, 14 Cr. 68 (KBF).

9 關於 DGC 空間的精彩研究，請見：Mullan, *A History of Digital Currency*。e-gold 的部分請見第二章，以及該章引用的主要資料來源。

10 Smith, *The Rationale of Central Banking*, 169–70.

11 Greenberg, "Collected Quotations of the Dread Pirate Roberts."

12 Heinlein, *The Moon Is a Harsh Mistress*, 155.

13 Rand, *Atlas Shrugged*, 384.

14 同前，頁 253, 258。

15 Stiefel, *The Story of Operation Atlantis*.

16 Craib, "Escape Geographies and Libertarian Enclosures."

17 「亞特蘭提斯行動」的命運與運作細節，取自研究與回憶，請見：Strauss, *How to Start Your Own Country* 與 Halliday, "Operation Atlantis"。

18 此處的密涅瓦與鳳凰基金會簡短摘要，取自：Craib, "Escape Geographies" 以 及 McDougall ("Micronations in the Caribbean")、Lindstrom ("Cult and Culture")、Strauss (*How to Start Your Own Country*). 進一步的分析請參見克雷布出版中的新著，書名暫定為：*Libertarian Noir: Exit, Enclosure, and the Age of Right Flight.* 從賦稅與主權的脈絡下看密涅瓦的處境，簡明扼要的精彩介紹，請見：van Fossen, *Tax Havens* 的第三章。

19 Lindstrom, "Cult and Culture" 117.

20 請見（現在居然還在！）："1997 MIT \$1K Warm-Up Business Idea Competition," at http://web.mit.edu/~mkgray/afs/bar/afs/athena/activity/other/50k/old-www /1k97/1k97-summary.htm.

21 Lackey, "Starting an e-Cash Bank."

22 那篇文章是 Garfinkel, "Welcome to Sealand." 至於本節引用的其他材料，我鼓勵大家閱讀 Rid, *Rise of the Machines* 的第七章，除了介紹西蘭與密碼龐克，還娛樂性十足。

23 西蘭本身的法律狀況，以及五花八門的相關犯罪活動，精彩的概述請見：Grimmelmann, "Sealand, HavenCo, and the Rule of Law."

24 詳見：Johns, *Death of a Pirate*，尤其是第八章。

25 引自：Rid, *Rise of the Machines*, 281.

26 萊基離開西蘭後究竟發生了什麼事，請見他在 DEF CON 駭客大會上的簡報（Lackey, "HavenCo: What Really Happened"）。

第十二章

1 嵌在貨幣（包括錢幣）裡的記錄與歷史，詳細的論述請見：Maurer, "Money as Token"。

2 Pettersson, *The Spillings Hoard.* 那批錢幣寶藏裡，有一枚可薩（Khazar）錢幣——「摩西的錢幣」（Moses coin）——特別出名，提供了可薩汗國改信猶太教的物質痕跡；那是一段複雜歷史中備受爭議的重要時刻。我們如何藉由錢幣（儲藏或鑄造）理解可薩，簡介請見：Kovalev, "What Does Historical Numismatics Suggest"。

3 MacGregor, *A History of the World in 100 Objects*, chap. 95.

4 精彩的貶值與「競爭性貶值」介紹，請見：Desan, "Coin Reconsidered"（尤其是 403–409 頁）；切割、削減或毀損錢幣的做法與意義，兩種深入的介紹請見：Caffentzis, *Clipped Coins* 與 von Glahn, *Fountain of Fortune*, chap.3.

5 Weatherford, *The History of Money* 的第七章提供精彩又詳盡的塔勒幣史。

6 Addison, *Dialogues upon the Usefulness of Ancient Medals* and "Autobiography of a Shilling." 艾迪生與錢幣的精彩說明，亦可參見：Spicer, *The Mind is a Collection*，尤其是範例十三（exhibit 13）。

7 Spang, *Stuff and Money*, 272.

8 Stadter, "Alexander Hamilton's Notes on Plutarch."

9 ranklin, "A Modest Enquiry."

10 Trettien, "Leaves."

11 這個點子的另一種有趣變形，請見：*Weimar German Rentenmark.*

該計劃與計劃背景的精彩摘要，請見：Taylor, *The Downfall of Money*, 326–335.

12　關於這場不尋常的對話，整體介紹請見：Steil, *The Battle of Bretton Woods*；凱因斯計劃的進一步細節請見：Keynes, "International Clearing Union." 日後出現了意想不到的轉折，懷特的底細曝光：他其實是某種金融特務，暗中替蘇聯工作，幫助蘇聯達到戰後的經濟繁榮。懷特顯然相信，新全球秩序的穩定性要仰賴兩大超級強權同時繁榮昌盛，不能只有一方勝利；此外，在他的安排下，蘇聯接收了戰後印製盟軍占領區法幣的馬克印板。請見：Craig, *Treasonable Doubt.*

13　Lovell, *Of Spies and Stratagems*, 29.

14　引自：Ahamed, *Lords of Finance*, 20.

15　Mises, *Human Action*, 173.

16　突擊步槍的主題請見：del Castillo, "Dark Wallet" 與 Wilson, *Come and Take It*。T恤公司 7bucktees 的網站已經失效，但仍可在網路檔案館找到：https://web.archive.org/web/20160412110430/http://www.7bucktees.com/product-category/t-shirts/.

17　弗爾令人印象深刻的編年史，請見：Abrahamian, *The Cosmopolites*，特別是第五章。

18　這個網站（passportsforbitcoin.com）已經下線，但依舊可以在網路檔案館找到。各位可以想見這件事曾經引發爭議；該計劃的早期歲月請見：Clenfield and Alpeyev, " 'Bitcoin Jesus' Calls Rich to Tax-Free Tropical Paradise."

19　Milhon, "Secretions."

20　Thiel, "The Education of a Libertarian."

21　Dowd, "Peter Thiel."

22 請見：Nock, "Isaiah's Job"；相 關 概 念 對 美 國 保 守 主 義 （conservativism）的影響，尤其是政治評論人小威廉·F·巴克利 （William F. Buckley, Jr.），請見：Judis, *William F. Buckley, Jr.*, 44–46.

23 令人感動的區塊鏈式社群財產呼籲，以及區塊鏈與加密貨幣帶來的幾種惡夢，請見：Greenfield, *Radical Technologies*, chap. 10.

24 Dodd, "The Social Life of Bitcoin," 21.

結語

1 Manley, "The Erg Man."

2 相關變化的詳細概述，包括二〇一三年至二〇一四年的瘋狂旅程，請見：Wolfson, "Bitcoin: The Early Market."

3 Greenberg, "Nakamoto's Neighbor."

4 More, "Hal Finney Being Cryopreserved Now."

參考文獻

Abrahamian, Atossa. *The Cosmopolites: The Coming of the Global Citizen.* New York: Columbia Global Reports, 2015.

Addison, Joseph. "Autobiography of a Shilling." *Tatler*, no. 249, November 11, 1710. *Dialogues upon the Usefulness of Ancient Medals: Especially in Relation to the Latin and Greek Poets.* Published 1726. https://quod.lib.umich.edu/cgi/t/text/textid x?c=ecco;idno=004788594.0001.000.

Ahamed, Liaquat. *Lords of Finance: The Bankers Who Broke the World.* New York: Penguin, 2009.

Akin, William. *Technocracy and the American Dream: The Technocrat Movement, 1900–1941.* Berkeley: University of California Press, 1977.

Appadurai, Arjun. "The Spirit of Calculation." *Cambridge Journal of Anthropology* 30, no. 1 (Spring 2012): 3–17. *Banking on Words: The Failure of Language in the Age of Derivative Finance.* Chicago: University of Chicago Press, 2015.

Armer, Paul. "Computer Technology and Surveillance." *Computers and People* 24, no. 9 (September 1975): 8–11.

Atwood, Margaret. *The Handmaid's Tale.* New York: Houghton Mifflin, 1986.

Barlow, John Perry. "Crime and Puzzlement." June 8, 1990. Electronic Frontier

Foundation list archive: https://w2.eff.org/Misc/Publications/John_Perry_Barlow/ HTML/crime_and_puzzlement_1.html. "A Cyberspace Independence Declaration." February 9, 1996. Electronic Frontier Foundation list archive: http://www.eff.org/ Publications/John_Perry_Barlow/barlow_0296.declaration.

Barnet, Belinda. *Memory Machines: The Evolution of Hypertext.* London: Anthem, 2013.

Belasco, Warren. *Meals to Come: A History of the Future of Food.* Berkeley: University of California Press, 2006.

Bell, Tom. "Extropia: A Home for Our Hopes." *Extropy* 8 (Winter 1991/1992): 35–41.

Beniger, James. *The Control Revolution: Technological and Economic Origins of the Information Society.* Cambridge, MA: Harvard University Press, 1986.

Benjamin, Walter. "One-Way Street." In *Selected Writings Volume 1: 1913–1926*, edited by M. Bullock and M. W. Jennings, 444–88. Cambridge, MA: Belknap Harvard, 1996.

Benkler, Yochai. *The Wealth of Networks: How Social Production Transforms Markets and Freedom.* New Haven, CT: Yale University Press, 2006.

Bennett, James, and Phillip Salin. "Privatizing Space Transportation." Issue paper no.102, Federal Privatization Project. Santa Monica, CA: Reason Foundation, 1987.

Biagioli, Mario. "From Ciphers to Confidentiality: Secrecy, Openness and Priority in Science." *British Society for the History of Science*, 2012. https://ssrn.com/ abstract=2427952.

Bishop, Forrest. "my EXTRO 3 perspective." ExI-list archive, August 12, 1995. http:// extropians.weidai.com/extropians.3Q97/1794.html.

Blanchette, Jean-François. *Burdens of Proof: Cryptographic Culture and Evidence Law in the Age of Electronic Documents.* Cambridge, MA: MIT Press, 2012.

Boon, Marcus. *In Praise of Copying.* Cambridge, MA: Harvard University Press, 2010.

Brand, Stewart. "Spacewar! Fanatic Life and Symbolic Death among the Computer Bums." *Rolling Stone*, December 7, 1972. http://wheels.org/spacewar/stone/

rolling_stone.html

Bratton, Ben. *The Stack: On Software and Sovereignty.* Cambridge, MA: MIT Press, 2016. Brekke, Dan. "Money for Nothing." *Wired* 8, no. 9 (September 2000). https://www.wired.com/wired/archive/8.09/stock.html

Brunnermeier, Markus. "Deciphering the Liquidity and Credit Crunch 2007–2008."*Journal of Economic Perspectives* 23, no. 1 (Winter 2009): 77–100.

Brunton, Finn. "Keyspace: WikiLeaks and the Assange Papers." *Radical Philosophy*166 (March/April 2011): 8–20. "Heat Exchanges." In *The MoneyLab Reader: An Intervention in Digital Economy*, edited by Geert Lovink, Nathaniel Tkacz, and Patricia de Vries. Amsterdam: Institute of Network Cultures, 2015.

Caffentzis, Constantine. *Clipped Coins, Abused Words, Civil Government: John Locke's Philosophy of Money.* New York: Autonomedia, 1989.

Chaum, David. "Blind Signatures for Untraceable Payments." In *Advances in Cryptology: Proceedings of Crypto 82*, edited by David Chaum, Ronald L. Rivest, and Alan T. Sherman, 199–203. New York: Plenum Press, 1983. "Security without Identification: Transaction Systems to Make Big Brother Obsolete." *Comm. ACM* 28, no. 10 (1985): 1030–44. "Achieving Electronic Privacy." *Scientific American,* August 1992, 96–101. "Prepaid Smart Card Techniques: A Brief Introduction and Comparison." DigiCash, 1994. http://ntrg.cs.tcd.ie/mepeirce/Project/Chaum/cardcom.html. Clenfield, Jason, and Pavel Alpeyev. " 'Bitcoin Jesus' Calls Rich to Tax-Free Tropical Paradise." *Bloomberg Technology*, June 16, 2014. https://www.bloomberg.com/ news/articles/2014-06-15/-bitcoin-jesus-calls-rich-to-tax-free-tropical-paradise.

Craib, Raymond. "Escape Geographies and Libertarian Enclosures." Presentation at Yale's Program in Agrarian Studies, February 2015. https://agrarianstudies.macmillan.yale.edu/sites/default/files/files/CraibAgrarianStudies.pdf.

Craig, R. Bruce. *Treasonable Doubt: The Harry Dexter White Spy Case.* Lawrence: University Press of Kansas, 2004.

Cray, Seymour. "U.S. Patent No. 4,590,538: Immersion Cooled High Density Electronic Assembly." US Patent Office, November 18, 1982.

"The Cryonics Bracelet Contest: Top Contenders." *Cryonics* 7, no. 10 (October 1986): 10–18.

Cypher, Pr0duct. "Magic Money Digicash System." Cypherpunks list archive, February 4, 1994. https://cypherpunks.venona.com/date/1994/02/msg00247.html.

Dai, Wei. "Cypherpunks and guns." Cypherpunks list archive, January 6, 1998. http://cypherpunks.venona.com/date/1998/01/msg00115.html. "PipeNet 1.1 and b-money." Cypherpunks list archive, November 27, 1998. http://cypherpunks.venona.com/date/1998/11/msg00941.html.

del Castillo, Michael. "Dark Wallet: A Radical Way to Bitcoin." *New Yorker,* September 24, 2013. https://www.newyorker.com/business/currency/dark-wallet-a-radical-way-to-bitcoin.

Deleuze, Gilles. "Postscript on the Societies of Control." *October* 59 (Winter 1992): 3–7.

Deringer, William. "Pricing the Future in the Seventeenth Century: Calculating Technologies in Competition." *Technology and Culture* 58, no. 2 (April 2017): 506–28.

Desan, Christine. "Coin Reconsidered: The Political Alchemy of Commodity Money." *Theoretical Inquiries in Law* 11, no. 1, article 13 (January 2010): 361–409.

Desan, Christine. *Making Money: Coin, Currency, and the Coming of Capitalism.* Oxford: Oxford University Press, 2014.

de Wolf, Aschwin. "Deconstructing Future Shock." *Cryonics* 36, no. 2 (February 2015): 5.

Diffie, Whitfield, and Martin Hellman. "New Directions in Cryptography." *IEEE Transactions on Information Theory* IT-22, no. 6 (November 1976): 644–54.

Dillinger, Ray. "Bitcoin P2P e-Cash Paper." Cryptography mailing list, November 6, 2008. http://www.metzdowd.com/pipermail/cryptography/2008-November/014822.html.

Dodd, Nigel. *The Social Life of Money.* Princeton: Princeton University Press, 2014. "The Social Life of Bitcoin." *Theory, Culture & Society* (2017): 1–26. Donald, James. "Bitcoin P2P e-Cash Paper." Cryptography mailing list, November 2,2008.

http://www.metzdowd.com/pipermail/cryptography/2008-November/014814.html.

Doub, Bo. "Community Memory: Precedents in Social Media and Movements," *Computer History Museum* (blog), February 23, 2016. http://www.computerhistory.org/atchm/community-memory-precedents-in-social-media-and-movements/.

Dowd, Maureen. "Peter Thiel, Trump's Tech Pal, Explains Himself." *New York Times,* January 11, 2017.

Drinan, Robert. "Review: *Law, Legislation, and Liberty (Volume 3)."* *University of Chicago Law Review* 47, no. 3 (Spring 1980): 621–33.

DuPont, Quinn. "Blockchain Identities: Notational Technologies for Control and Management of Abstracted Entities." *Metaphilosophy* 48, no. 5 (October 2017): 634–53.

Dwiggins, W. A. *Towards a Reform of the Paper Currency, Particularly in Point of Its Design.* New York: Limited Editions Club, 1932. Reprint, New York: First Typophiles; Boston: Godine; Cambridge, MA: Kat Ran Press, 2015.

Dwork, Cynthia, and Moni Naor. "Pricing via Processing or Combatting Junk Mail." *Advances in Cryptology—CRYPTO' 92.* Berlin: Springer, 1993. Dyson, Esther. "Making Markets." *Release 1.0*, July 14, 1990, 1–15. "Information, Bid and Asked." *Forbes*, August 20, 1990, 92.

Edgerton, David. *The Shock of the Old: Technology and Global History since 1900.* London: Profile, 2008.

Elliott, Geoffrey. *The Shooting Star: Denis Rake, MC: A Clandestine Hero of the Second World War.* London: Methuen, 2009.

Ettinger, R.C.W. "The Penultimate Trump." *Startling Stories*, March 1948, 104–15.

Eubanks, Virginia. *Automating Inequality.* New York: St. Martin's Press, 2017. "Excitations/Advances." *Extropy* 17, no. 8:2 (2nd Half 1996): 6–7.

Felsenstein, Lee. "Community Memory: The First Public-Access Social Media System." In *Social Media Archeology and Poetics*, edited by Judy Malloy, 89–102. Cambridge, MA: MIT Press, 2016.

Fezer, Harold. "The Energy Certificate." Technocracy Pamphlet Series A, no. 10, July 1938. http://www.technocracyinc.org/energy-certificate-2/.

Finney, Fran. "Exercise and Longevity." *Extropy* 9, no. 4:1 (Summer 1992): 30–33.

Finney, Hal. "Why remailers ⋯" Cypherpunk mailing list, November 15, 1992. http:// cypherpunks.venona.com/date/1992/11/msg00108.html. "Protecting Privacy with Electronic Cash." *Extropy* 10, 1993, 8–14. "RPOW Theory." RPOW.net. https:// web.archive.org/web/20070528042614/, http://rpow.net:80/theory.html. "Re: Currency based on Energy." ExI-list archive, February 22, 2002. http://extropians. weidai.com/extropians.1Q02/3361.html. "Bitcoin P2P e-Cash Paper." Cryptography mailing list, November 7, 2008. http://www.metzdowd.com/ pipermail/cryptography/2008-November/014827.html.

Fitzsimons, Peter. *Nancy Wake: The Inspiring Story of One of the War's Greatest Heroines.* London: HarperCollins, 2002.

Franklin, Benjamin. "A Modest Enquiry into the Nature and Necessity of a Paper Currency." Philadelphia: Printed and sold at the New Printing-Office, near the Market, 1729. https://founders.archives.gov/documents/Franklin/01-01-02-0041.

Frye, Curtis D. "Re: Forged messages part of "Operation"?" Cypherpunks list archive, January 10, 1994. http://cypherpunks.venona.com/date/1994/01/msg00117.html.

Garfinkel, Simson. "Welcome to Sealand. Now Bugger Off." *Wired* 8 (July 2000). https://www.wired.com/2000/07/haven-2/.

Gesell, Silvio. *The Natural Economic Order.* London: Peter Owen, 1958. Gibson, William. *Zero History.* New York: Putnam, 2010. "The Art of Fiction No. 211" (interviewed by David Wallace-Wells). *Paris Review* 197 (Summer 2011).

Gibson-Graham, J. K. *The End of Capitalism (as We Knew It): A Feminist Critique of Political Economy.* Cambridge, MA: Blackwell, 1996.

Gilbert, Emily. "Forging a National Currency: Money, State-Building and Nation-Making in Canada." In *Nation-States and Money: The Past, Present and Future of National Currencies*, edited by Emily Gilbert and Eric Helleiner. New York: Routledge, 1999.

Gitelman, Lisa. *Paper Knowledge: Toward a Media History of Documents.* Durham, NC: Duke University Press, 2014.

Gleick, James. "The End of Cash." *New York Times Magazine,* June 16, 1996. https://

www.nytimes.com/1996/06/16/magazine/dead-as-a-dollar.html.

Golumbia, David. *The Politics of Bitcoin: Software as Right-Wing Extremism.* Minneapolis: University of Minnesota Press, 2016.

Graeber, David. *Debt: The First 5,000 Years.* New York: Melville House Publishing, 2011.

Greenberg, Andy. *This Machine Kills Secrets: How WikiLeakers, Cypherpunks, and Hacktivists Aim to Free the World's Information.* New York: Dutton, 2012. "Collected Quotations of the Dread Pirate Roberts, Founder of Under- ground Drug Site Silk Road and Radical Libertarian." *Forbes,* April 29, 2013. https://www.forbes.com/sites/andygreenberg/2013/04/29/collected-quotations-of-the-dread-pirate-roberts-founder-of-the-drug-site-silk-road-and-radical-libertarian/. "Nakamoto's Neighbor: My Hunt for Bitcoin's Creator Led to a Paralyzed Crypto Genius." *Forbes,* March 25, 2014. https://www.forbes.com/sites/andygreenberg/2014/03/25/satoshi-nakamotos-neighbor-the-bitcoin-ghost writer-who-wasnt.

Greenberger, Martin. "The Computers of Tomorrow." *Atlantic* 213, no. 5 (May 1964): 63–67.

Greenfield, Adam. *Radical Technologies: The Design of Everyday Life.* New York: Verso, 2017.

Grimmelmann, James. "Sealand, HavenCo, and the Rule of Law." *University of Illinois Law Review* 405 (2012): 405–84.

Halliday, Roy. "Operation Atlantis and the Radical Libertarian Alliance: Observations of a Fly on the Wall." Royhalliday.com (website), February 13, 2002. http://royhalliday.home.mindspring.com/rla.htm.

Hanson, Robin. "Idea Futures: Encouraging an Honest Consensus." *Extropy* 8 (Winter 1991): 7–17.

Harpold, Terry. *Ex-foliations: Reading Machines and the Upgrade Path.* Minneapolis: University of Minnesota Press, 2009.

Hayek, Friedrich. *Law, Legislation, and Liberty, Vol. 1: Rules and Order.* Chicago: University of Chicago Press, 1973. *Law, Legislation, and Liberty, Vol. 2: The Mirage of Social Justice.* Chicago: University of Chicago Press, 1977. *Law,*

Legislation, and Liberty, Vol. 3: The Political Order of a Free People. Chicago: University of Chicago Press, 1979. *The Constitution of Liberty.* Chicago: University of Chicago Press, 1978. *The Denationalization of Money—the Argument Refined: An Analysis of the Theory and Practice of Concurrent Currencies.* 3rd ed. London: Institute of Economic Affairs, 1990. *The Market and Other Orders.* Chicago: University of Chicago Press, 1990.

Heinlein, Robert. *The Moon Is a Harsh Mistress.* New York: Orb, 1997.

Hern, Alex. "Missing: Hard Drive Containing Bitcoins Worth £4m in Newport Landfill Site." *Guardian,* November 27, 2013.

Hillis, William Daniel. "The Connection Machine." PhD dissertation, Prof. Gerald Sussman. Cambridge, MA: Massachusetts Institute of Technology, 1985.

"The Howland Will Case." *American Law Register (1852–1891)* 38, no. 9 (September 1890): 562–81.

Hu, Tung-Hui. *A Prehistory of the Cloud.* Cambridge, MA: MIT Press, 2015.

Hudson, Michael. "How Interest Rates Were Set, 2500 BC–1000 AD: *Máš, tokos* and *foenus* as Metaphors for Interest Accruals." *Journal of the Economic and Social His- tory of the Orient* 43 (Spring 2000): 132–61.

Hughes, Eric. "No Subject." Cypherpunks list archive, September 21, 1992. http://cypherpunks.venona.com/date/1992/09/msg00001.html. "Nuts & Acorns." Cypherpunks list archive, October 6, 1992. http://cypher punks.venona.com/date/1992/10/msg00020.html. "Introduction." *Extropy* 1 (Fall 1988): 1–13.

Johns, Adrian. *Piracy: The Intellectual Property Wars from Gutenberg to Gates.* Chicago: University of Chicago Press, 2009. *Death of a Pirate: British Radio and the Making of the Information Age.* New York: W. W. Norton, 2011.

Jones, Daniel Steadman. *Masters of the Universe: Hayek, Friedman, and the Birth of Neo- liberal Politics.* Princeton, NJ: Princeton University Press, 2012.

Judis, John B. *William F. Buckley, Jr.: Patron Saint of the Conservatives.* New York: Simon & Schuster, 2001.

Kafka, Ben. *The Demon of Writing: Powers and Failures of Paperwork.* New York: Zone Books, 2012.

Kahn, David. *The Codebreakers: The Comprehensive History of Secret Communication from Ancient Times to the Internet.* New York: Simon & Schuster, 1996.

Kelly, Kevin. *Out of Control: The New Biology of Machines, Social Systems, and the Economic World.* New York: Basic Books, 1995. *The Inevitable: Understanding the 12 Technological Forces That Will Shape Our Future.* New York: Viking, 2016.

Keynes, John Maynard. *The General Theory of Employment, Interest and Money.* London: Macmillan, 1936 (reprinted 2007). "The General Theory of Employment." *Quarterly Journal of Economics* 51, no. 2 (February 1937): 209–23. "The International Clearing Union." In *The New Economics: Keynes' Influence on Theory and Public Policy,* edited by Seymour Harris. New York: Knopf, 1947.

Kirschenbaum, Matthew. *Mechanisms: New Media and the Forensic Imagination.* Cambridge, MA: MIT Press, 2007.

Knott, G. D. "Hashing Functions." *Computer Journal* 18, no. 3 (January 1975): 265–78. Kolodzey, James. "CRAY-1 Computer Technology." *IEEE Transactions on Components,Hybrids, and Manufacturing Technology* 4, no. 2 (June 1981): 181–86.

Koselleck, Reinhart. *The Practice of Conceptual History: Timing History, Spacing Concepts.* Stanford, CA: Stanford University Press, 2002. *Futures Past: On the Semantics of Historical Time.* New York: Columbia, 2004. Kovalev, Roman. "What Does Historical Numismatics Suggest about the Monetary History of Khazaria in the Ninth Century?—Question Revisited," *Archivum Eurasiae Medii Aevi* 13 (2004): 97–129.

Krementsov, Nikolai. *A Martian Stranded on Earth: Alexander Bogdanov, Blood Transfusions, and Proletarian Science.* Chicago: University of Chicago Press, 2011. *Revolutionary Experiments: The Quest for Immortality in Bolshevik Science and Fiction.* Oxford: Oxford University Press, 2013.

Kuhn, Markus G. "The EURion Constellation." Security Group presentation, Computer Laboratory, University of Cambridge, February 8, 2002. http://www.cl.cam.ac.uk/~mgk25/eurion.pdf.

Lackey, Ryan. "Starting an e-Cash Bank." Cypherpunks list archive, December 30, 1995. http://cypherpunks.venona.com/date/1995/12/msg00969.html. "HavenCo:

What Really Happened." Presentation at DEF CON 11, August 3, 2003. http://www.metacolo.com/papers/dc11-havenco/dc11-havenco.pdf.

Lanouette, William. *Genius in the Shadows: A Biography of Leo Szilard, the Man behind the Bomb.* Chicago: University of Chicago Press, 1994.

Levine, John. "Bitcoin P2P e-Cash Paper." Cryptography mailing list, November 3, 2008. http://www.metzdowd.com/pipermail/cryptography/2008-November/0148 17.html.

Levy, Steven. "The Cypherpunks vs. Uncle Sam." In *Building in Big Brother: The Cryptographic Policy Debate,* edited by Lance J. Hoffman. Berlin: Springer, 1995. *Crypto: How the Code Rebels Beat the Government—Saving Privacy in the Digital Age.* New York: Penguin, 2001. *Hackers: Heroes of the Computer Revolution* (25th anniversary edition). Se- bastopol, CA: O'Reilly, 2010.

Lewis, Peter. "On Line with William Gibson: Present at the Creation, Startled at the Reality." *New York Times,* May 22, 1995.

Licklider, J.C.R. "Memorandum for Members and Affiliates of the Intergalactic Computer Network." Advanced Research Projects Agency, April 23, 1963. "Some Reflections on Early History." In *A History of Personal Workstations,* edited by Adele Goldberg. New York: Addison-Wesley, 1988.

Lindstrom, Monty. "Cult and Culture: American Dreams in Vanuatu." *Pacific Studies* 4, no. 2 (Spring 1981): 101–23.

Liška. "St. Jude's Legacy." July 18, 2015. http://unwittingraconteur.com/index.php/2015/07/18/st-judes-legacy/.

Lovell, Stanley. *Of Spies and Stratagems.* Englewood Cliffs, NJ: Prentice-Hall, 1962.

MacGregor, Neil. *A History of the World in 100 Objects.* New York: Penguin, 2013.

Machado, Romana. "Five Things You Can Do to Fight Entropy Now." September 12, 1994. http://www.euvolution.com/prometheism-transhumanism-posthuman ism/transtopa-transhumanism-evolved/5things.html.

Manley, Jared. "The Erg Man." *New Yorker* 12, no. 37 (October 31, 1936): 19–21.

Manovich, Lev. *The Language of New Media.* Cambridge, MA: MIT Press, 2002.

Marks, Leo. *Between Silk and Cyanide: A Codemaker's Story, 1941–1945.* London:

Harper Collins, 1998.

Martinson, Yanek. "Another pax-type remailer." Cypherpunks list archive, December 22, 1992. http://cypherpunks.venona.com/date/1992/12/msg00232.html.

Marx, Karl. *Grundrisse: Foundations of the Critique of Political Economy.* London: Penguin, 1973.

Maurer, Bill. *Mutual Life, Limited: Islamic Banking, Alternative Currencies, Lateral Reason.* Princeton, NJ: Princeton University Press, 2005. "Money as Token and Money as Record in Distributed Accounts." In *Distributed Agency,* edited by N. J. Enfield and Paul Kockelman. Oxford: Oxford University Press, 2017.

Maurer, Bill, Taylor Nelms, and Lana Swartz. " 'When Perhaps the Real Problem Is Money Itself!': The Practical Materiality of Bitcoin." *Social Semiotics* (2013). DOI:10.1080/10350330.2013.777594.

May, Timothy. "The Crypto Anarchist Manifesto." Cypherpunks list archive, November 22, 1992. http://cypherpunks.venona.com/date/1992/11/msg00204.html. "A Minor Experimental Result." Cypherpunks list archive, December 13, 1992. http://cypherpunks.venona.com/date/1992/12/msg00124.html. "Timed Release Crypto." Cypherpunks list archive, February 10, 1993. http://cypherpunks.venona.com/date/1993/02/msg00129.html. "Re: Wired & Batch File." Cypherpunks list archive, February 11, 1993. http://cypherpunks.venona.com/date/1993/02/msg00159.html. "Libertaria in Cyberspace." Cypherpunks list archive, August 9, 1993. http://cypherpunks.venona.com/date/1993/08/msg00168.html. "Re: HACKERS: Crypto Session Being Planned." Cypherpunks list archive, October 7, 1993. http://cypherpunks.venona.com/date/1993/10/msg00307. html. "Re: Blacknet Worries." Cypherpunks list archive, February 20, 1994. http://cypherpunks.venona.com/date/1994/02/msg01131.html. "The Cyphernomicon: Cypherpunks FAQ and More." September 1994. https://web.archive.org/web/20170805063522/http://www.cypherpunks.to:80/faq/cyphernomicron/cyphernomicon.txt. "Re: Anguilla—A DataHaven?" Cypherpunks list archive, August 14, 1996. http://cypherpunks.venona.com/date/1996/08/msg01155.html. "Introduction to BlackNet." In *High Noon on the Electronic Frontier: Conceptual Issues in Cyberspace*, edited by Peter

Ludlow. Cambridge, MA: MIT Press, 1996. "Untraceable Digital Cash, Information Markets, and BlackNet." Talk at Computers, Freedom, and Privacy 1997. http://osaka.law.miami.edu/~froomkin/articles/tcmay.htm. "Re: Guns: H&K, G3, 7.62 v 5.56 [Guns]" Cypherpunks list archive, January 2, 1998.   http://cypherpunks.venona.com/date/1998/01/msg00006.html.

McCarthy, John. "The Home Information Terminal—A 1970 View." *Man and Computer: Proceedings of International Conference,* Bordeaux, 1970, 48–57. Basel: Karger, 1972.

McDougall, Russell. "Micronations of the Caribbean." In *Surveying the American Tropics: A Literary Geography from New York to Rio,* edited by Maria Cristina

Fumagalli, Peter Hulme, Owen Robinson, and Lesley Wylie. Liverpool: Liverpool University Press, 2013.

McKelway, St. Clair. "Mister Eight-Eighty." In *Reporting at Wit's End: Tales from the New Yorker.* New York: Bloomsbury, 2010.

McPhee, John. *Oranges.* New York: Farrar, Straus, and Giroux, 1966.

Meier, Paul, and Sandy Zabell. "Benjamin Peirce and the Howland Will." *Journal of the American Statistical Association 75,* no. 371 (September 1980): 497–506.

Meieran, E. S., P. R. Engel, and T. C. May. "Measurement of Alpha Particle Radioactivity in IC Device Packages." *17th Annual Reliability Physics Symposium,* 1979, 13–22.

Merkle, Ralph C. "Secure Communications over Insecure Channels," *Communications of the ACM 21,* no. 4 (1978): 294–99.

Metzger, Perry. "ADMIN: No Money Politics, Please." Cryptography mailing list, November 7, 2008. http://www.metzdowd.com/pipermail/cryptography/2008-November/014824.html.

Michell, Humfrey. "The Iron Money of Sparta." *Phoenix,* supplement to vol. 1 (Spring 1947): 42–44.

Milhon, Judith. "Secretions." Cypherpunks list archive, September 25, 1992. http://cypherpunks.venona.com/date/1992/09/msg00013.html. "Public vs. Private." Cypherpunks list archive, October 3, 1992. http://cypherpunks.venona.com/

date/1992/10/msg00005.html.

Miller, Mark, E. Dean Tribble, Ravi Pandya, and Marc Stiegler. "The Open Society and Its Media." *Extropy* 12, no. 6:1 (1st Quarter 1994): 18–23.

Mises, Ludwig von. *The Theory of Money and Credit.* Rev. ed. New Haven, CT: Yale University Press, 1953. *Human Action: A Treatise on Economics—the Scholar's Edition.* Auburn, AL: Ludwig von Mises Institute, 1998. *Notes and Recollections, with the Historical Setting of the Austrian School of Economics.* Indianapolis: Liberty Fund, 2014.

Mitchell, Carmen L. "The Contributions of Grace Murray Hopper to Computer Science and Computer Education." PhD dissertation. Denton: University of North Texas, 1994.

More, Max. "The Extropian Principles." *Extropy* 6 (Summer 1990): 17–18. "Denationalisation of Money: Friedrich Hayek's Seminal Work on Competing Private Currencies." *Extropy* 15, no. 7:2 (2nd/3rd Quarter 1995): 19–20. "Editorial." *Extropy* 15, no. 7:2 (2nd/3rd Quarter 1995): 8. "Hal Finney Being Cryopreserved Now." ExI-list archive, August 28, 2014. https://web.archive.org/web/20180611154221/http://lists.extropy.org/piper mail/extropy-chat/2014-August/082585.html.

More, Thomas. *Utopia.* Oxford: Clarendon Press, 1904.

Morris, Robert. "Scatter Storage Techniques." *Communications of the ACM* 11, no. 1 (January 1968): 38–44.

Morrisson, Mark S. *Modern Alchemy: Occultism and the Emergence of Atomic Theory.* Oxford: Oxford University Press, 2007.

Mullan, P. Carl. *A History of Digital Currency in the United States: New Technology in an Unregulated Market.* New York: Palgrave, 2016.

Murdoch, Steven J. "Software Detection of Currency." 2012. www.cl.cam.ac.uk/~sjm217/projects/currency/.

Murdoch, Steven J., and Ben Laurie. "The Convergence of Anti-counterfeiting and Computer Security." 21st Chaos Communication Congress, December 27–29, 2004. http://sec.cs.ucl.ac.uk/users/smurdoch/talks/ccc04_counterfeiting. pdf.

Nakamoto, Satoshi. "Bitcoin: A Peer-to-Peer Electronic Cash System." 2008. https://bitcoin.org/bitcoin.pdf. "Citation of Your B-Money Page." Email to Wei Dai, August 22, 2008. http://www.gwern.net/docs/2008-nakamoto. "Bitcoin P2P e-Cash Paper." Cryptography mailing list, October 31, 2008. http://www.metzdowd.com/pipermail/cryptography/2008-October/014810. html."Bitcoin v0.1 Released." Cryptography mailing list, January 8, 2009. http://www.metzdowd.com/pipermail/cryptography/2009-January/014994. html. "Re: Citation of Your B-Money Page." Email to Wei Dai, July 10, 2009. http://www.gwern.net/docs/2008-nakamoto.

Narayanan, Arvind. "What Happened to the Crypto Dream? Part 1." *IEEE Security& Privacy* 11, no. 2 (March/April 2013): 2–3.

Nelson, Theodore. *Computer Lib/Dream Machines.* Redmond, WA: Microsoft Press, 1987. *Literary Machines 93.1.* Sausalito: Mindful Press, 1993. "New Liberty Dollar." 2013. http://newlibertydollar.com.

Nieves, Javier, Igor Ruiz-Agundez, and Pablo G. Bringas. "Recognizing Banknote Patterns for Protecting Economic Transactions." *2010 Workshop on Database and Expert Systems Applications,* 2010, 247–249.

Nock, Albert Jay. "Isaiah's Job." *Atlantic Monthly,* June 1936, 641–49.

North, Peter. *Moneyand Liberation: The Micropolitics of Alternative Currency Movements.*

Minneapolis: University of Minnesota Press, 2007.

O'Driscoll, Gerald, and Mario Rizzo. *Austrian Economics Re-examined: The Economics of Time and Ignorance.* New York: Routledge, 2015.

Ohanian, Melik, and Jean-Christophe Royoux. *Cosmograms.* Berlin: Sternberg Press, 2005.

Onken, Werner. "The Political Economy of Silvio Gesell: A Century of Activism." *American Journal of Economics and Sociology* 59, no. 4 (October 2000): 609–22.

Orr, Joel. "Join the Information Economy." *Computer Aided Engineering*, April 1992, 84.

Ott, Christopher. "For Your Information." *Salon*, August 3, 1999. http://www.salon.com/1999/08/03/info_markets/.

Peirce, Charles Sanders. "Logical Machines." *American Journal of Psychology* 1 (1887): 165–70. "Of Reasoning in General." In *The Essential Peirce: Selected Philosophical Writings (1893–1913)*. Bloomington: Indiana University Press, 1998.

Peterson, Chris. "Shuttle Pricing and Space Development." *L5 News*, January/February 1985, 8–16.

Pettersson, Ann-Maria. *The Spillings Hoard: Gotland's Role in Viking Age World Trade*. Visby, Sweden: Gotlands Museum, 2009.

Pitta, Julie. "Requiem for a Bright Idea." *Forbes*, November 1, 1999. https://www.forbes.com/forbes/1999/1101/6411390a.html.

Platt, Charles. "Hamburger Helpers." *Cryonics* 179, no. 19:4 (4th Quarter 1998): 13–16. Plutte, Jon. "Whitfield Diffie Interview." March 28, 2011. Computer History Museum,CHM reference number X6075.2011.

Poovey, Mary. *Genres of the Credit Economy: Mediating Value in Eighteenth- and Nineteenth-Century Britain*. Chicago: University of Chicago Press, 2008.

Popper, Karl. *The Open Society and Its Enemies*. Single-volume ed. Princeton, NJ: Princeton University Press, 2013.

Popper, Nathaniel. *Digital Gold: Bitcoin and the Inside Story of the Misfits and Millionaires Trying to Reinvent Money*. New York: Harper, 2016."Post-Office Stamps as Currency." *New York Times*, October 2, 1862.

Potvin, Richard. "A Solicitation to Extropians to Buy Virtual Shares." January 9, 2000. http://www.webspawner.com/users/extrosgpotvin/. "Extropians' net worths." ExI-list archive, January 9, 2000. http://extropians.weidai.com/extropians.1Q00/0488.html.

Rand, Ayn. *Atlas Shrugged*. New York: Signet, 1996.

Rayward, W. Boyd. "Visions of Xanadu: Paul Otlet (1868–1944) and Hypertext." *Journal of the American Society of Information Science* 45 (1994): 235–50.

Richards, John. *The Unending Frontier: An Environmental History of the Early Modern World*. Berkeley: University of California Press, 2006.

Rid, Thomas. *Rise of the Machines: ACybernetic History*. New York: W. W. Norton,

2016. Rivest, Ronald. "Peppercoin Micropayments." *Proceedings Financial Cryptography 2004.* Berlin: Springer, 2004.

Rivest, Ronald, Adi Shamir, and Leonard Max Adleman. "A Method for Obtaining Digital Signatures and Public-Key Cryptosystems." *Communications of the ACM* 21, no. 2 (1978): 120–26.

Rivest, Ronald, Adi Shamir, and David Wagner. "Time-Lock Puzzles and Timed-Release Crypto." Laboratory for Computer Science technical memo MIT/LCS/TR684 (February 1996).

Robertson, Frances. "The Aesthetics of Authenticity: Printed Banknotes as Industrial Currency." *Technology and Culture* 46, no. 1 (January 2005): 31–50.

Robin, Corey. "Wealth and the Intellectuals." In *Hayek: A Collaborative Biography: Part V, Hayek's Great Society of Free Men*, edited by Robert Leeson. London: Palgrave Macmillan UK, 2015.

Röckelein, Wolfgang, and Ronald Maier. "A Common Currency System for Spontaneous Transactions on Public Networks: Is it Feasible?" *Proceedings of the Ninth International Conference on EDI-IOS Electronic Commerce for Trade Efficiency and Effectiveness*, June 1996.

Romain, Tiffany. "Extreme Life Extension: Investing in Cryonics for the Long, Long Term." *Medical Anthropology: Cross-Cultural Studies in Health and Illness* 29, no. 2 (May 2010): 194–215.

Rubery, Matthew. *The Novelty of Newspapers: Victorian Fiction after the Invention of the News.* Oxford: Oxford University Press, 2009.

Schulz, Kathryn. "Final Forms," *New Yorker,* April 7, 2014, 32–37.

Schumpeter, Joseph. "The Rise and Fall of Families within a Class." In *Imperialism and Social Classes: Two Essays.* New York: Meridian Books, 1966.

Schwartz, Hillel. *The Culture of the Copy: Striking Likenesses, Unreasonable Facsimiles.*
New York: Zone Books, 1996.

Scott, Howard. "Technology Smashes the Price System: An Inquiry into the Nature of Our Present Crisis." *Harper's Magazine* 166 (January 1933): 129–42.

Segal, Howard. *Technological Utopianism in American Culture: Twentieth Anniversary Edition*. Syracuse, NY: Syracuse University Press, 2005.

Servon, Lisa. *The Unbanking of America: Howthe New Middle Class Survives*. New York: Houghton Mifflin, 2017.

Shannon, Claude. "Communication Theory of Secrecy Systems." *Bell System Technical Journal* 28, no. 4 (1949): 656–715.

Shelter Systems, LLC. "Motion for Return of Property." Case No. MS-07–6337-MHW, June 17, 2008.

Shirriff, Ken. "Mining Bitcoin with Pencil and Paper: 0.67 Hashes per Day." *Righto. com* (blog), September 2014. http://www.righto.com/2014/09/mining-bitcoin-with-pencil-and-paper.html.

Simberg, Rand. "The Frozen Frontier, or: How Alcor Will Open Up Space." *Cryonics* 115, no. 11:2 (February 1990): 51–55.

Singh, Simon. *The Code Book: The Science of Secrecy from Ancient Egypt to Quantum Cryptography*. New York: Anchor, 1999.

Smith, David. "Book Cyphers in External Affairs Canada (1930s–1980s)." January 2005. http://www.jproc.ca/crypto/otfp_otlp.html.

Smith, Vera. *The Rationale of Central Banking and the Free Banking Alternative*. Indianapolis: Liberty Fund, 1990.

Spang, Rebecca. *Stuff and Money in the Time of the French Revolution*. Cambridge, MA: Harvard University Press, 2015.

Spicer, Sean. *The Mind Is a Collection: Case Studies in Eighteenth-Century Thought*. Philadelphia: University of Pennsylvania Press, 2015. "Spontaneous Orders." *Extropy* 1 (Fall 1988): 7.

Stadd, Courtney. "NASA Headquarters Oral History Project." Interviewed by Rebecca Wright, Washington, DC, January 7, 2003. https://www.jsc.nasa.gov/ history/oral_histories/NASA_HQ/Administrators/StaddCA/StaddCA_1-7-03.htm.

Stadter, Philip. "Alexander Hamilton's Notes on Plutarch in His Pay Book." *Review of Politics* 73, no. 2 (Spring 2011): 199–217.

Stallman, Richard. "What Is Free Software?" Free Software Foundation. https://www.

gnu.org/philosophy/free-sw.en.html.

Stearns, David. *Electronic Value Exchange: Origins of the VISA Electronic Payment System.* London: Springer-Verlag, 2011.

Steil, Benn. *The Battle of Bretton Woods: John Maynard Keynes, Harry Dexter White, and the Making of a New World Order.* Princeton, NJ: Princeton University Press, 2013.

Sterling, Bruce. "The Blast Shack." *Webstock* (blog), December 22, 2010. https://medium.com/@bruces/the-blast-shack-f745f5fbeb1c.

Sterne, Jonathan. *MP3: The Meaning of a Format.* Durham, NC: Duke University Press, 2012.

Stiefel, Werner ("Warren K. Stevens"). *The Story of Operation Atlantis.* Saugerties, NY: Atlantis Publishing Company, 1968.

Stites, Richard. *Revolutionary Dreams: Utopian Vision and Experimental Life in the Russian Revolution.* Oxford: Oxford University Press, 1991.

Strauss, Erwin. *How to Start Your Own Country.* Boulder, CO: Paladin Press, 1999.

Strugatsky, Arkady and Boris. *Roadside Picnic.* New York: Macmillian, 1977.

Swartz, Lana. "Gendered Transactions: Identity and Payment at Midcentury." *Women's Studies Quarterly* 42, no. 1/2, "Debt" (Spring/Summer 2014): 137–53. "Blockchain Dreams: Imagining Techno-Economic Alternatives after Bit-coin." In *Another Economy Is Possible*, edited by Manuel Castells. London: Polity Press, 2017. *Social Transactions: The Cultural Politics of Money Technology.* New Haven, CT: Yale University Press, forthcoming.

Szabo, Nick. "Future Forecasts." *Extropy* 15, no. 7:2 (2nd/3rd Quarter 1995): 10–13. "Secure Property Titles with Owner Authority." Nick Szabo's E-Commerce and Security White Papers (website), 1998. http://szabo.best.vwh.net/securetitle.html. "Intrapolynomial Cryptography." Nick Szabo's E-Commerce and Security White Papers (website), 1999. https://web.archive.org/web/20010802174702/, http://www.best.com:80/~szabo/intrapoly.html. "Trusted Third Parties Are Security Holes." Nick Szabo's Essays, Papers, and Concise Tutorials (website), 2001. https://web.archive.org/web/20160705000502/, http://szabo.best.vwh.net/ttps.html.

"Bit Gold." *Unenumerated* (blog), December 29, 2005. http://unenumerated. blogspot.com/2005/12/bit-gold.html.

Szilard, Leo. "The Mark Gable Foundation." Leo Szilard Papers. MSS 32, Box 27, Folder 11. Special Collections & Archives, UC San Diego Library, July 28, 1948. "Memoirs." Leo Szilard Papers. MSS 32, Box 40, Folder 10. Special Collections & Archives, UC San Diego Library, 1960.

Taaki, Amir. "Why Do We Want to Make unSYSTEM, DarkWallet and All These Things?" Darkwallet (website), 2013. https://www.darkwallet.is/whydw.html.

Taylor, Frederick. *The Downfall of Money: Germany's Hyperinflation and the Destruction of the Middle Class.* New York: Bloomsbury, 2013.

Technocracy, Inc. "Total Conscription! Your Questions Answered." New York: Technocracy Inc. Continental Headquarters, 1942. https://archive.org/details/Total ConscriptionYourQuestionsAnswered.

Thaler, Richard. "Mental Accounting and Consumer Choice." *Marketing Science* 4, no. 3 (1985): 199–214.

Thiel, Peter. "The Education of a Libertarian." *Cato Unbound,* April 13, 2009. https:// www.cato-unbound.org/2009/04/13/peter-thiel/education-libertarian.

Tresch, John. "Cosmogram." In *Cosmograms*, edited by Melik Ohanian and Jean-Christophe Royoux. New York: Lukas & Sternberg, 2005. *The Romantic Machine: Utopian Science and Technology after Napoleon.* Chicago: University of Chicago Press, 2012.

Trettien, Whitney Anne. "Leaves." In *Paid: Tales of Dongles, Checks, and Other Money Stuff,* edited by Bill Maurer and Lana Swartz. Cambridge, MA: MIT Press, 2017.

Turner, Fred. *From Counterculture to Cyberculture: Stewart Brand, the Whole Earth Network, and the Rise of Digital Utopianism.* Chicago: University of Chicago Press, 2006. "Prototype." In *Digital Keywords: A Vocabulary of Information Society and Culture*, edited by Benjamin Peters. Princeton, NJ: Princeton University Press, 2016. "Can We Write a Cultural History of the Internet? If So, How?" *Internet Histories* 1 (2017): 39–46.

US Congress, Office of Technology Assessment. "Federal Government Information Technology: Electronic Record Systems and Individual Privacy." OTA-CIT-296. Washington, DC: US Government Printing Office, 1995.

van Fossen, Anthony. *Tax Havens and Sovereignty in the Pacific Islands.* St. Lucia: University of Queensland Press, 2012.

Vinge, Vernor. "The Coming Technological Singularity: How to Survive in the Posthuman Era." *Vision-21: Interdisciplinary Science and Engineering in the Era of Cyberspace* (NASA Conference publication 10129). NASA Office of Management, 1993. *True Names and the Opening of the Cyberspace Frontier.* New York: Tor, 2001. von Glahn, Richard. *Fountain of Fortune: Money and Monetary Policy in China, 1000–1700.* Berkeley: University of California Press, 1996.

von NotHaus, Bernard. "To Know Value—An Economic Research Paper." 1974. http://bernardvonnothaus.org/wp-content/uploads/To-Know-Value.pdf. "The Naziization of America." In *The Liberty Dollar Solution to the Federal Reserve.* Evansville, IN: American Financial Press, 2003.

Waldrop, M. Mitchell. *The Dream Machine: J. C. R. Licklider and the Revolution That Made Computing Personal.* New York: Penguin, 2001.

Walker, John. *The Autodesk File: Bits of History, Words of Experience.* 4th ed. 1994. https://www.fourmilab.ch/autofile/.

Wallace, Robert, and Harold Keith Melton. *Spycraft: The Secret History of the CIA's Spytechs from Communism to Al-Qaeda.* New York: Plume, 2006.

Waring, Marilyn. *If Women Counted: A New Feminist Economics.* New York: Harper& Row, 1988.

Weatherford, John. *The History of Money: From Sandstone to Cyberspace.* New York: Three Rivers, 1997.

Wells, H. G. *The Shape of Things to Come.* New York: Penguin, 2005.

Widdig, Bernd. *Culture and Inflation in Weimar, Germany.* Berkeley: University of California Press, 2001.

Williams, Kathleen. "Improbable Warriors: Mathematicians Grace Hopper and Mina Rees in World War II." In *Mathematics and War,* edited by Bernhelm Booß-

Bavnbek and Jens Hoyrup. Basel: Springer Basel AG, 2003.

Wilson, Cody. *Come and Take It: The Gun Printer's Guide to Thinking Free.* New York: Gallery Books, 2016.

Wolf, Gary. "The Curse of Xanadu." *Wired* 3, no. 6 (June 1995). https://www.wired.com/1995/06/xanadu/.

Wolfson, Shael N. "Bitcoin: The Early Market." *Journal of Business & Economics Research* 13, no. 4 (Fourth Quarter 2015): 201–14.

Yow. "Mindsurfing: The Tia Transformation." *Extropy* 15, no. 7:2 (2nd/3rd Quarter 1995): 47.

Zaloom, Caitlin. *Out of the Pits: Trading and Technology from Chicago to London.* Chicago: University of Chicago Press, 2006. "How to Read the Future: The Yield Curve, Affect, and Financial Prediction." *Public Culture* 21, no. 2 (2009): 245–268.

Zelizer, Viviana. "The Social Meaning of Money: 'Special Monies.' " *American Journal of Sociology* 95, no. 2 (September 1989): 342–77. *Economic Lives: How Culture Shapes the Economy.* Princeton, NJ: Princeton University Press, 2011.

Zielinski, Siegfried. *Deep Time of the Media: Toward an Archaeology of Hearing and Seeing by Technical Means.* Cambridge, MA: MIT Press, 2008.

Zimmerman, Philip R. *PGP Source Code and Internals.* Cambridge, MA: MIT Press, 1995.

數位貨幣烏托邦

Digital Cash: The Unknown History of the Anarchists, Utopians, and Technologists Who Created Cryptocurrencyts

作者：芬恩・布倫頓(Finn Brunton)｜譯者：許恬寧｜總編輯：富察｜主編：鍾涵瀞｜編輯協力：徐育婷｜企劃：蔡慧華｜視覺設計：didi、薛美惠｜印務經理：黃禮賢｜社長：郭重興｜發行人兼出版總監：曾大福｜出版發行：八旗文化／遠足文化事業股份有限公司｜地址：23141 新北市新店區民權路108-2號9樓｜電話：02-2218-1417｜傳真：02-8667-1851｜客服專線：0800-221-029｜信箱：gusa0601@gmail.com｜臉書：facebook.com/gusapublishing｜法律顧問：華洋法律事務所 蘇文生律師｜出版日期：2021年6月／初版一刷｜定價：450元

國家圖書館出版品預行編目(CIP)資料

數位貨幣烏托邦/芬恩.布倫頓(Finn Brunton)著；許恬寧翻譯. -- 初版. -- 新北市：八旗文化出版：遠足文化事業股份有限公司發行, 2021.06

336面；14.8×21公分

譯自：Digital cash : the unknown history of the anarchists, utopians, and technologists who created cryptocurrency

ISBN 978-986-5524-74-6 (平裝)

1.電子貨幣　2.電子商務

563.146　　　　　　　　　　　　　　　　110004953